CONJUGUEZ SANS FAUTES

Rédaction : Dominique Le Fur
Informatique éditoriale et mise en pages : Sébastien Pettoello
Informatique documentaire : Laurent Catach
Lecture-correction : Anne-Marie Lentaigne
Conception graphique et mise en pages : Maud Dubourg

Tous droits de reproduction, de traduction et d'adaptation réservés pour tous pays.

© 2017 Dictionnaires LE ROBERT
92, avenue de France, 75013 Paris

ISBN 978-2-32101-872-8

Cet ouvrage est une œuvre collective au sens de l'article L. 113-2 du Code de la propriété intellectuelle. Publié par la société Dictionnaires Le Robert, représentée par Charles Bimbenet, directeur général.

« Toute représentation ou reproduction, intégrale ou partielle, faite sans le consentement de l'auteur, ou de ses ayants droit, ou ayants cause, est illicite » (article L. 122-4 du Code de la propriété intellectuelle). Cette représentation ou reproduction, par quelque procédé que ce soit, constituerait une contrefaçon sanctionnée par l'article L. 335-2 du Code de la propriété intellectuelle. Le Code de la propriété intellectuelle n'autorise, aux termes de l'article L. 122-5, que les copies ou reproductions strictement réservées à l'usage privé du copiste et non destinées à une utilisation collective, d'une part, et, d'autre part, que les analyses et les courtes citations dans un but d'exemple et d'illustration.

AVANT-PROPOS

Conjuguez sans fautes vous apporte la réponse à toutes les questions que vous pouvez vous poser sur la conjugaison et l'accord d'un verbe, dans un format pratique et maniable.

• La première partie, *Le verbe, formes et emplois*, explique la formation et l'usage de chaque mode et de chaque temps et rappelle les règles d'accord permettant de bien orthographier le verbe en contexte. De petites astuces y sont données pour éviter les erreurs et les pièges.

• La deuxième partie présente les tableaux de conjugaison complets des 75 verbes modèles.
Des remarques et mises en valeur typographiques alertent sur les spécificités et les difficultés de certaines formes verbales.

• La dernière partie liste près de 8 000 verbes, des plus courants aux plus rares, issus du *Grand Robert* et du *Petit Robert de la langue française*. Leur numéro de conjugaison vous renvoie à un tableau présentant toutes les formes verbales.
Les graphies et règles d'accord préconisées par la **réforme de l'orthographe de 1990**, désormais applicable dans tous les textes, sont mentionnées dans les trois parties de l'ouvrage.

Nous vous en souhaitons bonne lecture.

ABRÉVIATIONS ET SYMBOLES

fém.	féminin
inv.	invariable
masc.	masculin
pers.	personne
p. p.	participe passé
p. présent	participe présent
plur.	pluriel
seult	seulement
sing.	singulier
v.	verbe
v. intr.	verbe intransitif
v. pr.	verbe pronominal
v. tr.	verbe transitif
!	alerte sur une difficulté
☺	astuce, moyen mnémotechnique pour éviter un piège
➡	préconisation de la **réforme de l'orthographe de 1990**

SOMMAIRE

LE VERBE, FORMES ET EMPLOIS ——————— 1

■ **LA COMPOSITION DU VERBE** 1

■ **LES DIFFÉRENTES CATÉGORIES DE VERBES** 2
  - les auxiliaires
  - les semi-auxiliaires
  - les verbes transitifs
  - les verbes intransitifs
  - les verbes défectifs
  - les verbes pronominaux
  - les verbes impersonnels

■ **LES TROIS GROUPES DE VERBES** 9

■ **LES VOIX** 10
  - la voix active
  - la voix passive
  - la voix pronominale

■ **LES MODES** 12
  - les modes personnels
    ➙ l'indicatif
    ➙ le subjonctif
    ➙ le conditionnel
    ➙ l'impératif
  - les modes impersonnels
    ➙ l'infinitif
    ➙ le participe présent
    ➙ le participe passé

- **LES TEMPS** 28
  - les temps simples
    - ➡ le présent
    - ➡ le futur
    - ➡ l'imparfait
    - ➡ le passé simple
  - les temps composés
    - ➡ le passé composé
    - ➡ le plus-que-parfait
    - ➡ le passé antérieur
    - ➡ le futur antérieur
  - les temps surcomposés

- **LES PERSONNES** 37

- **QUELQUES PARTICULARITÉS ORTHOGRAPHIQUES** ... 39
  - ➡ alternance e/é et e/è
  - ➡ verbes en -yer
  - ➡ verbes en -eler et -eter
  - ➡ verbes en -cer
  - ➡ verbes en -ger
  - ➡ verbes en -cevoir
  - ➡ asseoir
  - ➡ la forme interrogative
  - ➡ le subjonctif présent et imparfait

- **QUELQUES PIÈGES À ÉVITER** 44

- **LA CONCORDANCE DES TEMPS ET DES MODES** 48

- **LES RÈGLES D'ACCORD** 52
  - l'accord du sujet et du verbe
  - l'accord du participe passé

LES TABLEAUX DE CONJUGAISON _____ 62

L'INDEX DES VERBES _____ 217

LE VERBE
formes et emplois

Le verbe est un mot variable : il varie en personne, en nombre, en temps et en mode. Il peut se présenter sous de nombreuses formes différentes, qui constituent sa conjugaison.

Le verbe est un mot essentiel dans la phrase. Il exprime une action, un état, un fait ou une intention. Certaines phrases ne sont constituées que de ce seul élément.

ex. : *Parle !*

LA COMPOSITION DU VERBE

Un verbe se compose d'un **radical** et d'une **terminaison** appelée aussi **« désinence »**.

chant/er   *chant/ions*
radical/terminaison   radical/terminaison

• Le **radical** donne le sens du verbe ; on le retrouve dans tous les mots de la même famille.

ex. : ***chant*** ; ***chant****er* ; ***chant****able*
*in****chant****able ; re****chant****er*

Tous les verbes du 1er groupe et certains verbes des 2e et 3e groupes ont un radical identique pour toutes les formes conjuguées.

ex. : *il **parl**e ; nous **parl**ions ; **parl**ant*
*je **di**s ; il **di**sait ; vous **di**riez ; elle a **di**t*

Mais d'autres verbes présentent des modifications de leur radical selon les temps et les modes.

> ex. : *elle **prend** ; ils **prenn**ent*
> *vien*s ; *nous ven*ons*
> *il **veu**t ; nous **voul**ions ; qu'il **veuill**e*

Certains verbes ont plusieurs radicaux ; c'est notamment le cas de verbes très courants tels que *aller*, *être* et *avoir*.

> ex. : *va ; vous allez ; nous irons*
> *je suis ; nous sommes ; tu étais ; nous serions*
> *il a ; vous aviez ; il aurait*

- La **terminaison** indique : le mode, le temps, la personne et le nombre.

> ex. : *il parl**ait** → **ait*** = indicatif imparfait, 3e personne du singulier
> *nous finir**ions** → **ions*** = conditionnel présent, 1re personne du pluriel

LES DIFFÉRENTES CATÉGORIES DE VERBES

■ LES AUXILIAIRES

Un **auxiliaire** est un verbe qui s'emploie pour conjuguer les autres verbes à certaines voix, certains modes et certains temps.

Avoir et *être* sont deux auxiliaires « purs » : ils perdent leur sens propre lorsqu'ils entrent dans la conjugaison d'autres verbes.

• Avoir

Cet auxiliaire permet de former les temps composés de la voix active de tous les verbes transitifs et impersonnels et de la plupart des verbes intransitifs.

 ex. : *je l'**ai** acheté ; il l'**avait** lu ; ils l'**eurent** donné*
    *j'**ai** couru ; il **avait** neigé ; cela **a** trop duré*

• Être

Cet auxiliaire permet de former les temps composés de tous les verbes pronominaux.

 ex. : *elle s'est tue ; vous vous étiez rencontrés ; ils se seraient disputés*

Il est également utilisé pour conjuguer les verbes intransitifs qui indiquent :

➻ soit un état ou une position : *demeurer, rester*

 ex. : *il était resté au lit toute la journée*

➻ soit un changement d'état : *advenir, décéder, devenir, échoir, éclore, naître, mourir, survenir*

 ex. : *que sont-ils devenus ?*

➻ soit un déplacement : *accourir, aller, arriver, descendre, entrer, monter, partir, parvenir, rentrer, repartir, ressortir, retomber, retourner, revenir, sortir, tomber, venir*

 ex. : *elles seraient reparties dans la soirée*

! Certains verbes sont à la fois transitifs et intransitifs. Ils se conjuguent avec l'auxiliaire *avoir* lorsqu'ils acceptent un complément et avec l'auxiliaire *être* lorsqu'ils n'en ont pas.

 ex. : *elle a monté la valise au dernier étage*
    elle est montée jusqu'au dernier étage

Enfin, l'auxiliaire *être* sert à conjuguer tous les verbes à la voix passive.

 ex. : *elle attire* ➻ *elle est attirée*
    ils ont saisi ➻ *ils ont été saisis*

■ LES SEMI-AUXILIAIRES

Les verbes ou expressions verbales qui servent occasionnellement à construire des formes composées tout en conservant tout ou partie de leur sens sont appelés **« semi-auxiliaires »** : c'est le cas par exemple de *aller, devoir, faire, laisser, pouvoir, venir, vouloir* et d'expressions telles que *être sur le point de, être en train de, se prendre à*.

Ces semi-auxiliaires sont toujours suivis de l'infinitif ou du participe présent. Ils précisent l'aspect ou la modalité.

● Les semi-auxiliaires appelés **« auxiliaires d'aspect »** permettent de situer l'action par rapport à celui qui parle. L'action peut débuter ou se terminer, être en cours, révolue ou proche.

> ex. : *je vais téléphoner* (futur proche)
>
> *elle vient de partir* (passé récent)
>
> *nous sommes en train de travailler* (action en cours)
>
> *la situation va en empirant* (action en cours)

● Les semi-auxiliaires appelés **« auxiliaires modaux »** indiquent la probabilité, la possibilité, la nécessité ou le caractère obligatoire d'une action, ainsi que la volonté.

> ex. : *j'ai dû faire erreur* (probabilité)
>
> *il peut changer d'avis* (possibilité)
>
> *j'ai tout à réécrire* (nécessité)
>
> *elle veut y aller* (volonté)

● Les semi-auxiliaires dits **« factitifs »** ou **« causatifs »**, tels que *faire* et *laisser*, suivis de l'infinitif, expriment le fait que le sujet du verbe conjugué n'est pas celui qui agit.

ex. : *j'ai fait venir le réparateur* (= le réparateur est venu)
nous l'avons laissé parler (= il a parlé)

Certaines formes pronominales telles que *se faire* ou *se voir*, suivies de l'infinitif, donnent un sens passif à la phrase.

ex. : *ils se sont fait réprimander* (= ils ont été réprimandés)
je me suis vu interdire l'entrée (= on m'a interdit d'entrer)

❗ Ces emplois posent très souvent des problèmes d'accord du participe passé (→ § accord du participe passé).

■ LES VERBES TRANSITIFS

Un verbe transitif est un verbe qui appelle un complément d'objet.

On distingue les verbes **transitifs directs** qui prennent un complément d'objet direct (COD), des verbes **transitifs indirects** dont le complément d'objet est indirect (COI) car introduit par une préposition (*à, de*...).

ex. : *il a appelé   Emma*
    transitif direct   COD
ex. : *elle parle **à**   Axel*
    transitif indirect   COI

❗ Un verbe transitif n'est pas nécessairement suivi d'un complément d'objet. Dans l'usage courant, le complément est régulièrement omis sans que soit altéré le sens de la phrase. On parle alors d' « emploi absolu ».

ex. : *j'ai déjà mangé* (= j'ai déjà mangé mon repas)
il a abandonné au troisième tour (= il a abandonné la course)

Le verbe, formes et emplois — Conjuguez sans fautes

■ LES VERBES INTRANSITIFS

Un verbe intransitif est un verbe qui se construit sans complément d'objet.

> ex. : *l'argent affluait* (pas de complément)
> *les gens affluaient de toutes parts* (*de toutes parts* : complément circonstanciel de lieu, et non complément d'objet)

! Un même verbe peut être transitif, direct ou indirect, en emploi absolu ou intransitif. Ces différentes constructions en changent plus ou moins le sens.

> ex. : *ils goûtent à 4 heures* (intransitif)
> *goûte ce fruit* (transitif direct)
> *elle a goûté au gâteau* (transitif indirect)
> *je peux goûter ?* (emploi absolu)

■ LES VERBES DÉFECTIFS

Un verbe défectif est un verbe pour lequel des formes conjuguées manquent ou bien sont inusitées à certaines personnes, à certains temps ou à certains modes. Il y a une soixantaine de verbes défectifs. En voici quelques-uns, avec leurs particularités :

Accroire et **quérir** n'existent qu'à l'infinitif.

Avec **bruire**, les 1re et 2e personnes du singulier et du pluriel ne sont pratiquement jamais employées, hors tournure poétique.

Choir ne s'emploie qu'à quelques personnes au présent (*je chois, tu chois, il choit, ils choient*) et au passé simple (*je chus, nous chûmes*). Au futur, les formes *je choirai* ou *cherrai, nous choirons* ou *cherrons* sont considérées comme vieillies.

Gésir ne s'utilise guère qu'au présent et à l'imparfait de l'indicatif (*je gis, tu gis, il gît* ou *git*, nous gisons, vous gisez, ils gisent ; je gisais,* etc.) et au participe présent *(gisant)*.

Seoir se conjugue seulement aux 3ᵉ personnes du singulier et du pluriel du présent, de l'imparfait, du futur, du conditionnel et au participe présent.

Les formes usitées sont précisées dans l'index des verbes.

■ LES VERBES PRONOMINAUX

Un verbe pronominal est un verbe qui se conjugue avec les pronoms personnels réfléchis, qui renvoient au sujet : *me, te, se, nous, vous, se.*

ex. : *je **me** promène, tu **te** promènes*

On distingue plusieurs catégories de verbes pronominaux selon le rapport qu'entretiennent le sujet, le verbe et le pronom personnel :

- **verbe essentiellement pronominal** : il ne s'emploie jamais sans le pronom personnel. Il ne peut être mis ni à la voix active, ni à la voix passive (→ § voix).

    ex. : *s'enfuir, se repentir, se souvenir*

- **verbe pronominal réfléchi** : le sujet agit sur lui-même ou pour lui-même.

    ex. : *je me soigne* (= je soigne moi-même)
    elle s'est offert un chapeau (= elle a offert un chapeau à elle-même)

- **verbe pronominal réciproque** : les personnes ou choses représentées agissent les unes sur les autres ou les unes pour les autres.

    ex. : *elles se sont disputées* (= chacune dispute l'autre)
    nous nous sommes aidés (= chacun a aidé l'autre)

- **verbe pronominal à sens passif** : le sujet subit l'action.
    ex. : *ce plat se mange glacé* (= ce plat doit être mangé glacé)

! La forme pronominale pose très souvent des problèmes d'accord aux temps composés, notamment pour les verbes du 1er groupe dont le participe passé et l'infinitif se prononcent de la même façon (→ § accord du participe passé).

■ LES VERBES IMPERSONNELS

Un **verbe impersonnel** ne s'emploie qu'à l'infinitif ou à la 3e personne du singulier et est précédé du pronom *il*.

- Certains verbes dits « unipersonnels » n'existent que sous cette forme. Il s'agit essentiellement :

    ◆ de verbes exprimant des phénomènes météorologiques
      ex. : *il pleut ; il a neigé ; il fera beau ; il a tonné*

    ◆ d'expressions de l'obligation, de la nécessité ou de l'interdiction
      ex. : *il faut que ; il est nécessaire de ; il est hors de question de*

    ◆ de tournures présentatives
      ex. : *il y a longtemps ; il est 10 heures ; il fait nuit*

- Un grand nombre de verbes peuvent se construire occasionnellement comme des impersonnels. On les trouve dans :

    ◆ des tournures intransitives
      ex. : *mieux vaut lui dire*

    ◆ des tournures passives
      ex. : *il est écrit que c'est interdit ; il est venu quelqu'un*

Conjuguez sans fautes Le verbe, formes et emplois

❖ des tournures pronominales

ex. : *il s'agit de sa famille*

! Dans les constructions impersonnelles, le pronom *il* ne désigne aucune réalité : c'est le sujet « grammatical » du verbe, mais ce n'est que le sujet « apparent ». Le sujet « réel » ou « logique », c'est-à-dire l'agent de l'action exprimée par le verbe, apparaît parfois derrière lui. Le verbe s'accorde toujours avec le sujet apparent, et non avec le sujet réel.

ex. : *il est interdit de fumer* (= fumer est interdit)
il tombe d'énormes grêlons
(= d'énormes grêlons tombent)

LES TROIS GROUPES DE VERBES

Les verbes français sont traditionnellement classés en **trois groupes** selon la terminaison de leur infinitif présent.

• **Le 1ᵉʳ groupe** comprend les verbes dont l'infinitif se termine par *-er* (sauf *aller*). Ces verbes sont tous réguliers : le radical est identique à tous les temps et modes.

ex. : *aimer, parler*

C'est le groupe le plus nombreux, auquel appartiennent environ 90 % des verbes. La plupart des nouveaux verbes entrent dans ce groupe, le plus simple à conjuguer. On notera toutefois quelques particularités orthographiques, essentiellement liées à la prononciation (→ § particularités orthographiques).

• **Le 2ᵉ groupe** comprend les verbes dont l'infinitif se termine par *-ir* et le participe présent par *-issant*. Ces verbes sont tous réguliers, à l'exception de *fleurir* et *haïr*. On ajoute *-iss-* à la fin du radical au participe présent, au subjonctif présent, à l'imparfait et à toutes les personnes du pluriel du présent de l'indicatif et du subjonctif.

ex. : *je **fin**is, **fin**issant, nous **fin**issons*

*tu **grand**is, **grand**issant, vous **grand**issez*

Ce groupe ne contient qu'environ 300 verbes.

! Au sens de « prospérer », *fleurir* a un radical *flor-* à l'imparfait et au participe présent : *cette mode florissait à l'époque ; un genre florissant.*

! *Haïr* perd son tréma aux trois premières personnes du présent de l'indicatif : *je hais, tu hais, il hait.*

- **Le 3ᵉ groupe** regroupe tous les autres verbes, dont l'infinitif se termine par *-ir, -re* ou *-oir*, ainsi que *aller*. Ces verbes sont presque tous irréguliers.

ex. : *sortir, devoir, coudre*

Ce groupe n'accepte aucun verbe nouveau et ne contient qu'environ 350 verbes mais la plupart sont très fréquents.

! Les auxiliaires ***avoir*** et ***être*** n'appartiennent à aucun de ces trois groupes.

LES VOIX

Les voix sont les formes du verbe précisant le rapport qu'il entretient avec son sujet.

■ LA VOIX ACTIVE

À la voix active, le sujet :

➡ soit agit sur un être, une situation ou une chose (verbe d'action)

ex. : *il répare le vélo ; elle a changé le processus*

➻ soit se trouve dans un certain état ou se transforme (verbe d'état)

ex. : *elle paraît heureuse ; l'eau bout*

➻ soit se déplace (verbe de mouvement)

ex. : *viens ; nous marchions lentement*

! Attention au sens de certains verbes à la voix active, où le sujet peut subir l'action exprimée.

ex. : *il a pris une gifle ; elle a subi plusieurs opérations*

■ LA VOIX PASSIVE

À la voix passive, le sujet subit l'action. Le verbe est toujours conjugué avec l'auxiliaire ***être***.

Cette voix concerne essentiellement les verbes **transitifs directs**.

Dans le passage de la voix active à la voix passive, le complément d'objet direct (COD) devient le sujet et le sujet devient le **complément d'agent**. Ce complément d'agent est introduit par la préposition ***par*** ou ***de***.

ex. : <u>la tempête</u> a arraché <u>les arbres</u> ➜ <u>les arbres</u> ont été arrachés ***par*** <u>la tempête</u>

<u>sujet</u>   <u>COD</u> ➜ <u>sujet</u>   <u>complément d'agent</u>

<u>***tous ses élèves***</u> <u>le</u> respectent ➜ <u>***il***</u> est respecté ***de*** <u>tous ses élèves</u>

<u>**sujet**</u>   <u>COD</u> ➜ <u>**sujet**</u>   <u>complément d'agent</u>

! Le complément d'agent n'est pas obligatoire. La voix passive permet en effet d'omettre l'agent, soit parce qu'on ne le connaît pas, soit parce que l'on ne veut pas le mentionner.

ex. : *le mot de passe a été changé*

ses bijoux ont été volés

! Quelques rares verbes transitifs indirects peuvent être mis à la voix passive :

ex. : *obéir à* ➙ *il est toujours obéi*
pardonner à ➙ *tu es pardonné*

■ LA VOIX PRONOMINALE

La voix pronominale se construit avec les pronoms personnels réfléchis : *me, te, se, nous, vous, se* et c'est l'auxiliaire *être* qui est employé aux temps composés.

Cette voix ne présente pas d'autres spécificités et n'est que rarement enregistrée comme voix à part entière dans les tableaux de conjugaison. On parle d'ailleurs plus couramment de verbes à la « forme pronominale » (➙ § verbes pronominaux).

LES MODES

Les modes permettent d'exprimer l'attitude du sujet qui parle vis-à-vis du procès (état, devenir, action) exprimé par le verbe.

Le français compte **sept modes** répartis en **deux grands groupes** : les modes personnels et les modes impersonnels.

■ LES MODES PERSONNELS

Dans les modes personnels, **les formes du verbe varient avec la personne**. Le verbe se conjugue aux trois personnes du singulier et aux trois personnes du pluriel à tous les temps, sauf à l'impératif.

➤ L'INDICATIF

L'indicatif compte quatre temps simples (présent, imparfait, futur, passé simple) et quatre temps composés (passé composé, plus-que-parfait, futur antérieur, passé antérieur).

Ce mode permet d'énoncer de façon neutre un procès considéré comme réel ou certain dans une phrase affirmative, ou bien un procès qui reste à vérifier, dans une phrase interrogative. C'est le mode de l'objectivité.

> ex. : *il est arrivé*
> *je pense qu'elle s'est trompée*
> *pensez-vous qu'il pleuvra ?*

(→ § les temps)

➤ LE SUBJONCTIF

❏ La formation

Le subjonctif a un temps présent et trois temps passés (imparfait, passé, plus-que-parfait).

- Au présent, tous les verbes, excepté *avoir* et *être*, se terminent par *-e, -es, -e, -ions, -iez, -ent*.

> ex. : *que je prenne, que tu prennes, qu'il prenne, que nous prenions, que vous preniez, qu'ils prennent*

- À l'imparfait, les verbes se terminent par *–sse, -sses, -t, -ssions, -ssiez, -ssent*.

> ex. : *que je prisse, que tu prisses, qu'il prît, que nous prissions, que vous prissiez, qu'ils prissent*

! La voyelle précédant le ***t*** prend un accent circonflexe ; ceci permet de différencier le passé simple du subjonctif imparfait.

> ex : *il prit* (passé simple) mais *il prît* (subjonctif imparfait)

- Le passé se construit avec l'auxiliaire ***avoir*** ou l'auxiliaire ***être*** au subjonctif présent suivi du participe passé.

ex. : *que j'aie décidé, que tu aies décidé, qu'il ait décidé, que nous soyons arrivés, que vous soyez arrivés, qu'ils soient arrivés*

- Le plus-que-parfait se forme avec l'auxiliaire ***avoir*** ou l'auxiliaire ***être*** au subjonctif imparfait suivi du participe passé.
    ex. : *que j'eusse décidé, que tu eusses décidé, qu'il eût décidé, que nous fussions arrivés, que vous fussiez arrivés, qu'ils fussent arrivés*

☺ Pour les verbes du 1er groupe dont l'infinitif se termine par –gner, -iller, -ier et –yer, la différence entre 1re et 2e personnes du pluriel au subjonctif présent et à l'indicatif présent ne s'entend pas à l'oral, ce qui génère de nombreuses fautes d'orthographe. Pour faire la distinction, il suffit de remplacer le verbe du 1er groupe par un verbe du 2e ou 3e groupe.

ex. : *il faut que nous signons* ou *signions* (?) *le contrat*

il faut que nous refusions (et non r*efusons*) *le contrat*

→ subjonctif, donc on écrit *que nous signions* et non *que nous signons*

☺ Certains verbes du 3e groupe ont des formes qui se prononcent de la même manière pour les personnes du singulier du présent de l'indicatif et du subjonctif. Pour les distinguer, il suffit de remplacer la personne du singulier par la 1re ou 2e personne du pluriel.

ex. : *je doute qu'il recoure* ou *recourt* (?) *à ces méthodes*

je doute que vous recouriez (et non *recourez*) *à ces méthodes*

→ subjonctif, donc on écrit *qu'il recoure* et non *qu'il recourt*

❑ Les emplois

Le subjonctif est utilisé pour énoncer un fait non réalisé ou incertain, sur lequel la personne qui parle ne veut pas ou ne peut pas s'engager. C'est le mode de la subjectivité.

• Dans les propositions **principales**, le subjonctif exprime le souhait, l'exhortation, l'ordre, la défense, le regret, l'éventualité, la supposition, l'hypothèse, la concession, l'affirmation atténuée, avec ou sans conjonction :

ex. : *que chacun fasse un effort*
vive Julien !
grand bien lui fasse !
dussé-je attendre dix ans
soit une droite D
je ne sache pas qu'on m'ait prévenu

• Le subjonctif est un mode utilisé surtout dans les **subordonnées** :

– complétives introduites par *que*

❖ après les verbes exprimant la volonté, le souhait, l'ordre, le doute, l'incertitude

ex. *j'exige que vous sortiez*
elle aurait préféré qu'il s'abstienne (ou plus rarement *s'abstînt*)
il craignait que son absence ne soit ou *ne fût remarquée*
je m'étonne qu'il n'ait pas réagi
il s'attend à ce que je revienne

❖ après les verbes exprimant la permission, l'accord, le refus, une recommandation, un conseil

ex. : *ils acceptent que nous assistions à l'entrevue*
  je suggère que nous partions maintenant

◆◆ après les verbes exprimant le sentiment (amour, crainte, étonnement, joie, regret, etc.)

ex. : *je crains qu'il ne soit déjà trop tard*
  je m'étonne qu'il ne m'ait rien dit
  cela me surprend qu'elle n'ait pas téléphoné

◆◆ après des tours impersonnels

ex. *il est impossible qu'il ne le sache pas*
  pourvu qu'elle ne l'apprenne pas !

◆◆ dans les contextes interrogatifs ou négatifs de certains verbes d'opinion

ex. : *crois-tu qu'elle soit revenue ?*
  je ne pense pas qu'il en soit capable

! Dans ces mêmes contextes, l'indicatif est également possible si l'on veut exprimer la quasi certitude :

ex. : *crois-tu qu'elle est revenue ?*
  je ne pense pas qu'il en est capable

– relatives

◆◆ dans une tournure interrogative ou négative

ex. : *est-il un bien qui soit plus précieux ?*
  il n'y a pas de pays qui ait connu autant de changements

◆◆ dont l'antécédent est un superlatif ou une locution impliquant une valeur superlative *(le premier, le dernier, le seul, l'unique...)*

ex. : *le film le plus émouvant que nous ayons jamais vu*
  c'est le seul vestige qui ait été trouvé sur le site

◆◆ exprimant la finalité, la conséquence, parfois l'hypothèse

> ex. : *j'aimerais un dictionnaire qui convienne à un enfant*

! Dans les phrases suivantes, l'indicatif et le subjonctif expriment deux sens différents :

je cherche une maison qui a des volets bleus (= cette maison aux volets bleus existe, je la cherche)

je cherche une maison qui ait des volets bleus (je ne sais pas si une maison aux volets bleus existe, mais j'aimerais en trouver une)

- circonstancielles introduites par des locutions conjonctives exprimant :

◆◆ le temps : *avant que, en attendant que, jusqu'à ce que*

> ex. : *sortez avant qu'il (ne) pleuve*

◆◆ la cause incertaine ou écartée : *soit que .... soit que, non (pas) que, sans que, ce n'est pas que*

> ex. : *je le réparerai sans que cela se voie*

◆◆ la conséquence : *assez/trop ... pour que*

> ex. : *il a assez d'argent pour qu'il n'ait pas besoin de travailler*

◆◆ le but : *afin que, pour que, de telle manière/façon/sorte que, de crainte que, de peur que, pour éviter que*

> ex. : *il a tout fait pour qu'elle accepte*

◆◆ la concession, l'opposition : *alors que, bien que, encore que, au lieu que, quoique, pour peu que, si ... que, tout ... que, où que, qui que*

> ex. : *est-elle si occupée qu'elle ne puisse nous recevoir ?*

•• la condition : *à condition que, pourvu que, pour peu que, en admettant que, à moins que*

ex. : *je le ferai à condition que vous m'aidiez*

•• la supposition : *à supposer que, en admettant que ...*

ex. : *je l'aiderai volontiers, à supposer qu'il le veuille*

•• la comparaison : *(pour) autant que*

ex. : *ce service est gratuit, pour autant que je sache*

! *Après que* devrait toujours être suivi de l'indicatif. L'utilisation du subjonctif, bien que très courante, est néanmoins critiquée et donc à éviter dans une langue soignée.

ex. : *je suis partie juste après qu'elle m'a téléphoné* et non **qu'elle m'ait téléphoné*

des années après qu'il eut quitté le pays et non **qu'il ait eu quitté le pays*

➤ LE CONDITIONNEL

❏ La formation

Le conditionnel a trois temps : présent, passé 1re forme et passé 2e forme, le dernier étant relativement inusité.

• Le présent se forme avec le radical du futur suivi des terminaisons de l'imparfait : *-ais, -ais, -ait, -ions, -iez, -aient*.

ex. : *je chanter**ais**, tu chanter**ais**, il chanter**ait**, nous chanter**ions**, vous chanter**iez**, ils chanter**aient***

! Les verbes à la 1re personne du singulier du futur et à la 1re personne du singulier du présent du conditionnel se prononcent de la même manière, ce qui est source d'erreurs à l'écrit. Pour faire la distinction, il suffit de remplacer la 1re personne du singulier par une autre personne.

ex. : *je lui dirai* ou *lui dirais (?) quand il reviendra*
nous lui dirons (et non *dirions*) *quand il reviendra*
→ futur donc on écrit *je lui dirai* et non *je lui dirais*

! Le verbe d'une proposition débutant par la conjonction *si* n'est jamais au conditionnel.
ex. : *je serais ravie si tu venais* et non **si tu viendrais*

• Le passé 1re forme se construit avec l'auxiliaire ***avoir*** ou ***être*** au présent du conditionnel suivi du participe passé.
ex. : *j'aurais chanté ; elle aurait dit ; vous auriez pris*
je me serais tu ; nous nous serions blessés ; ils se seraient perdus

• Le passé 2e forme se construit comme le subjonctif plus-que-parfait, avec l'auxiliaire ***avoir*** ou ***être*** au subjonctif imparfait suivi du participe passé (→ § concordance des temps).

❏ **Les emplois**

• Le conditionnel exprime un procès subordonné à une condition ou à une éventualité, dans le présent ou le passé.
ex. : *j'irais avec lui s'il me le demandait*
s'il avait insisté, je l'aurais aidé

• Le conditionnel s'utilise également pour exprimer :

•• un souhait d'action future
ex. : *je prendrais volontiers des vacances !*

•• un regret concernant un fait passé
ex. : *elle aurait aimé accepter*

- une information dont on n'est pas sûr

    ex. : *il aurait démissionné, à ce qu'on dit*

- une demande polie

    ex. : *me prêterais-tu ton stylo ?*

- un conseil prudent

    ex. : *tu devrais arrêter de fumer*

➤ L'IMPÉRATIF

❏ La formation

- À l'impératif présent, les formes des 1re et 2e personnes du pluriel sont celles du présent de l'indicatif, sauf pour les auxiliaires *avoir* et *être* et quelques autres verbes tels que *asseoir* et *savoir* :

    ex. : *laissons-le ! ; partez !*

- À la 2e personne du singulier, la forme est celle du présent de l'indicatif, mais sans le *s* pour les verbes du 1er groupe et pour *aller, offrir, ouvrir, souffrir, cueillir* :

    ex. : *prends ! ; donne ! ; va ! ; n'oublie pas !*

! Pour éviter un hiatus, les impératifs se terminant normalement par un *e* ou un *a* à la 2e personne du singulier prennent un *s* final (dit « euphonique ») devant *y* et *en* quand ces mots sont des adverbes ou des pronoms compléments de l'impératif.

   ex. : *mange !* mais *manges-en un peu*

   pense à moi mais *penses-y*

   va ! mais *vas-y !*

Cette règle explique la faute fréquente qui consiste à mettre un *s* à tous les impératifs de la deuxième personne du singulier.

! Le *t* que l'on trouve à l'impératif *va-t'en* est le pronom *te* élidé et non un *t* euphonique, bien qu'il en remplisse la fonction.

- Pour les verbes pronominaux, on fait suivre le verbe d'un tiret et du pronom personnel réfléchi *toi, nous, vous* :
    ex. : *montre-toi ! ; servons-nous ! ; allongez-vous !*

- L'impératif passé, inusité, se construit comme le subjonctif passé, c'est-à-dire avec le subjonctif présent de l'auxiliaire suivi du participe passé :
    ex. : *aie pris, ayons pris, ayez pris*

◻ Les emplois

- L'impératif exprime le commandement, l'exhortation, le conseil, la prière et la défense aux trois personnes suivantes : *tu, nous, vous* :
    ex. : *écoute-moi ! ; avançons ! ; essayez de comprendre ! ; ne dis pas cela !*

- L'impératif s'utilise également dans des propositions juxtaposées pour exprimer la condition ou la concession :
    ex. : *refais cela et je ne te parle plus !* (= si tu refais cela)
    explique-lui cent fois, il continue à se tromper
    (= même si tu lui expliques)

■ LES MODES IMPERSONNELS

Le français a **trois modes impersonnels**, pour lesquels les formes ne changent pas selon la personne.

➤ L'INFINITIF

- L'infinitif est la forme du verbe exprimant l'idée d'un

procès sans indication de personne ni de temps. C'est sous cette forme que l'on trouve les verbes dans les dictionnaires.

Précédé ou non d'un article, l'infinitif est l'équivalent d'un nom et peut en prendre toutes les fonctions :

- ❥ infinitif sujet
  - ex. : *boire beaucoup d'eau permet d'éliminer*
- ❥ infinitif attribut
  - ex. : *souffler n'est pas jouer*
- ❥ infinitif en apposition
  - ex. : *lui dire la vérité ou la lui cacher, voilà la question*
- ❥ infinitif complément d'un substantif
  - ex. : *la peur de décevoir*
- ❥ infinitif complément d'un verbe ou d'un groupe verbal
  - ex. : *je les entends chanter*
  - *il serait bon de l'en informer*

• L'infinitif, éventuellement modifié par un adverbe, peut être précédé de l'article et utilisé comme un nom ; c'est un mode de formation d'expressions nouvelles assez courant dans l'usage actuel.

ex. : *le bien-manger, le mieux-vivre, le savoir-dire*

Ce type de composés reste invariable.

ex. : *des savoir-faire*

☺ Les verbes du 1er groupe se prononçant de la même façon à l'infinitif et au participe passé, les confusions entre ces deux formes sont fréquentes à l'écrit. Pour éviter la faute, on notera que l'infinitif apparaît souvent soit derrière une préposition, soit derrière un autre verbe conjugué.

ex. : *je lui apprends à jouer aux échecs*
va chercher ton livre

Le moyen le plus simple de ne pas se tromper est de remplacer le verbe du 1ᵉʳ groupe par un verbe d'un autre groupe.

ex. : *laissez-les entrer* ou *entré* ?
laissez-les sortir (infinitif) → *laissez-les entrer*

➤ LE PARTICIPE PRÉSENT

❑ La formation

• Le participe présent se construit en ajoutant le suffixe *-ant* au radical du verbe de la 1ʳᵉ personne du pluriel du présent de l'indicatif.

ex. : *chantant* ; *conduisant* ; *craignant* ; *partant*

❗ Notez les participes présents irréguliers de *avoir*, *être* et *savoir* : *ayant*, *étant*, *sachant*.

• À la voix passive, le participe présent est formé du participe présent de l'auxiliaire *être* suivi du participe passé du verbe. Ce participe passé s'accorde en genre et en nombre avec le sujet.

ex. : *étant exténués, ils ont préféré abandonner*
sa mère étant arrivée, il est allé la rejoindre

❑ Les emplois

• Le participe présent peut avoir une **valeur verbale** et recevoir des compléments et un sujet propre. Il est alors toujours **invariable**.

Il s'emploie avec les mêmes nuances de sens qu'une proposition relative ou qu'une proposition circonstancielle de temps, cause, condition ou concession :

ex. : *vous trouverez des commerçants **offrant** de grosses remises* (relative = qui offrent de grosses remises)

*je l'ai vu **sortant** de la poste* (temps = alors qu'il sortait de la poste)

*le train **étant** en retard, j'ai raté l'avion* (cause = comme le train était en retard)

*la critique sera mieux reçue **venant** de toi* (condition = si la critique vient de toi)

***voulant** aider, il a retardé tout le monde* (concession = bien qu'il ait voulu aider)

! Le sujet implicite du participe placé en tête de phrase doit se rattacher au sujet du verbe personnel qui suit :

ex. : *(moi) espérant vous revoir bientôt, je vous envoie mes meilleures salutations*

et non *(moi) *espérant vous revoir bientôt, (vous) veuillez recevoir mes meilleures salutations*

• Le participe présent peut avoir les mêmes valeurs et fonctions qu'un adjectif qualificatif. C'est alors un **adjectif verbal** qui **s'accorde en genre et en nombre** avec ce qu'il qualifie.

☺ À l'oral, rien ne distingue l'adjectif verbal du participe présent lorsqu'il est rattaché à un nom masculin. Or le premier est variable et l'autre invariable. Pour éviter la faute, il suffit de remplacer le nom masculin par un nom féminin.

ex. : *il/elle se tenait à l'entrée, accueillant les invités* ➙ invariable, participe présent

il s'est montré accueillant / elle s'est montrée accueillante ➙ variable, adjectif verbal

- **Le gérondif** est une forme du participe présent généralement précédée de la préposition *en*. Il exprime des compléments circonstanciels de temps, de cause, de manière, de moyen, de condition et d'opposition.

> ex. : *les enfants apprennent en s'amusant* (temps)
>
> *en criant, il a réveillé tout le monde* (cause)
>
> *en mastiquant, on assimile mieux la nourriture* (manière)
>
> *il l'a cassé en utilisant un marteau* (moyen)
>
> *en partant maintenant, vous arriveriez pour l'ouverture* (condition)
>
> *il a gagné en ne s'étant pas entraîné* (opposition)

On trouve le gérondif sans préposition dans des formules figées.

> ex. : *elles discutèrent chemin **faisant***
>
> *ce **faisant**, ils s'exposent à la critique*

Combiné avec *aller*, le gérondif marque l'action continue, la progression dans le temps.

> ex. : *la crainte va grandissant*

! Le sujet implicite du gérondif doit être le même que celui du verbe principal.

> ex. : *en creusant les fondations, des vestiges sont apparus* est une tournure incorrecte
>
> *en creusant les fondations, on a mis au jour des vestiges* ou *des vestiges sont apparus quand on a creusé les fondations*

On remarquera toutefois que certaines expressions anciennes, notamment de type proverbial, ne respectent pas cette règle.

> ex. : *l'appétit vient en mangeant*

➤ LE PARTICIPE PASSÉ

❏ La formation

• Dans l'usage courant, on appelle « participe passé » la forme réduite, c'est-à-dire sans auxiliaire. C'est celle qui apparaît dans les tableaux de conjugaison.

• Le participe passé complet est formé de l'auxiliaire *être* ou *avoir* au **participe présent** suivi du **radical de l'infinitif terminé par** :

➡ **-é** pour les verbes du 1er groupe
  ex. : *ayant parlé, ayant participé*

➡ **-i** pour les verbes du 2e groupe
  ex. : *ayant fini, ayant rempli*

➡ le plus souvent en **-i**, mais aussi en **-is, -t** ou **-u** pour les verbes du 3e groupe
  ex. : *étant parti ; étant assis ; ayant joint ; ayant couru*
  exception : *naître* ➝ *étant né*

❗ Certains participes sont très différents du radical :
devoir ➝ *dû, due* ; *pouvoir* ➝ *pu* ; *plaire* ➝ *plu* ; *vivre* ➝ *vécu*

☺ Le *t* et le *s* finals étant muets, il suffit de mettre le participe passé au féminin pour s'assurer de son orthographe.
  ex. : *elle s'est plainte* ➝ *il s'est plaint*
    elle s'est assise ➝ *il s'est assis*
    elle est cuite ➝ *il est cuit*

❏ Les emplois

• Le participe passé est utilisé pour tous les ***temps composés***.

ex. : *j'ai décidé ; il aurait dit ; nous étions partis ; que vous ayez choisi*

• Le participe passé peut apparaître dans une **proposition participiale**.

ex. : *le soleil s'étant couché, il faisait plus froid*

• Employé sans auxiliaire, le participe passé a une **valeur adjectivale**. Comme l'adjectif, il s'accorde et il peut être épithète, attribut ou apposé.

ex. : *ils étaient à l'endroit prévu*
ces graphies sont admises
elle lisait, assise près du feu

❗ Dans les tours exclamatifs débutant par un participe passé, l'accord se fait ou non.

ex. : *fini ou finis les soucis !*

❗ Les participes *attendu, compris* (dans le sens de « inclus »), *entendu, excepté, supposé* et *vu* ainsi que *ci-annexé, ci-inclus, ci-joint*, restent invariables lorsqu'ils sont placés devant le nom — ils se comportent alors comme des adverbes. En revanche, ils s'accordent en genre et en nombre avec le nom auquel ils se rapportent lorsqu'ils sont placés derrière ce nom.

ex. : *tous ses petits-enfants étaient là, excepté Léo et Ella* mais *tous ses petits-enfants étaient là, Léo et Ella exceptés*
vous trouverez ci-joint les contrats signés mais *vous trouverez les contrats signés ci-joints*

❗ *Étant donné, mis à part* et *passé* peuvent s'accorder ou non en genre et en nombre avec le nom auquel ils se rapportent.

ex. : *étant donné* ou *données les circonstances, nous avons tout annulé*

mis à part ou *mises à part ces petites difficultés, tout s'est bien déroulé*

passé ou *passées 22 heures, je ne réponds plus au téléphone*

! Dans la mention légale *lu et approuvé*, ainsi que dans les locutions conjonctives *attendu que, étant donné que, excepté que, supposé que, vu que* les participes sont toujours invariables.

Utilisé avec un auxiliaire, un verbe pronominal ou un verbe impersonnel, le participe passé pose régulièrement des problèmes d'accord (→ § accord du participe passé).

LES TEMPS

Ils permettent de situer le procès exprimé par le verbe sur l'axe du temps : passé, présent, futur.

■ LES TEMPS SIMPLES

Un temps est dit « simple » lorsque ses formes verbales ne sont composées que d'un seul mot. La formation des temps simples varie selon le groupe auquel appartient le verbe.

➤ LE PRÉSENT

❏ La formation

verbes du 1ᵉʳ groupe : radical du verbe suivi des terminaisons : *-e, -es, -e, -ons, -ez, -ent*

ex. : *j'aime, tu aimes, il aime, nous aimons, vous aimez, ils aiment*

Conjuguez sans fautes **Le verbe, formes et emplois**

verbes du 2ᵉ groupe : radical du verbe suivi des terminaisons : *-s, -s, -t, -ons, -ez, -ent*

ex. : *je réuni**s**, tu réuni**s**, il réuni**t**, nous réuniss**ons**, vous réuniss**ez**, ils réuniss**ent***

verbes du 3ᵉ groupe

•• radical du verbe suivi des terminaisons : *-s, -s, -t, -ons, -ez, -ent*

ex. : *je souri**s**, tu souri**s**, il souri**t**, nous souri**ons**, vous souri**ez**, ils souri**ent***

•• radical du verbe suivi des terminaisons : *-s, -s, -, -ons, -ez, -ent*

ex. : *je défend**s**, tu défend**s**, il défend, nous défend**ons**, vous défend**ez**, ils défend**ent***

•• radical du verbe suivi des terminaisons : *-e, -es, -e, -ons, -ez, -ent*

ex. : *je couvr**e**, tu couvr**es**, il couvr**e**, nous couvr**ons**, vous couvr**ez**, ils couvr**ent***

•• radical du verbe suivi des terminaisons : *-x, -x, -t, -ons, -ez, -ent*

ex. : *je veu**x**, tu veu**x**, il veu**t**, nous voul**ons**, vous voul**ez**, ils veul**ent***

! Le radical des verbes du 3ᵉ groupe est souvent modifié.

ex. : *prendre* : *je **prend**s, nous **pren**ons*
dormir : *je **dor**s, nous **dorm**ons*

! Les verbes dont l'infinitif se termine par *-aître* ainsi que *plaire* conservent traditionnellement l'accent circonflexe sur le *i* s'il est suivi d'un *t*.

ex. : *il paraît ; il connaît ; il disparaît*

■ Cependant, la réforme de l'orthographe de 1990 préconise l'abandon de cet accent circonflexe et accepte les deux graphies : *il paraît* ou *il parait, il connaît* ou *il connait, il disparaît* ou *il disparait*.

❏ **Les emplois**

Le présent permet d'exprimer :

•❖ une action qui se déroule au moment où l'on parle
   ex. : *le téléphone sonne*

•❖ une action habituelle
   ex. : *je prends le train tous les jours*

•❖ une vérité générale, scientifique
   ex. : *l'eau bout à 100 °C*

•❖ une action passée
   ex. : *le mur de Berlin tombe le 9 novembre 1989*

•❖ une action dans un futur proche
   ex. : *je reviens dans deux heures*

➤ **LE FUTUR**

❏ **La formation**

Le futur se forme avec l'infinitif du verbe suivi des terminaisons *-ai, -as, -a, -ons, -ez, -ont*.
   ex. : *j'aimerai, tu aimeras, il aimera, nous aimerons, vous aimerez, ils aimeront*

❗ Le radical de certains verbes du 3ᵉ groupe peut être modifié :

•❖ perte du *e* de l'infinitif
   ex. : *j'apprendrai ; nous joindrons*

Conjuguez sans fautes — Le verbe, formes et emplois

- ❖ doublement du *r* devant la terminaison
   ex. : *nous courrons ; il mourra*
- ❖ changement de radical et doublement du *r*
   ex. : *j'acquerrai, je pourrai ; vous verrez*
- ❖ transformation du *i* du radical de *cueillir* en *e*
   ex. : *je cueillerai, tu cueilleras, il cueillera,* etc.

❏ Les emplois

Le futur permet d'exprimer :

- ❖ une action à venir, plus ou moins proche
   ex. : *je partirai demain*
   ils viendront l'année prochaine

- ❖ une action passée mais postérieure à un fait relaté au présent
   ex. : *il décède en 1980 et son film sortira trois mois après sa mort*

➤ L'IMPARFAIT

❏ La formation

❖ **verbes du 1ᵉʳ groupe** : radical du verbe suivi des terminaisons *-ais, -ais, -ait, -ions, -iez, -aient*.
   ex. : *je chantais, tu chantais, il chantait, nous chantions, vous chantiez, ils chantaient*

❖ **verbes du 2ᵉ groupe** : radical du verbe suivi de *-ss* et des terminaisons *-ais, -ais, -ait, -ions, -iez, -aient*.
   ex. : *je finissais, tu finissais, il finissait, nous finissions, vous finissiez, ils finissaient*

❖ **verbes du 3ᵉ groupe** : radical du verbe suivi des terminaisons *-ais, -ais, -ait, -ions, -iez, -aient*. Attention, le radical est souvent modifié.

Le verbe, formes et emplois *Conjuguez sans fautes*

> ex. : *je **pren**ais ; tu **all**ais ; il **cous**ait ; nous **dis**ions ; vous **écriv**iez ; ils **joign**aient*

☺ À l'oral, la distinction entre le présent et l'imparfait des 1re et 2e personnes du pluriel s'entend à peine pour les verbes du 1er groupe en *-gner* (ex. : *signer*), *-iller* (ex. : *mouiller*), *-ier* (ex. : *épier*) et *-yer* (ex. : *tournoyer*) et certains verbes du 3e groupe (*bouillir, cueillir, fuir, voir, asseoir, craindre, peindre, croire* et *rire*).

Or, la terminaison de l'imparfait des 1re et 2e personnes du pluriel des verbes débute par un *i*.

Pour éviter la faute, il suffit de remplacer la personne du pluriel par une personne du singulier.

> ex. : *l'été dernier, nous nous baignons* ou *baignions* (?) *tous les jours*
>
> *tu te baignais*, imparfait → *nous nous baignions*

❏ **Les emplois**

L'imparfait permet d'exprimer :

•• une action non achevée qui se déroule dans le passé
  ex. : *nous écoutions de la musique quand il est entré*

•• une action qui dure dans le passé
  ex. : *ils travaillaient sans relâche*

•• une action habituelle dans le passé
  ex. : *elle s'entraînait toutes les semaines*

•• une action ponctuelle dans le passé
  ex. : *le 18 juin 1940, De Gaulle lançait son fameux appel*

•• une action future dans le discours indirect
  ex. : *elle m'a annoncé qu'elle démissionnait*

Conjuguez sans fautes Le verbe, formes et emplois

⇒ une condition

ex. : *si j'étais plus jeune, je le ferais*

(→ § concordance des temps)

➤ LE PASSÉ SIMPLE

❏ La formation

verbes du 1ᵉʳ groupe et *aller* : radical du verbe suivi des terminaisons *-ai, -as, -a, -âmes, -âtes, -èrent*.

ex. : *je chant**ai**, tu chant**as**, il chant**a**, nous chant**âmes**, vous chant**âtes**, ils chant**èrent***

verbes du 2ᵉ groupe : radical du verbe suivi de *-is, -is, -it, -îmes, -îtes, -irent*.

ex. : *je fin**is**, tu fin**is**, il fin**it**, nous fin**îmes**, vous fin**îtes**, ils fin**irent***

verbes du 3ᵉ groupe :

⇒ radical du verbe suivi des terminaisons *-is, -is, -it, îmes, -îtes, -irent*

ex. : *je r**is**, tu r**is**, il r**it**, nous r**îmes**, vous r**îtes**, ils r**irent***

⇒ radical du verbe suivi des terminaisons *-us, -us, -ut, ûmes, -ûtes, -urent*

ex. : *je cour**us**, tu cour**us**, il cour**ut**, nous cour**ûmes**, vous cour**ûtes**, ils cour**urent***

! Le radical de *venir* et *tenir* et de leurs composés est très altéré :

ex. : *je vins, nous vînmes, ils vinrent ; je retins, nous retînmes, ils retinrent*

! Ne pas oublier l'accent circonflexe sur les 1ʳᵉ et 2ᵉ personnes du pluriel.

❏ Les emplois

Le passé simple est l'un des principaux temps du récit ; il sert :

- à exprimer une action achevée dans un récit historique
  ex. : *les troupes débarquèrent en juin*

- à exprimer une action qui se produit tandis qu'une autre action est en cours
  ex. : *ils jouaient dans le jardin quand l'orage éclata*

- à présenter une succession de faits dans le passé
  ex. : *elle prit son sac, ouvrit la porte et sortit*

Le passé simple est le temps du conte par excellence :
  ex. : *ils se marièrent et vécurent heureux*

Ce temps, dont certaines formes sont un peu difficiles, est surtout utilisé à l'écrit et dans un style soutenu. Dans l'usage courant et notamment à l'oral, le passé simple est remplacé par le passé composé.

■ LES TEMPS COMPOSÉS

Un temps est dit « composé » lorsque ses formes verbales sont composées d'un **auxiliaire à un temps simple suivi d'un participe passé.**

➤ LE PASSÉ COMPOSÉ

❏ La formation

Le passé composé se construit avec l'auxiliaire *être* ou *avoir* au **présent simple** suivi du **participe passé** du verbe.

❏ Les emplois

Le passé composé est le principal temps du récit au passé.

Il permet d'exprimer une action achevée, qui s'est produite avant le moment où l'on parle, dans un passé plus ou moins proche et qui garde éventuellement un lien avec le présent.

> ex. : *hier, il a plu toute la journée*
> *il est arrivé en France en 1995*
> *j'ai toujours voulu aller au Mexique*

Dans une proposition conditionnelle introduite par *si*, il a une valeur de futur antérieur.

> ex. : *si demain vous n'avez pas donné votre réponse, je considérerai que vous acceptez*

(→ § accord du participe passé)

▶ LE PLUS-QUE-PARFAIT

❏ La formation

Le plus-que-parfait se construit avec l'auxiliaire ***avoir*** ou ***être*** à l'**imparfait** suivi du **participe passé** du verbe.

> ex. : *j'avais chanté ; il était ressorti*

❏ Les emplois

Le plus-que-parfait permet d'exprimer, dans le passé :

➦ une action qui s'est déroulée avant une autre, avec un intervalle de temps entre les deux

> ex. : *il avait déjà terminé quand je suis arrivé*
> *je croyais qu'ils étaient repartis*
> *elle vit qu'il avait pleuré*

➦ une action qui se répète ; il a alors une valeur dite « itérative »

> ex. : *ils s'étaient entraînés tous les jours des années durant*

•• le caractère éventuel de l'action de la subordonnée, antérieure à l'action de la proposition principale ; on parle alors d'« irréel du passé »

ex. : *si tu n'avais rien dit, il n'y aurait pas eu de problème*

•• un regret dans une proposition exclamative

ex. : *si j'avais su !*

➤ LE PASSÉ ANTÉRIEUR

❑ La formation

Le passé antérieur se construit avec l'auxiliaire *avoir* ou *être* au **passé simple** suivi du **participe passé** du verbe.

ex. : *j'eus chanté ; il fut ressorti*

❑ L'emploi

Le passé antérieur sert à exprimer que l'action de la subordonnée s'est déroulée immédiatement avant celle de la principale au passé simple.

ex. : *dès qu'il eut quitté la pièce, ils se chamaillèrent*

➤ LE FUTUR ANTÉRIEUR

❑ La formation

Le futur antérieur se construit avec l'auxiliaire *avoir* ou *être* au **futur** suivi du **participe passé** du verbe.

ex. : *j'aurai chanté ; il sera ressorti*

❑ Les emplois

Le futur antérieur permet d'exprimer :

•• une action considérée comme achevée dans le futur de manière certaine

ex. : *dans une semaine, il aura tout oublié*

⇾ l'antériorité, dans le futur, d'une action par rapport à une autre

ex. : *dès que tu auras fini, nous sortirons*

⇾ une hypothèse, une probabilité dans le passé

ex. : *il aura pris le mauvais chemin*

⇾ une récapitulation, un bilan

ex. : *toutes ces expériences n'auront servi à rien*

■ LES TEMPS SURCOMPOSÉS

❑ La formation

Dans les temps surcomposés, la forme verbale est constituée de l'auxiliaire *avoir* ou *être* à un **temps composé,** suivi du **participe passé** du verbe.

ex. : *j'ai eu demandé ; il aurait été averti*

❑ Les emplois

Les temps surcomposés sont employés :

⇾ le plus souvent dans la subordonnée lorsque le verbe de la principale est à un temps composé

ex. : *je suis parti quand j'ai eu terminé*
il serait arrivé quand j'aurais été occupé
s'il avait eu fini, il aurait pu partir

⇾ plus rarement dans une proposition principale

ex. : *il a eu vite fait de renoncer à cette aventure*

(→ § concordance des temps)

LES PERSONNES

La terminaison du verbe varie selon le genre (masculin, féminin) et le nombre (singulier, pluriel) de son sujet.

Les pronoms personnels donnés dans les tableaux de conjugaison portent la marque de la personne et du nombre.

Les 1res personnes du singulier et du pluriel désignent celui ou ceux qui parlent.

ex. : *j'écris ; nous lisons*

❕ Le pronom « nous » peut désigner plusieurs types de groupe : moi et toi/vous/eux/elles.

Il peut également désigner la personne qui parle, dans des usages très particuliers :

➥ « nous de majesté », employé par un souverain ou humoristiquement

ex. : *nous vous faisons chevalier de la Légion d'honneur ; nous n'en avons cure*

➥ « nous de modestie »

ex. : *nous débuterons notre conférence par un hommage*

Il peut enfin désigner la personne à qui l'on parle, avec un effet humoristique.

ex. : *nous sommes bougon ce matin ?*

Les 2e personnes du singulier et du pluriel désignent celui ou ceux à qui l'on parle.

ex : *viens-tu avec moi ?*
Julien et toi, qu'en pensez-vous ?

Les 3e personnes du singulier et du pluriel désignent celui ou ceux dont on parle.

ex : *il me surprendra toujours*
elles ne sont pas arrivées

! Certains verbes ne se conjuguent qu'à la 3ᵉ personne du singulier : ce sont les verbes impersonnels (→ § verbes impersonnels).

! Certains modes n'acceptent pas la notion de personne : ce sont les modes impersonnels (→ § modes impersonnels).

QUELQUES PARTICULARITÉS ORTHOGRAPHIQUES

❏ **Alternance e/é et e/è**

• Pour les verbes du 1ᵉʳ groupe dont l'avant-dernière syllabe de l'infinitif contient un *e* muet, ce *e* se transforme en *è* devant une syllabe contenant un *e* muet :

ex. : *enlever* → *j'enlèverai* ; *soulever* → *ils soulèvent* ;
ressemer → *elles ressèmeront*

! Pour les verbes du 1ᵉʳ groupe dont l'avant-dernière syllabe de l'infinitif contient un *é*, ce *é* se transforme en *è* devant un *e* muet final :

ex. : *céder* → *je cède* ; *posséder* → *tu possèdes* ;
empiéter → *elle empiète*

Ce *é* est censé se maintenir dans les autres cas, notamment au futur et au conditionnel.

ex. : *céder* → *nous céderons* ; *vous céderiez*
posséder → *nous posséderons* ; *vous posséderiez*

➡ La réforme de l'orthographe de 1990 préconise toutefois l'emploi du *è* pour des raisons à la fois d'harmonisation et de conformité avec la prononciation. Ainsi les formes *nous cèderons, nous possèderons, elle empiètera,* etc. sont considérées comme correctes. Elles sont d'ailleurs enregistrées dans la plupart des dictionnaires.

Accent circonflexe sur le *i* et le *u*

- Le *i* et le *u* prennent traditionnellement un accent circonflexe dans certaines terminaisons verbales.

    ex. : *il accroît ; elle naît ; nous lûmes ; vous voulûtes ; ils décroîtront ; ils ont mû*

➡ La réforme de l'orthographe de 1990 préconise l'abandon de l'accent circonflexe sur le *i* et le *u* sauf :

➻ au passé simple, pour les 1ʳᵉ et 2ᵉ personnes du pluriel

    ex. : *nous suivîmes ; vous voulûtes*

➻ à la 3ᵉ personne du singulier de l'imparfait du subjonctif

    ex. : *qu'il suivît ; qu'il voulût*

➻ à la 3ᵉ personne du singulier du plus-que-parfait du subjonctif

    ex. : *qu'il eût suivi ; qu'elle eût voulu*

➻ pour les formes du verbe ***croître*** qui ne se distinguent de celles du verbe ***croire*** que par cet accent circonflexe

    ex : *je croîs/je crois ; il crût/il crut*

Les graphies telles que *il accroit, elle nait, ils décroitront, ils ont mu* ne sont donc plus considérées comme fautives.

Verbes en *-yer*

Pour les verbes dont l'infinitif se termine par *-oyer* ou *-uyer*, le *y* se transforme en *i* devant les terminaisons commençant par un *e* muet.

    ex. : *je nettoie ; il essuiera*

Pour les verbes dont l'infinitif se termine par *-ayer,* la forme avec *y* est tolérée, mais la forme en *i* est préférable pour des raisons d'euphonie et d'harmonisation.

ex. : *tu balaies* [balɛ] est préférable à *tu balayes* [balɛj]

! *Envoyer* et *renvoyer* se distinguent des autres verbes en *-oyer* par leur futur (*j'enverrai, tu enverras*, etc.) et leur conditionnel (*j'enverrais, tu enverrais*, etc.).

❏ **Verbes en -*eler* et -*eter***

● Pour la majorité des verbes dont l'infinitif se termine par *-eler* (ex. : *appeler*) et *-eter* (ex. : *décacheter*), il y a doublement du *l* ou du *t* devant les terminaisons commençant par un *e* muet.

ex. : *j'appelle ; ils se querelleraient*
tu jettes ; elles décachetteront

● Pour les verbes suivants, le *l* ou le *t* n'est pas doublé mais le *e* se transforme en *è*.

ciseler → *cisèle* ; *congeler* → *congèle* ; *démanteler* → *démantèle* ; *écarteler* → *écartèle* ; *geler* → *gèle* ; *marteler* → *martèle* ; *modeler* → *modèle* ; *peler* → *pèle* ; *receler* → *recèle*

acheter → *achète* ; *crocheter* → *crochète* ; *fureter* → *furète* ; *haleter* → *halète*

➥ La réforme de l'orthographe de 1990 préconise l'emploi systématique du *è* pour noter le son *e* ouvert dans les verbes en *-eler* et *-eter*. Ainsi, on peut conjuguer sur le modèle de *geler* et *acheter* des verbes tels que *ruisseler, épousseter, étiqueter* → *il ruisselle* ou *il ruissèle* ; *il époussette* ou *il époussète* ; *il étiquette* ou *il étiquète*.

❏ **Verbes en -*cer***

● Pour les verbes du 1er groupe dont l'infinitif se termine par *-cer* (ex. : *placer*), le *c* prend une cédille devant les terminaisons commençant par *o* ou *a*, ceci afin de conserver le son [s].

ex. : *nous amorçons ; il coinçait ; nous plaçâmes*

- Les verbes en **-ecer** (ex. : *dépecer*) se conjuguent comme **placer** et **peler**, c'est-à-dire qu'ils présentent à la fois l'alternance **c/ç** devant *a* et *o* et l'alternance **e/è** devant un *e* muet.

ex. : *je dépèce ; je dépeçais*

- Les verbes en **-écer** (ex. : *rapiécer*) se conjuguent comme **placer** et **céder**, c'est-à-dire qu'ils présentent à la fois l'alternance **c/ç** devant *a* et *o* et l'alternance **é/è** devant un *e* muet.

ex. : *il rapièce ; il rapiéça*

➥ La réforme de l'orthographe de 1990 préconise l'emploi systématique du *è* pour noter le son *e* ouvert devant une syllabe contenant un *e* muet. Ainsi les deux formes *il rapiécera* et *il rapiècera* sont correctes. Ces graphies sont d'ailleurs enregistrées dans la plupart des dictionnaires.

□ **Verbes en -ger**

- Pour les verbes du 1er groupe dont l'infinitif se termine par **-ger**, le *g* est suivi d'un *e* devant les terminaisons commençant par *o* ou *a* , ceci afin de conserver le son [ʒ].

ex. *il abrégea ; nous arrangeons ; ils s'engageaient*

- Les verbes en **-éger** (ex. : *siéger, protéger*) se conjuguent comme **bouger** et **céder**, c'est-à-dire qu'ils présentent à la fois l'alternance **g/ge** et l'alternance **é/è**.

ex. : *elle prot**è**ge, elle prot**é**geait ; il si**è**ge, il si**é**gea*

➥ La réforme de l'orthographe de 1990 préconise l'emploi systématique du *è* pour noter le son *e* ouvert devant une syllabe contenant un *e* muet. Ainsi on peut écrire *elle protégerait* ou *protègerait, il siégera* ou *siègera*. Ces graphies sont d'ailleurs enregistrées dans la plupart des dictionnaires.

❏ Verbes en *-cevoir*

Les verbes dont l'infinitif se termine par *-cevoir* (*apercevoir, concevoir, décevoir, entrapercevoir, percevoir* et *recevoir*) prennent un *c* cédille devant *o* et *u* pour conserver le son [s].

ex. : *j'aperçois* ; *nous avons reçu*

❏ Asseoir

Deux radicaux entrent en concurrence dans la conjugaison de ce verbe au présent, à l'imparfait et au futur de l'indicatif, ainsi qu'à l'impératif.

ex. : *j'assieds* ou *j'assois* ; *j'asseyais* ou *j'assoyais* ; *j'assiérai* ou *j'assoirai* ; *assieds-toi* ou *assois-toi*.

Les formes *assois-toi* et *assoyez-vous* sont considérées comme familières. La troisième forme possible du futur, en *-eyer* (*j'asseyerai, tu asseyeras*, etc.), est considérée comme vieillie.

! Le **e** ne se maintient devant **oi** qu'à l'infinitif.

ex. : *asseoir* mais *je m'assois, tu t'assois,* etc.

➦ La réforme de l'orthographe de 1990 préconise la graphie ***assoir*** pour ce verbe, dans un souci d'harmonisation avec les autres verbes en *-oir*.

❏ La forme interrogative

La forme interrogative avec inversion du sujet et du verbe a parfois un impact sur la forme verbale.

Le verbe, formes et emplois *Conjuguez sans fautes*

• À la 1re personne du singulier se terminant par *e*, le *e* final se transforme en *é* pour éviter le hiatus :

ex. : *j'aime* → *aimé-je ? ; j'eusse* → *eussé-je ?*

➥ La réforme de l'orthographe de 1990 préconise le remplacement du *é* par un *è*, ceci afin d'être conforme à la prononciation. Ainsi, les formes *aimè-je*, *eussè-je* sont considérées comme correctes.

• Lorsque le verbe se termine par *a* ou *e* à la 3e personne du singulier, on ajoute un *t* dit « euphonique » entre traits d'union :

ex. : *quand reviendra-t-il ? ; aime-t-elle le chocolat ?*

❏ **Le subjonctif présent et imparfait**

L'inversion du sujet et du verbe dans l'emploi littéraire du subjonctif présent et imparfait exprimant un souhait ou une éventualité à la 1re personne du singulier provoque également la transformation du *e* final en *é*. On ajoute éventuellement un *s* pour conserver le son [s].

ex. : *que je puisse* mais *puissé-je l'aider*

que je dus mais *dussé-je attendre longtemps*

que j'eusse mais *eussé-je ce bonheur*

que je fusse mais *fussé-je mieux compris*

➥ Là encore, la réforme de l'orthographe de 1990 préconise le remplacement du *é* par un *è* pour rendre compte de la prononciation ; ainsi les graphies *puissè-je*, *dussè-je*, *eussè-je*, *fussè-je* sont considérées comme correctes.

QUELQUES PIÈGES À ÉVITER

ASSERVIR est du 2e groupe *(asservissant)* ; il ne se conjugue pas comme *servir*, bien qu'il soit de la même famille, mais comme *finir*.

BÉNIR : le participe passé de ce verbe est *béni* mais il existe un adjectif *bénit* (« qui a reçu la bénédiction du prêtre avec les cérémonies prescrites »), qui introduit parfois quelques confusions. Ainsi on doit écrire *il a béni le pain* mais *du pain bénit* ; *l'eau bénie par le pape* mais *de l'eau bénite*.

CONVENIR se conjugue généralement avec l'auxiliaire *avoir*. L'auxiliaire *être* s'emploie cependant dans la langue littéraire.

> ex. : *nous avons convenu de l'aider* ou *nous sommes convenus de l'aider* (littéraire)

FICHER : dans le sens familier de « faire » ou « donner », l'infinitif de ce verbe existe sans *r*.

> ex. : *je vais le ficher à la poubelle ; je n'en ai rien à fiche*.

DÉRIVÉS DE DIRE : le seul dérivé se conjuguant exactement comme *dire* est *redire*.

À la deuxième personne du pluriel du présent de l'indicatif, *contredire, se dédire, interdire, médire, prédire* se terminent par *-disez* et non *-dites* : *vous contredisez, vous vous dédisez, vous interdisez, vous médisez, vous prédisez*.

Quant à *maudire*, c'est un verbe du 2e groupe *(maudissant)*, qui se conjugue sur le modèle de *finir*. Son participe passé s'écrit toutefois avec un *t* : *maudit, maudite*.

FAILLIR se conjugue comme *finir* et non comme *assaillir*. Dans l'usage actuel, *faillir* (au sens de « manquer ») n'est plus guère employé qu'au passé simple (dans la langue écrite), au participe passé, et surtout à l'infinitif et aux temps composés *(j'ai failli, elles avaient failli)*. Les autres formes, et en particulier le présent de l'indicatif, le futur et le conditionnel dont les 3e personnes du singulier sont communes à *faillir* et à *falloir (il faut, il faudra, il faudrait)* étaient déjà vieillies au XIXe s. C'est à cette époque que sont entrées dans l'usage les formes *je faillirai, je faillirais* au futur et au conditionnel.

FRIRE est inusité au passé simple et à l'imparfait de l'indicatif, au subjonctif présent et imparfait. Au présent de l'indicatif, seules les trois personnes du singulier existent : *je fris, tu fris, il frit*. Au futur et au conditionnel, la conjugaison est complète : *je frirai, tu friras, il frira, nous frirons, vous frirez, ils friront ; je frirais, tu frirais, nous fririons, vous fririez, ils friraient*. L'impératif est *fris* et le participe passé *frit, frite*.

IMPARTIR : contrairement aux apparences, ce verbe, qui signifie « donner en partage », n'est pas dérivé de *partir* ; il se conjugue comme ***finir*** mais est surtout usité à l'infinitif, à l'indicatif présent et au participe passé.

POURVOIR et **PRÉVOIR** : bien que dérivés du verbe *voir*, ces verbes gardent leur radical intact au futur : *je verrai* mais *je pourvoirai, je prévoirai*.

RÉASSORTIR : ce verbe n'est pas dérivé de *sortir* mais de *assortir*, et se conjugue comme ***finir***.

REPARTIR/RÉPARTIR : ces deux verbes très proches ne doivent être confondus ni au niveau du sens, ni au niveau de la conjugaison.

REPARTIR signifie « partir à nouveau » et se conjugue comme ***partir***, verbe du 3e groupe *(je repars, repartant)*.

RÉPARTIR signifie « distribuer » et se conjugue comme ***finir***, verbe du 2e groupe *(je répartis, répartissant)*.

RÉSOUDRE a deux participes passés : *résolu, ue* pour le sens « statuer, se déterminer » (ex. : *problème résolu*) et *résous*, *oute* pour le sens « dissoudre » (ex. : *brouillard résous en pluie*).

RESSORTIR : dans le sens de « sortir à nouveau », ce verbe se conjugue comme *sortir*, dont il est dérivé *(je ressors, nous ressortirons)* mais dans le sens de « être du ressort de, être relatif à », il se conjugue comme *finir*, verbe du 2ᵉ groupe (ex. : *ce procès ressortit à la cour d'appel*).

SORTIR : dans le sens juridique de « obtenir », ce verbe se conjugue comme *finir*.

TROMPETER et **GUILLEMETER** se conjuguent comme *jeter* mais se prononcent avec un [e] comme *moquetter*.

▶ La réforme de l'orthographe de 1990 préconise cependant les graphies *trompéter* et *guilleméter* et l'emploi du *è* devant une syllabe contenant un *e* muet : *tu trompèteras ; ils guillemèteront*.

Le participe présent et l'adjectif verbal s'écrivent parfois différemment. Ci-dessous les principaux exemples :

participe présent	adjectif
adhérant	adhérent
affluant	affluent
claudiquant	claudicant
communiquant	communicant
convainquant	convaincant
convergeant	convergent

différant	différent
divergeant	divergent
équivalant	équivalent
excellant	excellent
fatiguant	fatigant
influant	influent
interférant	interférent
intriguant	intrigant
naviguant	navigant
négligeant	négligent
précédant	précédent
provoquant	provocant
somnolant	somnolent
suffoquant	suffocant
zigzaguant	zigzagant

LA CONCORDANCE DES TEMPS ET DES MODES

La subordonnée exprime un procès qui peut être antérieur, simultané ou postérieur à l'action principale. Le temps de la subordonnée varie avec le temps et le mode de la proposition dont elle dépend. Cette concordance est imposée soit par le sens de la phrase, soit par des règles indépendantes du sens.

❑ Concordance entre le verbe de la proposition principale et le verbe d'une subordonnée à l'indicatif ou au conditionnel

- Lorsque la **proposition principale** est au **présent** ou au **futur**, le verbe de la subordonnée se met à l'**indicatif**, à un temps déterminé par le sens.

    ex. : *je crois qu'il pleut* (présent)
    je crois qu'il a plu (passé composé)
    je crois qu'il pleuvait (imparfait)
    je crois qu'il pleuvra (futur)

    tu verras que j'ai raison (présent)
    tu verras que j'avais raison (imparfait)
    tu seras prévenu quand l'accord aura été donné (futur antérieur)

- Lorsque la **proposition principale** est au **passé**, le verbe de la **subordonnée** se met à l'**indicatif** ou au **conditionnel**, à un temps déterminé par le sens.

    je croyais qu'il pleuvait (imparfait)
    je croyais qu'il avait plu (plus-que-parfait)
    j'espérais qu'il accepterait (conditionnel présent)
    j'espérais qu'il se serait abstenu (conditionnel 1re forme)
    elle acheta le pull dès qu'il fut en solde (passé simple)
    il nous a quittés quand nous sommes arrivés à l'hôtel (passé composé)
    elle avait envoyé sa réponse dès qu'elle avait reçu la lettre (plus-que-parfait)

! Lorsque la subordonnée exprime un fait intemporel, une vérité historique ou scientifique, le verbe n'est pas obligatoirement soumis à la concordance des temps.

ex. : *il a prouvé que la Terre tourne autour du Soleil*

❏ **Concordance entre le verbe de la proposition principale et le verbe d'une subordonnée au subjonctif**

• Lorsque la **proposition principale** est à l'**indicatif présent** ou **futur**, la **subordonnée** se met :

•• au **subjonctif présent** s'il y a **simultanéité** ou **postériorité** par rapport à l'action de la principale

ex. : *elle veut que je vienne*
elle voudra que je vienne
il faut que tu finisses ce travail
il faudra que tu finisses ce travail

•• au **subjonctif passé** s'il y a **antériorité** par rapport à l'action de la principale

ex. : *je crains* (maintenant) *qu'elle n'ait menti* (dans le passé)

• Lorsque la **proposition principale** est au **conditionnel présent**, la règle exigerait que la **subordonnée** soit au **subjonctif imparfait** :

ex. : *elle voudrait que nous vinssions*

• Lorsque la **proposition principale** est à un temps du **passé de l'indicatif**, la règle exigerait que la subordonnée soit :

•• à l'**imparfait du subjonctif** s'il y a **simultanéité** ou **postériorité** par rapport à l'action de la principale.

ex. : *elle souhaitait qu'il lût* (subjonctif imparfait) *ce livre*

•• au **plus-que-parfait du subjonctif** s'il y a **antériorité** par rapport à l'action de la principale.

    ex : *elle espérait que j'eusse fini* (subjonctif plus-que-parfait) *le travail*

! Certaines formes du subjonctif imparfait et plus-que-parfait étant particulièrement compliquées, voire peu élégantes (*que vous lavassiez, qu'il eût cru,* etc.), elles ont disparu de l'usage courant, voire de la langue littéraire contemporaine. Le subjonctif présent ou passé est donc admis.

    ex. : *elle voudrait que nous venions* (subjonctif présent)
          elle espérait que j'aie fini (subjonctif passé) *le travail*

❏ **Concordance entre le verbe de la proposition principale et le verbe d'une subordonnée de condition introduite par *si***

• Lorsque la **proposition principale** est au **présent** ou au **futur**, la **subordonnée** est au **présent de l'indicatif** :

    ex. : *je le lui dirai si je le vois*
          elle me le cède si je lui donne 100 €

• Lorsque la **proposition principale** est au **conditionnel présent**, la **subordonnée** est à l'**imparfait de l'indicatif** :

    ex. : *nous gagnerions du temps si nous étions mieux organisés*

• Lorsque la **proposition principale** est au **conditionnel passé**, la **subordonnée** est au **plus-que-parfait de l'indicatif** :

    ex. : *nous aurions gagné du temps si nous avions été mieux organisés*

! La subordonnée de condition n'est jamais au futur ni au conditionnel :

ex. : *si j'avais su, je ne serais pas venu*
   et non **si j'aurais su, je ne serais pas venu*

LES RÈGLES D'ACCORD

■ L'ACCORD DU SUJET ET DU VERBE

- Le verbe s'accorde en genre et en nombre avec le sujet.
    ex. : ***il** est passé me voir*
       ***les vagues** déferl**ent** sur la plage*

- Dans les propositions relatives, l'accord se fait non pas avec le pronom relatif mais avec l'être ou la chose qu'il représente (l'antécédent).
    ex. : *c'est **toi** qui l'**as** voulu*
       *c'est **elles** qui **sont** lésées*

! Cependant, si l'antécédent est une expression du type *le seul, l'unique, le premier*, etc. et qu'il est attribut du sujet, le verbe s'accorde soit avec le sujet, soit avec l'antécédent.
    ex. : *tu es la seule qui **as** su répondre* ou *tu es **la seule** qui **a** su répondre*

! Lorsqu'un sujet représente deux personnes différentes, le verbe se met au pluriel et s'accorde avec la personne du rang le plus petit.
    ex. : *toi et moi **irons** ensemble :* toi = 2^e personne du singulier ; moi = 1re personne du singulier → accord du verbe avec la 1re personne du pluriel
    ex. : *elles et moi **irons** ensemble :* elles = 3^e personne du pluriel ; moi = 1re personne du singulier → accord du verbe avec la 1re personne du pluriel

ex. : *elles et vous **irez** ensemble* : elles = 3ᵉ personne du pluriel ; vous = 2ᵉ personne du pluriel ➞ accord du verbe avec la 2ᵉ personne du pluriel.

- Lorsqu'il y a plusieurs sujets, le verbe se met au pluriel, même si chaque sujet est au singulier.

ex. : *ma collègue et son ami passeront ce soir*

- Si chaque sujet est précédé de *aucun*, *chaque*, *nul* ou *tout*, le verbe s'accorde en genre et en nombre avec le dernier sujet.

ex. : *nulle association, nul organisme n'est habilité à faire cela*

aucune radio, aucune télévision, aucun journal n'en a parlé

- Si le sujet est constitué de plusieurs groupes au singulier désignant la même chose ou des choses apparentées, le verbe peut se mettre au singulier.

ex. : *pas un arbre, pas une branche, pas une feuille ne bouge* ou *ne bougent*

- Lorsque des sujets au singulier sont reliés par *ou* ou *ni*, le verbe se met au pluriel si l'on considère que tous les sujets participent à l'action ; il se met au singulier si seul l'un des sujets est concerné.

ex. : *ni ma fille ni mon fils n'en veulent*

ni Paul ni Luc n'est le père de cet enfant

- Lorsque deux ou plusieurs sujets sont reliés par *ainsi que* ou *comme*, le verbe se met au singulier ou au pluriel

ex. : *son frère comme son cousin l'approuve* ou *l'approuvent*

- Lorsque le sujet du verbe est un nom collectif, c'est-à-dire un nom qui désigne un ensemble d'êtres ou de choses (*bande*, *quantité*, *série*, *masse*, *multitude*, *ribambelle*, *troupeau*, *dizaine*, etc.), le verbe peut se mettre soit au singulier si l'on veut insister sur la notion de groupe, soit au pluriel si l'on veut insister sur la quantité.

   ex. : *une dizaine de livres manquait* ou *manquaient*

   un tiers des participants a été éliminé ou *ont été éliminés*

   une foule de journalistes l'attendait ou *l'attendaient*

De même, avec les expressions du type *la majorité de*, *la plupart de*, le verbe se met soit au singulier, soit au pluriel.

   ex. : *la majorité des collaborateurs était présente* ou *étaient présents*

   la plupart des joueurs était ou *étaient sur le terrain*

- Le verbe s'accorde toujours avec le complément de nom lorsque le sujet contient un adverbe ou une expression adverbiale exprimant la quantité. Voici les plus courants : *assez (de)*, *beaucoup (de)*, *bien des*, *combien (de)*, *force*, *nombre (de)*, *peu (de)*, *quantité (de)*, *tant (de)*, *trop (de)*, etc.

   ex. : *nombre d'accidents auraient pu être évités*

   quantité d'écrivains ne vivent pas de leur plume

- Les expressions *l'un et l'autre* et *ni l'un ni l'autre* sont suivies d'un verbe au pluriel ou au singulier.

   ex. : *l'un et l'autre se disent* ou *se dit*

! Au nombre des petits paradoxes, *plus d'un* régit un verbe au singulier mais *moins de deux* régit un verbe au pluriel.

ex. : *plus d'un s'est lancé dans l'aventure*
moins de deux mois lui ont été nécessaires pour terminer

■ L'ACCORD DU PARTICIPE PASSÉ

Avec l'auxiliaire *être*

• **Le participe passé employé avec l'auxiliaire *être* s'accorde en genre et en nombre avec le sujet.** Il se met au pluriel s'il y a deux sujets (ou plus) et au masculin si l'un au moins des sujets est masculin.

ex. : *il est déjà parti*
elle et son frère sont rentrés tard

! Avec *on, vous* et *nous*, l'accord varie selon les personnes que ces pronoms représentent.

on est entré (= quelqu'un est entré)
on est entré(s) (= nous sommes entrés)
vous êtes entré (vous = un homme)
vous êtes entrée (vous = une femme)
nous sommes chargés de faire procéder au vote
nous sommes chargée de faire procéder au vote (nous = une femme, pluriel de majesté ou de modestie)

• **Avec un verbe pronominal**, le participe passé

– s'accorde en genre et en nombre :

➡ avec le sujet quand le verbe est toujours pronominal, c'est-à-dire qu'il se construit toujours avec le pronom réfléchi *me, te, se, nous, vous, se*

ex. : *elle s'est enfuie*
nous nous sommes emparés du sac
ils s'en sont souvenus

❖ avec le sujet quand le pronom est complément d'objet direct du verbe

ex. : *elle s'est coiffée* (= elle a coiffé elle-même)

nous nous sommes lavé(e)s (= nous avons lavé nous-mêmes)

ils se sont brûlés (= ils ont brûlé eux-mêmes)

❖ avec le complément d'objet direct quand celui-ci est placé <u>avant le verbe</u>

ex. : *la robe qu'elle s'est offerte* (= la robe qu'elle a offerte à elle-même)

les objectifs qu'il s'est fixés (= les objectifs qu'il a fixés à lui-même)

– **est invariable :**

❖ lorsque le pronom n'est pas complément d'objet direct :

ex. : *elle s'est offert une moto* (= elle a offert une moto à elle-même)

ma mère s'est permis d'entrer (= elle a permis à elle-même d'entrer)

nous nous sommes lavé les mains (= nous avons lavé nos mains)

elles se sont envoyé plusieurs lettres (= elles ont envoyé des lettres l'une à l'autre)

❖ lorsque le verbe ne peut pas avoir de complément d'objet direct

ex. : *ils se sont parlé* (= ils ont parlé l'un à l'autre)

elles se sont succédé à la tribune (= l'une a succédé à l'autre)

Avec l'auxiliaire *avoir*

• **Le participe passé employé avec *avoir* est invariable :**

➻ s'il n'a pas de complément d'objet direct (le verbe est intransitif)

　ex. : *ils ont menti* (pas de complément d'objet direct)
　　　　ces romans nous ont plu (nous : complément d'objet indirect - ils ont plu à nous)

➻ si le complément d'objet direct est placé <u>après le verbe</u>

　ex. : *il a reçu deux lettres*
　　　　elle m'a prêté sa bicyclette
　　　　ils ont passé des moments difficiles

• **Le participe passé employé avec *avoir* s'accorde en genre et en nombre avec le complément d'objet direct** si celui-ci est placé <u>avant le verbe</u>.

　ex. : *quelle bonne surprise tu nous as faite !*
　　　　les lettres qu'il a reçues
　　　　la bicyclette qu'elle m'a prêtée
　　　　les moments difficiles qu'ils ont passés
　　　　ses arguments, je les ai trouvés très convaincants
　　　　j'ai acheté leur disque après les avoir entendus en concert

! Les verbes ***courir, coûter, durer, peser, mesurer, valoir*** et ***vivre*** se construisent parfois avec des compléments qui ressemblent à des compléments d'objet direct mais qui sont en fait des compléments circonstanciels. Le participe passé est alors invariable.

　ex. : *les 2000 mètres qu'ils ont couru* mais *les dangers qu'ils ont courus*

> les milliards que le projet a coûté mais *les efforts que cela m'a coûtés*
>
> *les 70 kilos qu'il a pesé* mais *les pommes que j'ai pesées*
>
> *les 2,02 m qu'elle a mesuré* mais *la pièce que tu as mesurée*
>
> *les millions que cela a valu* mais *la renommée que son film lui a value*
>
> *les 30 ans qu'il a vécu* mais *les horreurs qu'elle a vécues*
>
> *les 3 heures que la réunion a duré*

! Les verbes d'état se construisent parfois avec des noms, qui ne sont pas des compléments d'objet mais des attributs ; leur participe passé reste donc invariable.

ex : *quels hôtes charmants ils ont été !*

quelles belles demoiselles d'honneur elles ont fait !

• **Lorsque le participe passé est suivi d'un attribut du complément d'objet direct :**

➥ il s'accorde en genre et en nombre avec le complément d'objet direct si celui-ci est placé avant le participe

ex. : *cette ville, qu'on m'avait présentée accueillante*

➥ il peut cependant rester invariable si l'on considère qu'il fait bloc avec l'attribut

ex. : *sa chienne, qu'on avait cru(e) perdue*

(On n'a pas cru sa chienne ; on a cru qu'elle était perdue.)

• **Le participe passé qui a pour complément d'objet direct le pronom neutre *le* (ou *l'*) reste invariable.**

ex. : *cette route est plus dangereuse que je ne l'aurais pensé*

• **Le participe passé qui a pour complément d'objet direct le pronom relatif *que* avec des antécédents coordonnés** par des tournures telles que *ainsi que, autant que, comme, de même que*, etc. s'accorde en genre et en nombre avec le premier antécédent si c'est sur lui que l'on veut insister ou bien avec les deux antécédents si l'on considère qu'ils font bloc.

ex. : *c'est sa mère, tout autant que son père, qu'elle a blessée* ou *blessés*

• **Le participe passé qui a pour complément d'objet direct le pronom relatif *que* avec deux antécédents coordonnés** par les tournures *ou* ou bien *ni* s'accorde soit avec le second antécédent soit avec les deux antécédents, selon que l'on considère les antécédents isolément ou en bloc.

ex. : *c'est une femelle ou un mâle que vous avez capturé ?*

il n'a ni le talent ni l'enthousiasme que j'avais espérés

• **Lorsque le participe passé est suivi d'un infinitif :**

↝ il est invariable si le complément placé devant lui est le complément d'objet direct de l'infinitif

ex. : *la chanson que j'ai entendu chanter* (on chante quoi ? la chanson)

les plats qu'elle a choisi de cuisiner (elle a cuisiné quoi ? les plats)

> *elles se sont laissé convaincre* (on a convaincu qui ? elles)

❖ il s'accorde si le complément placé devant lui est à la fois le complément d'objet direct du verbe conjugué et le sujet de l'infinitif.

> ex. : *les musiciens que j'ai entendus jouer* (j'ai entendu qui ? les musiciens ; qui joue ? les musiciens)
> *elle s'est laissée tomber* (qui est tombé ? elle)

➡ La réforme de l'orthographe de 1990 préconise l'invariabilité du participe passé de **laisser** suivi d'un infinitif dans tous les cas, par souci de simplicité et d'harmonisation avec les emplois de **faire** suivi de l'infinitif. Ainsi, *elle s'est laissé tomber* est considéré comme correct.

❗ Si l'infinitif est précédé d'une préposition, le participe s'accorde ou non.

> ex. : *les chemises que j'ai mis* ou *mises à sécher*
> *les problèmes que nous avons eu* ou *eus à régler*

- **Le participe passé *fait* suivi de l'infinitif reste invariable.**

> ex. : *la voiture que j'ai fait réparer* et non **faite réparer*

- **Le participe passé des tours impersonnels est invariable.**

> ex. : *les mètres de tissu qu'il a fallu*
> *les tempêtes qu'il y a eu dans le Sud*

LES TABLEAUX DE CONJUGAISON

1a CHANTER — 1er groupe

INDICATIF

PRÉSENT

je chante
tu chantes
il/elle chante
nous chantons
vous chantez
ils/elles chantent

PASSÉ COMPOSÉ

j'ai chanté
tu as chanté
il/elle a chanté
nous avons chanté
vous avez chanté
ils/elles ont chanté

IMPARFAIT

je chantais
tu chantais
il/elle chantait
nous chantions
vous chantiez
ils/elles chantaient

PLUS-QUE-PARFAIT

j'avais chanté
tu avais chanté
il/elle avait chanté
nous avions chanté
vous aviez chanté
ils/elles avaient chanté

PASSÉ SIMPLE

je chantai
tu chantas
il/elle chanta
nous chantâmes
vous chantâtes
ils/elles chantèrent

PASSÉ ANTÉRIEUR

j'eus chanté
tu eus chanté
il/elle eut chanté
nous eûmes chanté
vous eûtes chanté
ils/elles eurent chanté

FUTUR SIMPLE

je chanterai
tu chanteras
il/elle chantera
nous chanterons
vous chanterez
ils/elles chanteront

FUTUR ANTÉRIEUR

j'aurai chanté
tu auras chanté
il/elle aura chanté
nous aurons chanté
vous aurez chanté
ils/elles auront chanté

SUBJONCTIF

PRÉSENT

que je chante
que tu chantes
qu'il/elle chante
que nous chantions
que vous chantiez
qu'ils/elles chantent

IMPARFAIT

que je chantasse
que tu chantasses
qu'il/elle chantât
que nous chantassions
que vous chantassiez
qu'ils/elles chantassent

PASSÉ

que j'aie chanté
que tu aies chanté
qu'il/elle ait chanté
que nous ayons chanté
que vous ayez chanté
qu'ils/elles aient chanté

PLUS-QUE-PARFAIT

que j'eusse chanté
que tu eusses chanté
qu'il/elle eût chanté
que nous eussions chanté
que vous eussiez chanté
qu'ils/elles eussent chanté

| 1er groupe | **CHANTER** | 1a |

CONDITIONNEL

PRÉSENT	**PASSÉ 1RE FORME**	**PASSÉ 2E FORME**
je chanterais	j'aurais chanté	j'eusse chanté
tu chanterais	tu aurais chanté	tu eusses chanté
il/elle chanterait	il/elle aurait chanté	il/elle eût chanté
nous chanterions	nous aurions chanté	nous eussions chanté
vous chanteriez	vous auriez chanté	vous eussiez chanté
ils/elles chanteraient	ils/elles auraient chanté	ils/elles eussent chanté

IMPÉRATIF		**INFINITIF**	
PRÉSENT	**PASSÉ**	**PRÉSENT**	**PASSÉ**
chante	aie chanté	chanter	avoir chanté
chantons	ayons chanté		
chantez	ayez chanté		

PARTICIPE

PRÉSENT	**PASSÉ**	**PASSÉ COMPOSÉ**
chantant	chanté / chantée	ayant chanté
	chantés / chantées	

....

REMARQUE

Cette série comprend la plupart des verbes en **-er** du 1er groupe. La plupart des verbes nouveaux sont formés sur ce modèle.

• Ne pas oublier le **i** des 1re et 2e personnes du pluriel de l'imparfait de l'indicatif et du présent du subjonctif des verbes en **-iller** (ex. *mouiller : nous mouillions, vous mouilliez*), des verbes en **-gner** (ex. *signer : nous signions, vous signiez*) et des verbes en **-eyer** (ex. *grasseyer : nous grasseyions, vous grasseyiez*).

NAVIGUER

1b — 1ᵉʳ groupe

INDICATIF

PRÉSENT

je navigue
tu navigues
il/elle navigue
nous naviguons
vous naviguez
ils/elles naviguent

PASSÉ COMPOSÉ

j'ai navigué
tu as navigué
il/elle a navigué
nous avons navigué
vous avez navigué
ils/elles ont navigué

IMPARFAIT

je naviguais
tu naviguais
il/elle naviguait
nous naviguions
vous naviguiez
ils/elles naviguaient

PLUS-QUE-PARFAIT

j'avais navigué
tu avais navigué
il/elle avait navigué
nous avions navigué
vous aviez navigué
ils/elles avaient navigué

PASSÉ SIMPLE

je naviguai
tu naviguas
il/elle navigua
nous naviguâmes
vous naviguâtes
ils/elles naviguèrent

PASSÉ ANTÉRIEUR

j'eus navigué
tu eus navigué
il/elle eut navigué
nous eûmes navigué
vous eûtes navigué
ils/elles eurent navigué

FUTUR SIMPLE

je naviguerai
tu navigueras
il/elle naviguera
nous naviguerons
vous naviguerez
ils/elles navigueront

FUTUR ANTÉRIEUR

j'aurai navigué
tu auras navigué
il/elle aura navigué
nous aurons navigué
vous aurez navigué
ils/elles auront navigué

SUBJONCTIF

PRÉSENT

que je navigue
que tu navigues
qu'il/elle navigue
que nous naviguions
que vous naviguiez
qu'ils/elles naviguent

IMPARFAIT

que je naviguasse
que tu naviguasses
qu'il/elle naviguât
que nous naviguassions
que vous naviguassiez
qu'ils/elles naviguassent

PASSÉ

que j'aie navigué
que tu aies navigué
qu'il/elle ait navigué
que nous ayons navigué
que vous ayez navigué
qu'ils/elles aient navigué

PLUS-QUE-PARFAIT

que j'eusse navigué
que tu eusses navigué
qu'il/elle eût navigué
que nous eussions navigué
que vous eussiez navigué
qu'ils/elles eussent navigué

| 1er groupe | **NAVIGUER** | 1b |

CONDITIONNEL		

PRÉSENT	**PASSÉ 1RE FORME**	**PASSÉ 2E FORME**
je naviguerais	j'aurais navigué	j'eusse navigué
tu naviguerais	tu aurais navigué	tu eusses navigué
il/elle naviguerait	il/elle aurait navigué	il/elle eût navigué
nous naviguerions	nous aurions navigué	nous eussions navigué
vous navigueriez	vous auriez navigué	vous eussiez navigué
ils/elles navigueraient	ils/elles auraient navigué	ils/elles eussent navigué

IMPÉRATIF		INFINITIF	
PRÉSENT	**PASSÉ**	**PRÉSENT**	**PASSÉ**
navigue	aie navigué	naviguer	avoir navigué
naviguons	ayons navigué		
naviguez	ayez navigué		

PARTICIPE		
PRÉSENT	**PASSÉ**	**PASSÉ COMPOSÉ**
naviguant	navigué	ayant navigué

REMARQUE

- On garde le **u** après le **g** même devant **a** et **o** *(naviguant)*.
- Les verbes en **-éguer** (ex. *léguer*) se conjuguent comme **céder** avec la particularité des verbes en **-guer**, c'est-à-dire avec le **u** après le **g**.

FINIR

2ᵉ groupe

INDICATIF

PRÉSENT

je finis
tu finis
il/elle finit
nous finissons
vous finissez
ils/elles finissent

PASSÉ COMPOSÉ

j'ai fini
tu as fini
il/elle a fini
nous avons fini
vous avez fini
ils/elles ont fini

IMPARFAIT

je finissais
tu finissais
il/elle finissait
nous finissions
vous finissiez
ils/elles finissaient

PLUS-QUE-PARFAIT

j'avais fini
tu avais fini
il/elle avait fini
nous avions fini
vous aviez fini
ils/elles avaient fini

PASSÉ SIMPLE

je finis
tu finis
il/elle finit
nous finîmes
vous finîtes
ils/elles finirent

PASSÉ ANTÉRIEUR

j'eus fini
tu eus fini
il/elle eut fini
nous eûmes fini
vous eûtes fini
ils/elles eurent fini

FUTUR SIMPLE

je finirai
tu finiras
il/elle finira
nous finirons
vous finirez
ils/elles finiront

FUTUR ANTÉRIEUR

j'aurai fini
tu auras fini
il/elle aura fini
nous aurons fini
vous aurez fini
ils/elles auront fini

SUBJONCTIF

PRÉSENT

que je finisse
que tu finisses
qu'il/elle finisse
que nous finissions
que vous finissiez
qu'ils/elles finissent

IMPARFAIT

que je finisse
que tu finisses
qu'il/elle finît
que nous finissions
que vous finissiez
qu'ils/elles finissent

PASSÉ

que j'aie fini
que tu aies fini
qu'il/elle ait fini
que nous ayons fini
que vous ayez fini
qu'ils/elles aient fini

PLUS-QUE-PARFAIT

que j'eusse fini
que tu eusses fini
qu'il/elle eût fini
que nous eussions fini
que vous eussiez fini
qu'ils/elles eussent fini

| 2e groupe | | **FINIR** | | 2 |

CONDITIONNEL

PRÉSENT	PASSÉ 1RE FORME	PASSÉ 2E FORME
je finirais	j'aurais fini	j'eusse fini
tu finirais	tu aurais fini	tu eusses fini
il/elle finirait	il/elle aurait fini	il/elle eût fini
nous finirions	nous aurions fini	nous eussions fini
vous finiriez	vous auriez fini	vous eussiez fini
ils/elles finiraient	ils/elles auraient fini	ils/elles eussent fini

IMPÉRATIF		INFINITIF	
PRÉSENT	**PASSÉ**	**PRÉSENT**	**PASSÉ**
finis	aie fini	finir	avoir fini
finissons	ayons fini		
finissez	ayez fini		

PARTICIPE

PRÉSENT	PASSÉ	PASSÉ COMPOSÉ
finissant	fini / finie	ayant fini
	finis / finies	

REMARQUE

Cette série comprend les verbes en **-ir** du 2e groupe.

• *Bénir* a pour participe passé *béni, ie* (une région bénie des dieux) et *bénit, ite* (de l'eau bénite).

• *Maudire* se conjugue comme **finir** sauf à l'infinitif et au participe passé (*maudit, ite*).

• Le verbe *faillir* au sens vieilli de « faire faillite » se conjugue comme **finir** et non comme *assaillir*.

➤ *LE VERBE, FORMES ET EMPLOIS.*

3a PLACER — 1er groupe

INDICATIF

PRÉSENT
je place
tu places
il/elle place
nous plaçons
vous placez
ils/elles placent

PASSÉ COMPOSÉ
j'ai placé
tu as placé
il/elle a placé
nous avons placé
vous avez placé
ils/elles ont placé

IMPARFAIT
je plaçais
tu plaçais
il/elle plaçait
nous placions
vous placiez
ils/elles plaçaient

PLUS-QUE-PARFAIT
j'avais placé
tu avais placé
il/elle avait placé
nous avions placé
vous aviez placé
ils/elles avaient placé

PASSÉ SIMPLE
je plaçai
tu plaças
il/elle plaça
nous plaçâmes
vous plaçâtes
ils/elles placèrent

PASSÉ ANTÉRIEUR
j'eus placé
tu eus placé
il/elle eut placé
nous eûmes placé
vous eûtes placé
ils/elles eurent placé

FUTUR SIMPLE
je placerai
tu placeras
il/elle placera
nous placerons
vous placerez
ils/elles placeront

FUTUR ANTÉRIEUR
j'aurai placé
tu auras placé
il/elle aura placé
nous aurons placé
vous aurez placé
ils/elles auront placé

SUBJONCTIF

PRÉSENT
que je place
que tu places
qu'il/elle place
que nous placions
que vous placiez
qu'ils/elles placent

IMPARFAIT
que je plaçasse
que tu plaçasses
qu'il/elle plaçât
que nous plaçassions
que vous plaçassiez
qu'ils/elles plaçassent

PASSÉ
que j'aie placé
que tu aies placé
qu'il/elle ait placé
que nous ayons placé
que vous ayez placé
qu'ils/elles aient placé

PLUS-QUE-PARFAIT
que j'eusse placé
que tu eusses placé
qu'il/elle eût placé
que nous eussions placé
que vous eussiez placé
qu'ils/elles eussent placé

| 1er groupe | **PLACER** | 3a |

CONDITIONNEL

PRÉSENT	PASSÉ 1RE FORME	PASSÉ 2E FORME
je placerais	j'aurais placé	j'eusse placé
tu placerais	tu aurais placé	tu eusses placé
il/elle placerait	il/elle aurait placé	il/elle eût placé
nous placerions	nous aurions placé	nous eussions placé
vous placeriez	vous auriez placé	vous eussiez placé
ils/elles placeraient	ils/elles auraient placé	ils/elles eussent placé

IMPÉRATIF		INFINITIF	
PRÉSENT	PASSÉ	PRÉSENT	PASSÉ
place	aie placé	placer	avoir placé
plaçons	ayons placé		
placez	ayez placé		

PARTICIPE

PRÉSENT	PASSÉ	PASSÉ COMPOSÉ
plaçant	placé/placée	ayant placé
	placés/placées	

REMARQUE

Les verbes en **-cer** présentent l'alternance **c/ç** devant **a** et **o**, pour maintenir la prononciation [s].

Les verbes en **-ecer** (ex. *dépecer*) se conjuguent comme **placer** et **peler**, c'est-à-dire qu'ils présentent à la fois l'alternance **c/ç** devant **a** et **o** et l'alternance **e/è** devant un **e** muet.

Les verbes en **-écer** (ex. *rapiécer*) se conjuguent comme **placer** et **céder**, c'est-à-dire qu'ils présentent à la fois l'alternance **c/ç** devant **a** et **o** et l'alternance **é/è** devant un **e** muet.

➤ *LE VERBE, FORMES ET EMPLOIS* pour les préconisations de la **réforme de l'orthographe de 1990**.

3b — BOUGER (1er groupe)

INDICATIF

PRÉSENT
je bouge
tu bouges
il/elle bouge
nous bougeons
vous bougez
ils/elles bougent

PASSÉ COMPOSÉ
j'ai bougé
tu as bougé
il/elle a bougé
nous avons bougé
vous avez bougé
ils/elles ont bougé

IMPARFAIT
je bougeais
tu bougeais
il/elle bougeait
nous bougions
vous bougiez
ils/elles bougeaient

PLUS-QUE-PARFAIT
j'avais bougé
tu avais bougé
il/elle avait bougé
nous avions bougé
vous aviez bougé
ils/elles avaient bougé

PASSÉ SIMPLE
je bougeai
tu bougeas
il/elle bougea
nous bougeâmes
vous bougeâtes
ils/elles bougèrent

PASSÉ ANTÉRIEUR
j'eus bougé
tu eus bougé
il/elle eut bougé
nous eûmes bougé
vous eûtes bougé
ils/elles eurent bougé

FUTUR SIMPLE
je bougerai
tu bougeras
il/elle bougera
nous bougerons
vous bougerez
ils/elles bougeront

FUTUR ANTÉRIEUR
j'aurai bougé
tu auras bougé
il/elle aura bougé
nous aurons bougé
vous aurez bougé
ils/elles auront bougé

SUBJONCTIF

PRÉSENT
que je bouge
que tu bouges
qu'il/elle bouge
que nous bougions
que vous bougiez
qu'ils/elles bougent

IMPARFAIT
que je bougeasse
que tu bougeasses
qu'il/elle bougeât
que nous bougeassions
que vous bougeassiez
qu'ils/elles bougeassent

PASSÉ
que j'aie bougé
que tu aies bougé
qu'il/elle ait bougé
que nous ayons bougé
que vous ayez bougé
qu'ils/elles aient bougé

PLUS-QUE-PARFAIT
que j'eusse bougé
que tu eusses bougé
qu'il/elle eût bougé
que nous eussions bougé
que vous eussiez bougé
qu'ils/elles eussent bougé

| 1er groupe | **BOUGER** | 3b |

CONDITIONNEL

PRÉSENT

je bougerais
tu bougerais
il/elle bougerait
nous bougerions
vous bougeriez
ils/elles bougeraient

PASSÉ 1RE FORME

j'aurais bougé
tu aurais bougé
il/elle aurait bougé
nous aurions bougé
vous auriez bougé
ils/elles auraient bougé

PASSÉ 2E FORME

j'eusse bougé
tu eusses bougé
il/elle eût bougé
nous eussions bougé
vous eussiez bougé
ils/elles eussent bougé

IMPÉRATIF

PRÉSENT

bouge
bou**ge**ons
bougez

PASSÉ

aie bougé
ayons bougé
ayez bougé

INFINITIF

PRÉSENT

bouger

PASSÉ

avoir bougé

PARTICIPE

PRÉSENT

bougeant

PASSÉ

bougé/bougée
bougés/bougées

PASSÉ COMPOSÉ

ayant bougé

REMARQUE

Les verbes en **-ger** présentent l'alternance **g/ge** devant **a** et **o,** pour maintenir la prononciation [ʒ]. Les verbes en **-éger** (ex. *protéger*) se conjuguent comme **bouger** et **céder**, c'est-à-dire qu'ils présentent à la fois l'alternance **g/ge** et l'alternance **é/è.**

➤ *LE VERBE, FORMES ET EMPLOIS.*

4a — APPELER — 1ᵉʳ groupe

INDICATIF		SUBJONCTIF
PRÉSENT	**PASSÉ COMPOSÉ**	**PRÉSENT**
j'appelle	j'ai appelé	que j'appelle
tu appelles	tu as appelé	que tu appelles
il/elle appelle	il/elle a appelé	qu'il/elle appelle
nous appelons	nous avons appelé	que nous appelions
vous appelez	vous avez appelé	que vous appeliez
ils/elles appellent	ils/elles ont appelé	qu'ils/elles appellent
IMPARFAIT	**PLUS-QUE-PARFAIT**	**IMPARFAIT**
j'appelais	j'avais appelé	que j'appelasse
tu appelais	tu avais appelé	que tu appelasses
il/elle appelait	il/elle avait appelé	qu'il/elle appelât
nous appelions	nous avions appelé	que nous appelassions
vous appeliez	vous aviez appelé	que vous appelassiez
ils/elles appelaient	ils/elles avaient appelé	qu'ils/elles appelassent
PASSÉ SIMPLE	**PASSÉ ANTÉRIEUR**	**PASSÉ**
j'appelai	j'eus appelé	que j'aie appelé
tu appelas	tu eus appelé	que tu aies appelé
il/elle appela	il/elle eut appelé	qu'il/elle ait appelé
nous appelâmes	nous eûmes appelé	que nous ayons appelé
vous appelâtes	vous eûtes appelé	que vous ayez appelé
ils/elles appelèrent	ils/elles eurent appelé	qu'ils/elles aient appelé
FUTUR SIMPLE	**FUTUR ANTÉRIEUR**	**PLUS-QUE-PARFAIT**
j'appellerai	j'aurai appelé	que j'eusse appelé
tu appelleras	tu auras appelé	que tu eusses appelé
il/elle appellera	il/elle aura appelé	qu'il/elle eût appelé
nous appellerons	nous aurons appelé	que nous eussions appelé
vous appellerez	vous aurez appelé	que vous eussiez appelé
ils/elles appelleront	ils/elles auront appelé	qu'ils/elles eussent appelé

| 1er groupe | **APPELER** | 4a |

CONDITIONNEL

PRÉSENT

j'appellerais
tu appellerais
il/elle appellerait
nous appellerions
vous appelleriez
ils/elles appelleraient

PASSÉ 1RE FORME

j'aurais appelé
tu aurais appelé
il/elle aurait appelé
nous aurions appelé
vous auriez appelé
ils/elles auraient appelé

PASSÉ 2E FORME

j'eusse appelé
tu eusses appelé
il/elle eût appelé
nous eussions appelé
vous eussiez appelé
ils/elles eussent appelé

IMPÉRATIF

PRÉSENT

appelle
appelons
appelez

PASSÉ

aie appelé
ayons appelé
ayez appelé

INFINITIF

PRÉSENT

appeler

PASSÉ

avoir appelé

PARTICIPE

PRÉSENT

appelant

PASSÉ

appelé/appelée
appelés/appelées

PASSÉ COMPOSÉ

ayant appelé

REMARQUE

La plupart des verbes en **-eler** doublent le **l** devant un **e** muet (*j'appelle, j'appellerai*).

➤ *LE VERBE, FORMES ET EMPLOIS.*

4b JETER — 1er groupe

INDICATIF

PRÉSENT
je jette
tu jettes
il/elle jette
nous jetons
vous jetez
ils/elles jettent

PASSÉ COMPOSÉ
j'ai jeté
tu as jeté
il/elle a jeté
nous avons jeté
vous avez jeté
ils/elles ont jeté

IMPARFAIT
je jetais
tu jetais
il/elle jetait
nous jetions
vous jetiez
ils/elles jetaient

PLUS-QUE-PARFAIT
j'avais jeté
tu avais jeté
il/elle avait jeté
nous avions jeté
vous aviez jeté
ils/elles avaient jeté

PASSÉ SIMPLE
je jetai
tu jetas
il/elle jeta
nous jetâmes
vous jetâtes
ils/elles jetèrent

PASSÉ ANTÉRIEUR
j'eus jeté
tu eus jeté
il/elle eut jeté
nous eûmes jeté
vous eûtes jeté
ils/elles eurent jeté

FUTUR SIMPLE
je jetterai
tu jetteras
il/elle jettera
nous jetterons
vous jetterez
ils/elles jetteront

FUTUR ANTÉRIEUR
j'aurai jeté
tu auras jeté
il/elle aura jeté
nous aurons jeté
vous aurez jeté
ils/elles auront jeté

SUBJONCTIF

PRÉSENT
que je jette
que tu jettes
qu'il/elle jette
que nous jetions
que vous jetiez
qu'ils/elles jettent

IMPARFAIT
que je jetasse
que tu jetasses
qu'il/elle jetât
que nous jetassions
que vous jetassiez
qu'ils/elles jetassent

PASSÉ
que j'aie jeté
que tu aies jeté
qu'il/elle ait jeté
que nous ayons jeté
que vous ayez jeté
qu'ils/elles aient jeté

PLUS-QUE-PARFAIT
que j'eusse jeté
que tu eusses jeté
qu'il/elle eût jeté
que nous eussions jeté
que vous eussiez jeté
qu'ils/elles eussent jeté

| 1er groupe | **JETER** | |

CONDITIONNEL

PRÉSENT
je jetterais
tu jetterais
il/elle jetterait
nous jetterions
vous jetteriez
ils/elles jetteraient

PASSÉ 1RE FORME
j'aurais jeté
tu aurais jeté
il/elle aurait jeté
nous aurions jeté
vous auriez jeté
ils/elles auraient jeté

PASSÉ 2E FORME
j'eusse jeté
tu eusses jeté
il/elle eût jeté
nous eussions jeté
vous eussiez jeté
ils/elles eussent jeté

IMPÉRATIF

PRÉSENT
jette
jetons
jetez

PASSÉ
aie jeté
ayons jeté
ayez jeté

INFINITIF

PRÉSENT
jeter

PASSÉ
avoir jeté

PARTICIPE

PRÉSENT
jetant

PASSÉ
jeté/jetée
jetés/jetées

PASSÉ COMPOSÉ
ayant jeté

REMARQUE

La plupart des verbes en -**eter** doublent le **t** devant un **e** muet (*je jette, je jetterai*).

➤ *LE VERBE, FORMES ET EMPLOIS.*

5a — GELER — 1ᵉʳ groupe

INDICATIF

PRÉSENT
je gèle
tu gèles
il/elle gèle
nous gelons
vous gelez
ils/elles gèlent

PASSÉ COMPOSÉ
j'ai gelé
tu as gelé
il/elle a gelé
nous avons gelé
vous avez gelé
ils/elles ont gelé

IMPARFAIT
je gelais
tu gelais
il/elle gelait
nous gelions
vous geliez
ils/elles gelaient

PLUS-QUE-PARFAIT
j'avais gelé
tu avais gelé
il/elle avait gelé
nous avions gelé
vous aviez gelé
ils/elles avaient gelé

PASSÉ SIMPLE
je gelai
tu gelas
il/elle gela
nous gelâmes
vous gelâtes
ils/elles gelèrent

PASSÉ ANTÉRIEUR
j'eus gelé
tu eus gelé
il/elle eut gelé
nous eûmes gelé
vous eûtes gelé
ils/elles eurent gelé

FUTUR SIMPLE
je gèlerai
tu gèleras
il/elle gèlera
nous gèlerons
vous gèlerez
ils/elles gèleront

FUTUR ANTÉRIEUR
j'aurai gelé
tu auras gelé
il/elle aura gelé
nous aurons gelé
vous aurez gelé
ils/elles auront gelé

SUBJONCTIF

PRÉSENT
que je gèle
que tu gèles
qu'il/elle gèle
que nous gelions
que vous geliez
qu'ils/elles gèlent

IMPARFAIT
que je gelasse
que tu gelasses
qu'il/elle gelât
que nous gelassions
que vous gelassiez
qu'ils/elles gelassent

PASSÉ
que j'aie gelé
que tu aies gelé
qu'il/elle ait gelé
que nous ayons gelé
que vous ayez gelé
qu'ils/elles aient gelé

PLUS-QUE-PARFAIT
que j'eusse gelé
que tu eusses gelé
qu'il/elle eût gelé
que nous eussions gelé
que vous eussiez gelé
qu'ils/elles eussent gelé

| 1er groupe | **GELER** | 5a |

CONDITIONNEL

PRÉSENT	PASSÉ 1RE FORME	PASSÉ 2^E FORME
je gèlerais	j'aurais gelé	j'eusse gelé
tu gèlerais	tu aurais gelé	tu eusses gelé
il/elle gèlerait	il/elle aurait gelé	il/elle eût gelé
nous gèlerions	nous aurions gelé	nous eussions gelé
vous gèleriez	vous auriez gelé	vous eussiez gelé
ils/elles gèleraient	ils/elles auraient gelé	ils/elles eussent gelé

IMPÉRATIF

PRÉSENT	PASSÉ
gèle	aie gelé
gelons	ayons gelé
gelez	ayez gelé

INFINITIF

PRÉSENT	PASSÉ
geler	avoir gelé

PARTICIPE

PRÉSENT	PASSÉ	PASSÉ COMPOSÉ
gelant	gelé/gelée	ayant gelé
	gelés/gelées	

REMARQUE

Cette série comprend les verbes en **e** + consonne(s) + **-er** (*lever, semer, mener, peser, sevrer,* etc.), qui présentent l'alternance **e/è** devant un **e** muet (*je gelais, je gèlerai*).

5b — ACHETER — 1er groupe

INDICATIF

PRÉSENT
j'achète
tu achètes
il/elle achète
nous achetons
vous achetez
ils/elles achètent

PASSÉ COMPOSÉ
j'ai acheté
tu as acheté
il/elle a acheté
nous avons acheté
vous avez acheté
ils/elles ont acheté

IMPARFAIT
j'achetais
tu achetais
il/elle achetait
nous achetions
vous achetiez
ils/elles achetaient

PLUS-QUE-PARFAIT
j'avais acheté
tu avais acheté
il/elle avait acheté
nous avions acheté
vous aviez acheté
ils/elles avaient acheté

PASSÉ SIMPLE
j'achetai
tu achetas
il/elle acheta
nous achetâmes
vous achetâtes
ils/elles achetèrent

PASSÉ ANTÉRIEUR
j'eus acheté
tu eus acheté
il/elle eut acheté
nous eûmes acheté
vous eûtes acheté
ils/elles eurent acheté

FUTUR SIMPLE
j'achèterai
tu achèteras
il/elle achètera
nous achèterons
vous achèterez
ils/elles achèteront

FUTUR ANTÉRIEUR
j'aurai acheté
tu auras acheté
il/elle aura acheté
nous aurons acheté
vous aurez acheté
ils/elles auront acheté

SUBJONCTIF

PRÉSENT
que j'achète
que tu achètes
qu'il/elle achète
que nous achetions
que vous achetiez
qu'ils/elles achètent

IMPARFAIT
que j'achetasse
que tu achetasses
qu'il/elle achetât
que nous achetassions
que vous achetassiez
qu'ils/elles achetassent

PASSÉ
que j'aie acheté
que tu aies acheté
qu'il/elle ait acheté
que nous ayons acheté
que vous ayez acheté
qu'ils/elles aient acheté

PLUS-QUE-PARFAIT
que j'eusse acheté
que tu eusses acheté
qu'il/elle eût acheté
que nous eussions acheté
que vous eussiez acheté
qu'ils/elles eussent acheté

1er groupe	**ACHETER**

CONDITIONNEL

PRÉSENT

j'achèterais
tu achèterais
il/elle achèterait
nous achèterions
vous achèteriez
ils/elles achèteraient

PASSÉ 1RE FORME

j'aurais acheté
tu aurais acheté
il/elle aurait acheté
nous aurions acheté
vous auriez acheté
ils/elles auraient acheté

PASSÉ 2E FORME

j'eusse acheté
tu eusses acheté
il/elle eût acheté
nous eussions acheté
vous eussiez acheté
ils/elles eussent acheté

IMPÉRATIF

PRÉSENT

achète
achetons
achetez

PASSÉ

aie acheté
ayons acheté
ayez acheté

INFINITIF

PRÉSENT

acheter

PASSÉ

avoir acheté

PARTICIPE

PRÉSENT

achetant

PASSÉ

acheté / achetée
achetés / achetées

PASSÉ COMPOSÉ

ayant acheté

CÉDER

1er groupe

INDICATIF		SUBJONCTIF
PRÉSENT	**PASSÉ COMPOSÉ**	**PRÉSENT**
je cède	j'ai cédé	que je cède
tu cèdes	tu as cédé	que tu cèdes
il/elle cède	il/elle a cédé	qu'il/elle cède
nous cédons	nous avons cédé	que nous cédions
vous cédez	vous avez cédé	que vous cédiez
ils/elles cèdent	ils/elles ont cédé	qu'ils/elles cèdent
IMPARFAIT	**PLUS-QUE-PARFAIT**	**IMPARFAIT**
je cédais	j'avais cédé	que je cédasse
tu cédais	tu avais cédé	que tu cédasses
il/elle cédait	il/elle avait cédé	qu'il/elle cédât
nous cédions	nous avions cédé	que nous cédassions
vous cédiez	vous aviez cédé	que vous cédassiez
ils/elles cédaient	ils/elles avaient cédé	qu'ils/elles cédassent
PASSÉ SIMPLE	**PASSÉ ANTÉRIEUR**	**PASSÉ**
je cédai	j'eus cédé	que j'aie cédé
tu cédas	tu eus cédé	que tu aies cédé
il/elle céda	il/elle eut cédé	qu'il/elle ait cédé
nous cédâmes	nous eûmes cédé	que nous ayons cédé
vous cédâtes	vous eûtes cédé	que vous ayez cédé
ils/elles cédèrent	ils/elles eurent cédé	qu'ils/elles aient cédé
FUTUR SIMPLE	**FUTUR ANTÉRIEUR**	**PLUS-QUE-PARFAIT**
je céderai *ou* cèderai	j'aurai cédé	que j'eusse cédé
tu céderas *ou* cèderas	tu auras cédé	que tu eusses cédé
il/elle cédera *ou* cèdera	il/elle aura cédé	qu'il/elle eût cédé
nous céderons *ou* cèderons	nous aurons cédé	que nous eussions cédé
vous céderez *ou* cèderez	vous aurez cédé	que vous eussiez cédé
ils/elles céderont *ou* cèderont	ils/elles auront cédé	qu'ils/elles eussent cédé

| 1er groupe | **CÉDER** | 6 |

CONDITIONNEL

PRÉSENT	PASSÉ 1RE FORME	PASSÉ 2E FORME
je céderais *ou* cèderais	j'aurais cédé	j'eusse cédé
tu céderais *ou* cèderais	tu aurais cédé	tu eusses cédé
il/elle céderait *ou* cèderait	il/elle aurait cédé	il/elle eût cédé
nous céderions *ou* cèderions	nous aurions cédé	nous eussions cédé
vous céderiez *ou* cèderiez	vous auriez cédé	vous eussiez cédé
ils/elles céderaient *ou* cèderaient	ils/elles auraient cédé	ils/elles eussent cédé

IMPÉRATIF / INFINITIF

IMPÉRATIF		INFINITIF	
PRÉSENT	PASSÉ	PRÉSENT	PASSÉ
cède	aie cédé	céder	avoir cédé
cédons	ayons cédé		
cédez	ayez cédé		

PARTICIPE

PRÉSENT	PASSÉ	PASSÉ COMPOSÉ
cédant	cédé/cédée cédés/cédées	ayant cédé

REMARQUE

Cette série comprend les verbes en **é** + consonne(s) + **-er** (ex. *célébrer, lécher, préférer*, etc.), qui présentent l'alternance **é/è** devant un **e** muet *(je cédais, je cède)*.

• Les verbes en **-éger** (ex. *protéger*) se conjuguent comme **céder** et **bouger**. Les verbes en **-écer** (ex. *rapiécer*) se conjuguent comme **céder** et **placer**. Les verbes en **-éguer** (ex. *léguer*) se conjuguent comme **céder** et **naviguer**.

• La prononciation appelle l'accent grave au futur et au conditionnel *(je cèderai, je cèderais)*, préconisé par **la réforme de l'orthographe de 1990**.

➤ *LE VERBE, FORMES ET EMPLOIS.*

7a — ÉPIER — 1ᵉʳ groupe

INDICATIF

PRÉSENT
j'épie
tu épies
il/elle épie
nous épions
vous épiez
ils/elles épient

PASSÉ COMPOSÉ
j'ai épié
tu as épié
il/elle a épié
nous avons épié
vous avez épié
ils/elles ont épié

IMPARFAIT
j'épiais
tu épiais
il/elle épiait
nous épiions
vous épiiez
ils/elles épiaient

PLUS-QUE-PARFAIT
j'avais épié
tu avais épié
il/elle avait épié
nous avions épié
vous aviez épié
ils/elles avaient épié

PASSÉ SIMPLE
j'épiai
tu épias
il/elle épia
nous épiâmes
vous épiâtes
ils/elles épièrent

PASSÉ ANTÉRIEUR
j'eus épié
tu eus épié
il/elle eut épié
nous eûmes épié
vous eûtes épié
ils/elles eurent épié

FUTUR SIMPLE
j'épierai
tu épieras
il/elle épiera
nous épierons
vous épierez
ils/elles épieront

FUTUR ANTÉRIEUR
j'aurai épié
tu auras épié
il/elle aura épié
nous aurons épié
vous aurez épié
ils/elles auront épié

SUBJONCTIF

PRÉSENT
que j'épie
que tu épies
qu'il/elle épie
que nous épiions
que vous épiiez
qu'ils/elles épient

IMPARFAIT
que j'épiasse
que tu épiasses
qu'il/elle épiât
que nous épiassions
que vous épiassiez
qu'ils/elles épiassent

PASSÉ
que j'aie épié
que tu aies épié
qu'il/elle ait épié
que nous ayons épié
que vous ayez épié
qu'ils/elles aient épié

PLUS-QUE-PARFAIT
que j'eusse épié
que tu eusses épié
qu'il/elle eût épié
que nous eussions épié
que vous eussiez épié
qu'ils/elles eussent épié

| 1er groupe | **ÉPIER** | 7a |

CONDITIONNEL

PRÉSENT	PASSÉ 1RE FORME	PASSÉ 2E FORME
j'épierais	j'aurais épié	j'eusse épié
tu épierais	tu aurais épié	tu eusses épié
il/elle épierait	il/elle aurait épié	il/elle eût épié
nous épierions	nous aurions épié	nous eussions épié
vous épieriez	vous auriez épié	vous eussiez épié
ils/elles épieraient	ils/elles auraient épié	ils/elles eussent épié

IMPÉRATIF

PRÉSENT	PASSÉ
épie	aie épié
épions	ayons épié
épiez	ayez épié

INFINITIF

PRÉSENT	PASSÉ
épier	avoir épié

PARTICIPE

PRÉSENT	PASSÉ	PASSÉ COMPOSÉ
épiant	épié/épiée	ayant épié
	épiés/épiées	

REMARQUE

- Attention aux deux **i** aux 1re et 2e personnes du pluriel de l'imparfait de l'indicatif et du présent du subjonctif *(nous épiions, vous épiiez)*.
- Attention au **e** après le **i** au futur et au conditionnel présent (ex. *j'épierai, tu épierais*).

PRIER

1er groupe

INDICATIF

PRÉSENT

je prie
tu pries
il/elle prie
nous prions
vous priez
ils/elles prient

PASSÉ COMPOSÉ

j'ai prié
tu as prié
il/elle a prié
nous avons prié
vous avez prié
ils/elles ont prié

IMPARFAIT

je priais
tu priais
il/elle priait
nous priions
vous priiez
ils/elles priaient

PLUS-QUE-PARFAIT

j'avais prié
tu avais prié
il/elle avait prié
nous avions prié
vous aviez prié
ils/elles avaient prié

PASSÉ SIMPLE

je priai
tu prias
il/elle pria
nous priâmes
vous priâtes
ils/elles prièrent

PASSÉ ANTÉRIEUR

j'eus prié
tu eus prié
il/elle eut prié
nous eûmes prié
vous eûtes prié
ils/elles eurent prié

FUTUR SIMPLE

je prierai
tu prieras
il/elle priera
nous prierons
vous prierez
ils/elles prieront

FUTUR ANTÉRIEUR

j'aurai prié
tu auras prié
il/elle aura prié
nous aurons prié
vous aurez prié
ils/elles auront prié

SUBJONCTIF

PRÉSENT

que je prie
que tu pries
qu'il/elle prie
que nous priions
que vous priiez
qu'ils/elles prient

IMPARFAIT

que je priasse
que tu priasses
qu'il/elle priât
que nous priassions
que vous priassiez
qu'ils/elles priassent

PASSÉ

que j'aie prié
que tu aies prié
qu'il/elle ait prié
que nous ayons prié
que vous ayez prié
qu'ils/elles aient prié

PLUS-QUE-PARFAIT

que j'eusse prié
que tu eusses prié
qu'il/elle eût prié
que nous eussions prié
que vous eussiez prié
qu'ils/elles eussent prié

| 1er groupe | **PRIER** | 7b |

CONDITIONNEL

PRÉSENT	PASSÉ 1RE FORME	PASSÉ 2E FORME
je prierais	j'aurais prié	j'eusse prié
tu prierais	tu aurais prié	tu eusses prié
il/elle prierait	il/elle aurait prié	il/elle eût prié
nous prierions	nous aurions prié	nous eussions prié
vous prieriez	vous auriez prié	vous eussiez prié
ils/elles prieraient	ils/elles auraient prié	ils/elles eussent prié

IMPÉRATIF

PRÉSENT	PASSÉ
prie	aie prié
prions	ayons prié
priez	ayez prié

INFINITIF

PRÉSENT	PASSÉ
prier	avoir prié

PARTICIPE

PRÉSENT	PASSÉ	PASSÉ COMPOSÉ
priant	prié/priée	ayant prié
	priés/priées	

REMARQUE

- Attention aux deux **i** aux 1re et 2e personnes du pluriel de l'imparfait de l'indicatif et du présent du subjonctif *(nous priions, vous priiez)*.

- Attention au **e** après le **i** au futur et au conditionnel présent *(je prierai, je prierais)*.

8a — NOYER — 1er groupe

INDICATIF

PRÉSENT
je noie
tu noies
il/elle noie
nous noyons
vous noyez
ils/elles noient

PASSÉ COMPOSÉ
j'ai noyé
tu as noyé
il/elle a noyé
nous avons noyé
vous avez noyé
ils/elles ont noyé

IMPARFAIT
je noyais
tu noyais
il/elle noyait
nous noyions
vous noyiez
ils/elles noyaient

PLUS-QUE-PARFAIT
j'avais noyé
tu avais noyé
il/elle avait noyé
nous avions noyé
vous aviez noyé
ils/elles avaient noyé

PASSÉ SIMPLE
je noyai
tu noyas
il/elle noya
nous noyâmes
vous noyâtes
ils/elles noyèrent

PASSÉ ANTÉRIEUR
j'eus noyé
tu eus noyé
il/elle eut noyé
nous eûmes noyé
vous eûtes noyé
ils/elles eurent noyé

FUTUR SIMPLE
je noierai
tu noieras
il/elle noiera
nous noierons
vous noierez
ils/elles noieront

FUTUR ANTÉRIEUR
j'aurai noyé
tu auras noyé
il/elle aura noyé
nous aurons noyé
vous aurez noyé
ils/elles auront noyé

SUBJONCTIF

PRÉSENT
que je noie
que tu noies
qu'il/elle noie
que nous noyions
que vous noyiez
qu'ils/elles noient

IMPARFAIT
que je noyasse
que tu noyasses
qu'il/elle noyât
que nous noyassions
que vous noyassiez
qu'ils/elles noyassent

PASSÉ
que j'aie noyé
que tu aies noyé
qu'il/elle ait noyé
que nous ayons noyé
que vous ayez noyé
qu'ils/elles aient noyé

PLUS-QUE-PARFAIT
que j'eusse noyé
que tu eusses noyé
qu'il/elle eût noyé
que nous eussions noyé
que vous eussiez noyé
qu'ils/elles eussent noyé

1er groupe — NOYER — 8a

CONDITIONNEL

PRÉSENT	PASSÉ 1RE FORME	PASSÉ 2E FORME
je noierais	j'aurais noyé	j'eusse noyé
tu noierais	tu aurais noyé	tu eusses noyé
il/elle noierait	il/elle aurait noyé	il/elle eût noyé
nous noierions	nous aurions noyé	nous eussions noyé
vous noieriez	vous auriez noyé	vous eussiez noyé
ils/elles noieraient	ils/elles auraient noyé	ils/elles eussent noyé

IMPÉRATIF

PRÉSENT	PASSÉ
noie	aie noyé
noyons	ayons noyé
noyez	ayez noyé

INFINITIF

PRÉSENT	PASSÉ
noyer	avoir noyé

PARTICIPE

PRÉSENT	PASSÉ	PASSÉ COMPOSÉ
noyant	noyé/noyée noyés/noyées	ayant noyé

REMARQUE

Cette série comprend les verbes en **-oyer** et en **-uyer** (ex. *nettoyer, essuyer*), qui présentent l'alternance **y/i** devant un **e** muet *(je noie, je noierai)*.

• Attention de ne pas oublier le **i** aux 1re et 2e personnes du pluriel de l'imparfait de l'indicatif et du présent du subjonctif *(nous noyions, vous noyiez)*.

• Attention au **e** après le **i** au futur et conditionnel présent *(je noierai, je noierais)*.

• *Envoyer* fait au futur *j'enverrai, tu enverras, il enverra, nous enverrons, vous enverrez, ils enverront*, et au conditionnel *j'enverrais, tu enverrais, il enverrait, nous enverrions, vous enverriez, ils enverraient*.

PAYER

1er groupe

INDICATIF		SUBJONCTIF
PRÉSENT	**PASSÉ COMPOSÉ**	**PRÉSENT**
je paie ou paye	j'ai payé	que je paie ou paye
tu paies ou payes	tu as payé	que tu paies ou payes
il/elle paie ou paye	il/elle a payé	qu'il/elle paie ou paye
nous payons	nous avons payé	que nous payions
vous payez	vous avez payé	que vous payiez
ils/elles paient ou payent	ils/elles ont payé	qu'ils/elles paient ou payent
IMPARFAIT	**PLUS-QUE-PARFAIT**	**IMPARFAIT**
je payais	j'avais payé	que je payasse
tu payais	tu avais payé	que tu payasses
il/elle payait	il/elle avait payé	qu'il/elle payât
nous payions	nous avions payé	que nous payassions
vous payiez	vous aviez payé	que vous payassiez
ils/elles payaient	ils/elles avaient payé	qu'ils/elles payassent
PASSÉ SIMPLE	**PASSÉ ANTÉRIEUR**	**PASSÉ**
je payai	j'eus payé	que j'aie payé
tu payas	tu eus payé	que tu aies payé
il/elle paya	il/elle eut payé	qu'il/elle ait payé
nous payâmes	nous eûmes payé	que nous ayons payé
vous payâtes	vous eûtes payé	que vous ayez payé
ils/elles payèrent	ils/elles eurent payé	qu'ils/elles aient payé
FUTUR SIMPLE	**FUTUR ANTÉRIEUR**	**PLUS-QUE-PARFAIT**
je paierai ou payerai	j'aurai payé	que j'eusse payé
tu paieras ou payeras	tu auras payé	que tu eusses payé
il/elle paiera ou payera	il/elle aura payé	qu'il/elle eût payé
nous paierons ou payerons	nous aurons payé	que nous eussions payé
vous paierez ou payerez	vous aurez payé	que vous eussiez payé
ils/elles paieront ou payeront	ils/elles auront payé	qu'ils/elles eussent payé

| 1er groupe | **PAYER** | 8b |

CONDITIONNEL

PRÉSENT	PASSÉ 1RE FORME	PASSÉ 2E FORME
je pa**i**erais *ou* payerais	j'aurais payé	j'eusse payé
tu pa**i**erais *ou* payerais	tu aurais payé	tu eusses payé
il/elle pa**i**erait *ou* payerait	il/elle aurait payé	il/elle eût payé
nous pa**i**erions *ou* payerions	nous aurions payé	nous eussions payé
vous pa**i**eriez *ou* payeriez	vous auriez payé	vous eussiez payé
ils/elles pa**i**eraient *ou* payeraient	ils/elles auraient payé	ils/elles eussent payé

IMPÉRATIF

PRÉSENT	PASSÉ
paie *ou* paye	aie payé
payons	ayons payé
payez	ayez payé

INFINITIF

PRÉSENT	PASSÉ
payer	avoir payé

PARTICIPE

PRÉSENT	PASSÉ	PASSÉ COMPOSÉ
payant	payé/payée payés/payées	ayant payé

REMARQUE

Cette série comprend les verbes en **-ayer**, qui présentent ou non l'alternance **y/i** devant un **e** muet (*je paie* ou *je paye*).

• Attention aux deux **i** aux 1re et 2e personnes du pluriel de l'imparfait de l'indicatif et du présent du subjonctif *(nous payions, vous payiez)*.

• Attention au **e** après le **i** au futur et au conditionnel présent *(je paierai, je paierais)*.

ALLER

3e groupe

INDICATIF

PRÉSENT
je vais
tu vas
il/elle va
nous allons
vous allez
ils/elles vont

PASSÉ COMPOSÉ
je suis allé/ée
tu es allé/ée
il/elle est allé/ée
nous sommes allés/ées
vous êtes allés/ées
ils/elles sont allés/ées

IMPARFAIT
j'allais
tu allais
il/elle allait
nous allions
vous alliez
ils/elles allaient

PLUS-QUE-PARFAIT
j'étais allé/ée
tu étais allé/ée
il/elle était allé/ée
nous étions allés/ées
vous étiez allés/ées
ils/elles étaient allés/ées

PASSÉ SIMPLE
j'allai
tu allas
il/elle alla
nous allâmes
vous allâtes
ils/elles allèrent

PASSÉ ANTÉRIEUR
je fus allé/ée
tu fus allé/ée
il/elle fut allé/ée
nous fûmes allés/ées
vous fûtes allés/ées
ils/elles furent allés/ées

FUTUR SIMPLE
j'irai
tu iras
il/elle ira
nous irons
vous irez
ils/elles iront

FUTUR ANTÉRIEUR
je serai allé/ée
tu seras allé/ée
il/elle sera allé/ée
nous serons allés/ées
vous serez allés/ées
ils/elles seront allés/ées

SUBJONCTIF

PRÉSENT
que j'aille
que tu ailles
qu'il/elle aille
que nous allions
que vous alliez
qu'ils/elles aillent

IMPARFAIT
que j'allasse
que tu allasses
qu'il/elle allât
que nous allassions
que vous allassiez
qu'ils/elles allassent

PASSÉ
que je sois allé/ée
que tu sois allé/ée
qu'il/elle soit allé/ée
que nous soyons allés/ées
que vous soyez allés/ées
qu'ils/elles soient allés/ées

PLUS-QUE-PARFAIT
que je fusse allé/ée
que tu fusses allé/ée
qu'il/elle fût allé/ée
que nous fussions allés/ées
que vous fussiez allés/ées
qu'ils/elles fussent allés/ées

| 3ᵉ groupe | **ALLER** | 9 |

CONDITIONNEL

PRÉSENT

j'irais
tu irais
il/elle irait
nous irions
vous iriez
ils/elles iraient

PASSÉ 1ʳᴇ FORME

je serais allé/ée
tu serais allé/ée
il/elle serait allé/ée
nous serions allés/ées
vous seriez allés/ées
ils/elles seraient allés/ées

PASSÉ 2ᴇ FORME

je fusse allé/ée
tu fusses allé/ée
il/elle fût allé/ée
nous fussions allés/ées
vous fussiez allés/ées
ils/elles fussent allés/ées

IMPÉRATIF

PRÉSENT

va
allons
allez

PASSÉ

sois allé/ée
soyons allés/ées
soyez allés/ées

INFINITIF

PRÉSENT

aller

PASSÉ

être allé/allée
être allés/allées

PARTICIPE

PRÉSENT

allant

PASSÉ

allé/allée
allés/allées

PASSÉ COMPOSÉ

étant allé/allée
étant allés/allées

REMARQUE

S'en aller se conjugue comme *aller*. Aux temps composés, il est préférable de placer l'auxiliaire entre *en* et *allé* (*je m'en suis allé*) mais l'autre ordre est courant et considéré comme correct (*je me suis en allé*).

HAÏR

2e groupe

INDICATIF

PRÉSENT

je hais
tu hais
il/elle hait
nous haïssons
vous haïssez
ils/elles haïssent

PASSÉ COMPOSÉ

j'ai haï
tu as haï
il/elle a haï
nous avons haï
vous avez haï
ils/elles ont haï

IMPARFAIT

je haïssais
tu haïssais
il/elle haïssait
nous haïssions
vous haïssiez
ils/elles haïssaient

PLUS-QUE-PARFAIT

j'avais haï
tu avais haï
il/elle avait haï
nous avions haï
vous aviez haï
ils/elles avaient haï

PASSÉ SIMPLE

je haïs
tu haïs
il/elle haït
nous haïmes
vous haïtes
ils/elles haïrent

PASSÉ ANTÉRIEUR

j'eus haï
tu eus haï
il/elle eut haï
nous eûmes haï
vous eûtes haï
ils/elles eurent haï

FUTUR SIMPLE

je haïrai
tu haïras
il/elle haïra
nous haïrons
vous haïrez
ils/elles haïront

FUTUR ANTÉRIEUR

j'aurai haï
tu auras haï
il/elle aura haï
nous aurons haï
vous aurez haï
ils/elles auront haï

SUBJONCTIF

PRÉSENT

que je haïsse
que tu haïsses
qu'il/elle haïsse
que nous haïssions
que vous haïssiez
qu'ils/elles haïssent

IMPARFAIT

que je haïsse
que tu haïsses
qu'il/elle haït
que nous haïssions
que vous haïssiez
qu'ils/elles haïssent

PASSÉ

que j'aie haï
que tu aies haï
qu'il/elle ait haï
que nous ayons haï
que vous ayez haï
qu'ils/elles aient haï

PLUS-QUE-PARFAIT

que j'eusse haï
que tu eusses haï
qu'il/elle eût haï
que nous eussions haï
que vous eussiez haï
qu'ils/elles eussent haï

2e groupe	**HAÏR**

CONDITIONNEL

PRÉSENT	PASSÉ 1RE FORME	PASSÉ 2^E FORME
je haïrais	j'aurais haï	j'eusse haï
tu haïrais	tu aurais haï	tu eusses haï
il/elle haïrait	il/elle aurait haï	il/elle eût haï
nous haïrions	nous aurions haï	nous eussions haï
vous haïriez	vous auriez haï	vous eussiez haï
ils/elles haïraient	ils/elles auraient haï	ils/elles eussent haï

IMPÉRATIF

PRÉSENT	PASSÉ
hais	aie haï
haïssons	ayons haï
haïssez	ayez haï

INFINITIF

PRÉSENT	PASSÉ
haïr	avoir haï

PARTICIPE

PRÉSENT	PASSÉ	PASSÉ COMPOSÉ
haïssant	haï/haïe	ayant haï
	haïs/haïes	

REMARQUE

- Le verbe *haïr* se conjugue comme **finir** sauf aux trois personnes du singulier du présent de l'indicatif.

- À cause du tréma, il n'y a pas d'accent circonflexe au passé simple *(nous haïmes, vous haïtes)* et à l'imparfait du subjonctif *(qu'il, qu'elle haït)*.

COURIR

3e groupe

INDICATIF

PRÉSENT

je cours
tu cours
il/elle court
nous courons
vous courez
ils/elles courent

PASSÉ COMPOSÉ

j'ai couru
tu as couru
il/elle a couru
nous avons couru
vous avez couru
ils/elles ont couru

IMPARFAIT

je courais
tu courais
il/elle courait
nous courions
vous couriez
ils/elles couraient

PLUS-QUE-PARFAIT

j'avais couru
tu avais couru
il/elle avait couru
nous avions couru
vous aviez couru
ils/elles avaient couru

PASSÉ SIMPLE

je courus
tu courus
il/elle courut
nous courûmes
vous courûtes
ils/elles coururent

PASSÉ ANTÉRIEUR

j'eus couru
tu eus couru
il/elle eut couru
nous eûmes couru
vous eûtes couru
ils/elles eurent couru

FUTUR SIMPLE

je courrai
tu courras
il/elle courra
nous courrons
vous courrez
ils/elles courront

FUTUR ANTÉRIEUR

j'aurai couru
tu auras couru
il/elle aura couru
nous aurons couru
vous aurez couru
ils/elles auront couru

SUBJONCTIF

PRÉSENT

que je coure
que tu coures
qu'il/elle coure
que nous courions
que vous couriez
qu'ils/elles courent

IMPARFAIT

que je courusse
que tu courusses
qu'il/elle courût
que nous courussions
que vous courussiez
qu'ils/elles courussent

PASSÉ

que j'aie couru
que tu aies couru
qu'il/elle ait couru
que nous ayons couru
que vous ayez couru
qu'ils/elles aient couru

PLUS-QUE-PARFAIT

que j'eusse couru
que tu eusses couru
qu'il/elle eût couru
que nous eussions couru
que vous eussiez couru
qu'ils/elles eussent couru

| 3e groupe | **COURIR** |

CONDITIONNEL

PRÉSENT

je courrais
tu courrais
il/elle courrait
nous courrions
vous courriez
ils/elles courraient

PASSÉ 1RE FORME

j'aurais couru
tu aurais couru
il/elle aurait couru
nous aurions couru
vous auriez couru
ils/elles auraient couru

PASSÉ 2^E FORME

j'eusse couru
tu eusses couru
il/elle eût couru
nous eussions couru
vous eussiez couru
ils/elles eussent couru

IMPÉRATIF

PRÉSENT

cours
courons
courez

PASSÉ

aie couru
ayons couru
ayez couru

INFINITIF

PRÉSENT

courir

PASSÉ

avoir couru

PARTICIPE

PRÉSENT

courant

PASSÉ

couru / courue
courus / courues

PASSÉ COMPOSÉ

ayant couru

REMARQUE

On prononce les deux **r** au futur et au conditionnel.

CUEILLIR

3e groupe

INDICATIF

PRÉSENT
je cueille
tu cueilles
il/elle cueille
nous cueillons
vous cueillez
ils/elles cueillent

PASSÉ COMPOSÉ
j'ai cueilli
tu as cueilli
il/elle a cueilli
nous avons cueilli
vous avez cueilli
ils/elles ont cueilli

IMPARFAIT
je cueillais
tu cueillais
il/elle cueillait
nous cueillions
vous cueilliez
ils/elles cueillaient

PLUS-QUE-PARFAIT
j'avais cueilli
tu avais cueilli
il/elle avait cueilli
nous avions cueilli
vous aviez cueilli
ils/elles avaient cueilli

PASSÉ SIMPLE
je cueillis
tu cueillis
il/elle cueillit
nous cueillîmes
vous cueillîtes
ils/elles cueillirent

PASSÉ ANTÉRIEUR
j'eus cueilli
tu eus cueilli
il/elle eut cueilli
nous eûmes cueilli
vous eûtes cueilli
ils/elles eurent cueilli

FUTUR SIMPLE
je cueillerai
tu cueilleras
il/elle cueillera
nous cueillerons
vous cueillerez
ils/elles cueilleront

FUTUR ANTÉRIEUR
j'aurai cueilli
tu auras cueilli
il/elle aura cueilli
nous aurons cueilli
vous aurez cueilli
ils/elles auront cueilli

SUBJONCTIF

PRÉSENT
que je cueille
que tu cueilles
qu'il/elle cueille
que nous cueillions
que vous cueilliez
qu'ils/elles cueillent

IMPARFAIT
que je cueillisse
que tu cueillisses
qu'il/elle cueillît
que nous cueillissions
que vous cueillissiez
qu'ils/elles cueillissent

PASSÉ
que j'aie cueilli
que tu aies cueilli
qu'il/elle ait cueilli
que nous ayons cueilli
que vous ayez cueilli
qu'ils/elles aient cueilli

PLUS-QUE-PARFAIT
que j'eusse cueilli
que tu eusses cueilli
qu'il/elle eût cueilli
que nous eussions cueilli
que vous eussiez cueilli
qu'ils/elles eussent cueilli

3e groupe	**CUEILLIR**

CONDITIONNEL

PRÉSENT

je cueillerais
tu cueillerais
il/elle cueillerait
nous cueillerions
vous cueilleriez
ils/elles cueilleraient

PASSÉ 1RE FORME

j'aurais cueilli
tu aurais cueilli
il/elle aurait cueilli
nous aurions cueilli
vous auriez cueilli
ils/elles auraient cueilli

PASSÉ 2E FORME

j'eusse cueilli
tu eusses cueilli
il/elle eût cueilli
nous eussions cueilli
vous eussiez cueilli
ils/elles eussent cueilli

IMPÉRATIF

PRÉSENT

cueille
cueillons
cueillez

PASSÉ

aie cueilli
ayons cueilli
ayez cueilli

INFINITIF

PRÉSENT

cueillir

PASSÉ

avoir cueilli

PARTICIPE

PRÉSENT

cueillant

PASSÉ

cueilli/cueillie
cueillis/cueillies

PASSÉ COMPOSÉ

ayant cueilli

REMARQUE

Attention de ne pas oublier le **i** aux 1re et 2e personnes du pluriel de l'imparfait de l'indicatif et du présent du subjonctif *(nous cueillions, vous cueilliez)*.

ASSAILLIR

3e groupe

INDICATIF

PRÉSENT
j'assaille
tu assailles
il/elle assaille
nous assaillons
vous assaillez
ils/elles assaillent

PASSÉ COMPOSÉ
j'ai assailli
tu as assailli
il/elle a assailli
nous avons assailli
vous avez assailli
ils/elles ont assailli

IMPARFAIT
j'assaillais
tu assaillais
il/elle assaillait
nous assaillions
vous assailliez
ils/elles assaillaient

PLUS-QUE-PARFAIT
j'avais assailli
tu avais assailli
il/elle avait assailli
nous avions assailli
vous aviez assailli
ils/elles avaient assailli

PASSÉ SIMPLE
j'assaillis
tu assaillis
il/elle assaillit
nous assaillîmes
vous assaillîtes
ils/elles assaillirent

PASSÉ ANTÉRIEUR
j'eus assailli
tu eus assailli
il/elle eut assailli
nous eûmes assailli
vous eûtes assailli
ils/elles eurent assailli

FUTUR SIMPLE
j'assaillirai
tu assailliras
il/elle assaillira
nous assaillirons
vous assaillirez
ils/elles assailliront

FUTUR ANTÉRIEUR
j'aurai assailli
tu auras assailli
il/elle aura assailli
nous aurons assailli
vous aurez assailli
ils/elles auront assailli

SUBJONCTIF

PRÉSENT
que j'assaille
que tu assailles
qu'il/elle assaille
que nous assaillions
que vous assailliez
qu'ils/elles assaillent

IMPARFAIT
que j'assaillisse
que tu assaillisses
qu'il/elle assaillît
que nous assaillissions
que vous assaillissiez
qu'ils/elles assaillissent

PASSÉ
que j'aie assailli
que tu aies assailli
qu'il/elle ait assailli
que nous ayons assailli
que vous ayez assailli
qu'ils/elles aient assailli

PLUS-QUE-PARFAIT
que j'eusse assailli
que tu eusses assailli
qu'il/elle eût assailli
que nous eussions assailli
que vous eussiez assailli
qu'ils/elles eussent assailli

| 3ᵉ groupe | **ASSAILLIR** | 13 |

CONDITIONNEL

PRÉSENT	**PASSÉ 1ʳᵉ FORME**	**PASSÉ 2ᴇ FORME**
j'assaillirais	j'aurais assailli	j'eusse assailli
tu assaillirais	tu aurais assailli	tu eusses assailli
il/elle assaillirait	il/elle aurait assailli	il/elle eût assailli
nous assaillirions	nous aurions assailli	nous eussions assailli
vous assailliriez	vous auriez assailli	vous eussiez assailli
ils/elles assailliraient	ils/elles auraient assailli	ils/elles eussent assailli

IMPÉRATIF

PRÉSENT	**PASSÉ**
assaille	aie assailli
assaillons	ayons assailli
assaillez	ayez assailli

INFINITIF

PRÉSENT	**PASSÉ**
assaillir	avoir assailli

PARTICIPE

PRÉSENT	**PASSÉ**	**PASSÉ COMPOSÉ**
assaillant	assailli / assaillie	ayant assailli
	assaillis / assaillies	

....

REMARQUE

Attention de ne pas oublier le **i** aux 1ʳᵉ et 2ᵉ personnes du pluriel de l'imparfait de l'indicatif et du présent du subjonctif *(nous assaillions, vous assailliez)*.

SERVIR

14 — 3ᵉ groupe

INDICATIF

PRÉSENT
je sers
tu sers
il/elle sert
nous servons
vous servez
ils/elles servent

PASSÉ COMPOSÉ
j'ai servi
tu as servi
il/elle a servi
nous avons servi
vous avez servi
ils/elles ont servi

IMPARFAIT
je servais
tu servais
il/elle servait
nous servions
vous serviez
ils/elles servaient

PLUS-QUE-PARFAIT
j'avais servi
tu avais servi
il/elle avait servi
nous avions servi
vous aviez servi
ils/elles avaient servi

PASSÉ SIMPLE
je servis
tu servis
il/elle servit
nous servîmes
vous servîtes
ils/elles servirent

PASSÉ ANTÉRIEUR
j'eus servi
tu eus servi
il/elle eut servi
nous eûmes servi
vous eûtes servi
ils/elles eurent servi

FUTUR SIMPLE
je servirai
tu serviras
il/elle servira
nous servirons
vous servirez
ils/elles serviront

FUTUR ANTÉRIEUR
j'aurai servi
tu auras servi
il/elle aura servi
nous aurons servi
vous aurez servi
ils/elles auront servi

SUBJONCTIF

PRÉSENT
que je serve
que tu serves
qu'il/elle serve
que nous servions
que vous serviez
qu'ils/elles servent

IMPARFAIT
que je servisse
que tu servisses
qu'il/elle servît
que nous servissions
que vous servissiez
qu'ils/elles servissent

PASSÉ
que j'aie servi
que tu aies servi
qu'il/elle ait servi
que nous ayons servi
que vous ayez servi
qu'ils/elles aient servi

PLUS-QUE-PARFAIT
que j'eusse servi
que tu eusses servi
qu'il/elle eût servi
que nous eussions servi
que vous eussiez servi
qu'ils/elles eussent servi

3e groupe	**SERVIR**

CONDITIONNEL

PRÉSENT	PASSÉ 1RE FORME	PASSÉ 2E FORME
je servirais	j'aurais servi	j'eusse servi
tu servirais	tu aurais servi	tu eusses servi
il/elle servirait	il/elle aurait servi	il/elle eût servi
nous servirions	nous aurions servi	nous eussions servi
vous serviriez	vous auriez servi	vous eussiez servi
ils/elles serviraient	ils/elles auraient servi	ils/elles eussent servi

IMPÉRATIF

PRÉSENT	PASSÉ
sers	aie servi
servons	ayons servi
servez	ayez servi

INFINITIF

PRÉSENT	PASSÉ
servir	avoir servi

PARTICIPE

PRÉSENT	PASSÉ	PASSÉ COMPOSÉ
servant	servi/servie	ayant servi
	servis/servies	

15 — BOUILLIR — 3e groupe

INDICATIF

PRÉSENT
je bous
tu bous
il/elle bout
nous bouillons
vous bouillez
ils/elles bouillent

PASSÉ COMPOSÉ
j'ai bouilli
tu as bouilli
il/elle a bouilli
nous avons bouilli
vous avez bouilli
ils/elles ont bouilli

IMPARFAIT
je bouillais
tu bouillais
il/elle bouillait
nous bouillions
vous bouilliez
ils/elles bouillaient

PLUS-QUE-PARFAIT
j'avais bouilli
tu avais bouilli
il/elle avait bouilli
nous avions bouilli
vous aviez bouilli
ils/elles avaient bouilli

PASSÉ SIMPLE
je bouillis
tu bouillis
il/elle bouillit
nous bouillîmes
vous bouillîtes
ils/elles bouillirent

PASSÉ ANTÉRIEUR
j'eus bouilli
tu eus bouilli
il/elle eut bouilli
nous eûmes bouilli
vous eûtes bouilli
ils/elles eurent bouilli

FUTUR SIMPLE
je bouillirai
tu bouilliras
il/elle bouillira
nous bouillirons
vous bouillirez
ils/elles bouilliront

FUTUR ANTÉRIEUR
j'aurai bouilli
tu auras bouilli
il/elle aura bouilli
nous aurons bouilli
vous aurez bouilli
ils/elles auront bouilli

SUBJONCTIF

PRÉSENT
que je bouille
que tu bouilles
qu'il/elle bouille
que nous bouillions
que vous bouilliez
qu'ils/elles bouillent

IMPARFAIT
que je bouillisse
que tu bouillisses
qu'il/elle bouillît
que nous bouillissions
que vous bouillissiez
qu'ils/elles bouillissent

PASSÉ
que j'aie bouilli
que tu aies bouilli
qu'il/elle ait bouilli
que nous ayons bouilli
que vous ayez bouilli
qu'ils/elles aient bouilli

PLUS-QUE-PARFAIT
que j'eusse bouilli
que tu eusses bouilli
qu'il/elle eût bouilli
que nous eussions bouilli
que vous eussiez bouilli
qu'ils/elles eussent bouilli

| 3e groupe | **BOUILLIR** | 15 |

CONDITIONNEL

PRÉSENT

je bouillirais
tu bouillirais
il/elle bouillirait
nous bouillirions
vous bouilliriez
ils/elles bouilliraient

PASSÉ 1ʳᵉ FORME

j'aurais bouilli
tu aurais bouilli
il/elle aurait bouilli
nous aurions bouilli
vous auriez bouilli
ils/elles auraient bouilli

PASSÉ 2ᵉ FORME

j'eusse bouilli
tu eusses bouilli
il/elle eût bouilli
nous eussions bouilli
vous eussiez bouilli
ils/elles eussent bouilli

IMPÉRATIF

PRÉSENT

bous
bouillons
bouillez

PASSÉ

aie bouilli
ayons bouilli
ayez bouilli

INFINITIF

PRÉSENT

bouillir

PASSÉ

avoir bouilli

PARTICIPE

PRÉSENT

bouillant

PASSÉ

bouilli/bouillie
bouillis/bouillies

PASSÉ COMPOSÉ

ayant bouilli

REMARQUE

Attention de ne pas oublier le **i** aux 1ʳᵉ et 2ᵉ personnes du pluriel de l'imparfait de l'indicatif et du présent du subjonctif *(nous bouillions, vous bouilliez).*

PARTIR

3e groupe

INDICATIF

PRÉSENT
je pars
tu pars
il/elle part
nous partons
vous partez
ils/elles partent

PASSÉ COMPOSÉ
je suis parti/ie
tu es parti/ie
il/elle est parti/ie
nous sommes partis/ies
vous êtes partis/ies
ils/elles sont partis/ies

IMPARFAIT
je partais
tu partais
il/elle partait
nous partions
vous partiez
ils/elles partaient

PLUS-QUE-PARFAIT
j'étais parti/ie
tu étais parti/ie
il/elle était parti/ie
nous étions partis/ies
vous étiez partis/ies
ils/elles étaient partis/ies

PASSÉ SIMPLE
je partis
tu partis
il/elle partit
nous partîmes
vous partîtes
ils/elles partirent

PASSÉ ANTÉRIEUR
je fus parti/ie
tu fus parti/ie
il/elle fut parti/ie
nous fûmes partis/ies
vous fûtes partis/ies
ils/elles furent partis/ies

FUTUR SIMPLE
je partirai
tu partiras
il/elle partira
nous partirons
vous partirez
ils/elles partiront

FUTUR ANTÉRIEUR
je serai parti/ie
tu seras parti/ie
il/elle sera parti/ie
nous serons partis/ies
vous serez partis/ies
ils/elles seront partis/ies

SUBJONCTIF

PRÉSENT
que je parte
que tu partes
qu'il/elle parte
que nous partions
que vous partiez
qu'ils/elles partent

IMPARFAIT
que je partisse
que tu partisses
qu'il/elle partît
que nous partissions
que vous partissiez
qu'ils/elles partissent

PASSÉ
que je sois parti/ie
que tu sois parti/ie
qu'il/elle soit parti/ie
que nous soyons partis/ies
que vous soyez partis/ies
qu'ils/elles soient partis/ies

PLUS-QUE-PARFAIT
que je fusse parti/ie
que tu fusses parti/ie
qu'il/elle fût parti/ie
que nous fussions partis/ies
que vous fussiez partis/ies
qu'ils/elles fussent partis/ies

3e groupe		**PARTIR**		

CONDITIONNEL

PRÉSENT	**PASSÉ 1ʳᴱ FORME**	**PASSÉ 2ᴱ FORME**
je partirais	je serais parti/ie	je fusse parti/ie
tu partirais	tu serais parti/ie	tu fusses parti/ie
il/elle partirait	il/elle serait parti/ie	il/elle fût parti/ie
nous partirions	nous serions partis/ies	nous fussions partis/ies
vous partiriez	vous seriez partis/ies	vous fussiez partis/ies
ils/elles partiraient	ils/elles seraient partis/ies	ils/elles fussent partis/ies

IMPÉRATIF		**INFINITIF**	
PRÉSENT	**PASSÉ**	**PRÉSENT**	**PASSÉ**
pars	sois parti/ie	partir	être parti/ie
partons	soyons partis/ies		être partis/ies
partez	soyez partis/ies		

PARTICIPE

PRÉSENT	**PASSÉ**	**PASSÉ COMPOSÉ**
partant	parti/partie	étant parti/ie
	partis/parties	étant partis/ies

> ➤ *LE VERBE, FORMES ET EMPLOIS.*

SENTIR

3e groupe

INDICATIF

PRÉSENT

je sens
tu sens
il/elle sent
nous sentons
vous sentez
ils/elles sentent

PASSÉ COMPOSÉ

j'ai senti
tu as senti
il/elle a senti
nous avons senti
vous avez senti
ils/elles ont senti

IMPARFAIT

je sentais
tu sentais
il/elle sentait
nous sentions
vous sentiez
ils/elles sentaient

PLUS-QUE-PARFAIT

j'avais senti
tu avais senti
il/elle avait senti
nous avions senti
vous aviez senti
ils/elles avaient senti

PASSÉ SIMPLE

je sentis
tu sentis
il/elle sentit
nous sentîmes
vous sentîtes
ils/elles sentirent

PASSÉ ANTÉRIEUR

j'eus senti
tu eus senti
il/elle eut senti
nous eûmes senti
vous eûtes senti
ils/elles eurent senti

FUTUR SIMPLE

je sentirai
tu sentiras
il/elle sentira
nous sentirons
vous sentirez
ils/elles sentiront

FUTUR ANTÉRIEUR

j'aurai senti
tu auras senti
il/elle aura senti
nous aurons senti
vous aurez senti
ils/elles auront senti

SUBJONCTIF

PRÉSENT

que je sente
que tu sentes
qu'il/elle sente
que nous sentions
que vous sentiez
qu'ils/elles sentent

IMPARFAIT

que je sentisse
que tu sentisses
qu'il/elle sentît
que nous sentissions
que vous sentissiez
qu'ils/elles sentissent

PASSÉ

que j'aie senti
que tu aies senti
qu'il/elle ait senti
que nous ayons senti
que vous ayez senti
qu'ils/elles aient senti

PLUS-QUE-PARFAIT

que j'eusse senti
que tu eusses senti
qu'il/elle eût senti
que nous eussions senti
que vous eussiez senti
qu'ils/elles eussent senti

| 3e groupe | **SENTIR** | 16b |

CONDITIONNEL

PRÉSENT

je sentirais
tu sentirais
il/elle sentirait
nous sentirions
vous sentiriez
ils/elles sentiraient

PASSÉ 1RE FORME

j'aurais senti
tu aurais senti
il/elle aurait senti
nous aurions senti
vous auriez senti
ils/elles auraient senti

PASSÉ 2^{E} FORME

j'eusse senti
tu eusses senti
il/elle eût senti
nous eussions senti
vous eussiez senti
ils/elles eussent senti

IMPÉRATIF		INFINITIF	
PRÉSENT	**PASSÉ**	**PRÉSENT**	**PASSÉ**
sens	aie senti	sentir	avoir senti
sentons	ayons senti		
sentez	ayez senti		

PARTICIPE

PRÉSENT

sentant

PASSÉ

senti/sentie
sentis/senties

PASSÉ COMPOSÉ

ayant senti

....

REMARQUE

Cette série regroupe les verbes en **-mir** (*dormir* et composés), **-tir** (*sentir, mentir* et composés), **-vir** (*chauvir*).

17 FUIR — 3e groupe

INDICATIF

PRÉSENT
je fuis
tu fuis
il/elle fuit
nous fuyons
vous fuyez
ils/elles fuient

PASSÉ COMPOSÉ
j'ai fui
tu as fui
il/elle a fui
nous avons fui
vous avez fui
ils/elles ont fui

IMPARFAIT
je fuyais
tu fuyais
il/elle fuyait
nous fuyions
vous fuyiez
ils/elles fuyaient

PLUS-QUE-PARFAIT
j'avais fui
tu avais fui
il/elle avait fui
nous avions fui
vous aviez fui
ils/elles avaient fui

PASSÉ SIMPLE
je fuis
tu fuis
il/elle fuit
nous fuîmes
vous fuîtes
ils/elles fuirent

PASSÉ ANTÉRIEUR
j'eus fui
tu eus fui
il/elle eut fui
nous eûmes fui
vous eûtes fui
ils/elles eurent fui

FUTUR SIMPLE
je fuirai
tu fuiras
il/elle fuira
nous fuirons
vous fuirez
ils/elles fuiront

FUTUR ANTÉRIEUR
j'aurai fui
tu auras fui
il/elle aura fui
nous aurons fui
vous aurez fui
ils/elles auront fui

SUBJONCTIF

PRÉSENT
que je fuie
que tu fuies
qu'il/elle fuie
que nous fuyions
que vous fuyiez
qu'ils/elles fuient

IMPARFAIT
que je fuisse
que tu fuisses
qu'il/elle fuît
que nous fuissions
que vous fuissiez
qu'ils/elles fuissent

PASSÉ
que j'aie fui
que tu aies fui
qu'il/elle ait fui
que nous ayons fui
que vous ayez fui
qu'ils/elles aient fui

PLUS-QUE-PARFAIT
que j'eusse fui
que tu eusses fui
qu'il/elle eût fui
que nous eussions fui
que vous eussiez fui
qu'ils/elles eussent fui

| 3e groupe | **FUIR** |

CONDITIONNEL

PRÉSENT	PASSÉ 1RE FORME	PASSÉ 2E FORME
je fuirais	j'aurais fui	j'eusse fui
tu fuirais	tu aurais fui	tu eusses fui
il/elle fuirait	il/elle aurait fui	il/elle eût fui
nous fuirions	nous aurions fui	nous eussions fui
vous fuiriez	vous auriez fui	vous eussiez fui
ils/elles fuiraient	ils/elles auraient fui	ils/elles eussent fui

IMPÉRATIF

PRÉSENT	PASSÉ
fuis	aie fui
fuyons	ayons fui
fuyez	ayez fui

INFINITIF

PRÉSENT	PASSÉ
fuir	avoir fui

PARTICIPE

PRÉSENT	PASSÉ	PASSÉ COMPOSÉ
fuyant	fui / fuie	ayant fui
	fuis / fuies	

REMARQUE

Attention de ne pas oublier le **i** aux 1re et 2e personnes du pluriel de l'imparfait de l'indicatif et du présent du subjonctif *(nous fuyions, vous fuyiez)*.

COUVRIR — 3e groupe

INDICATIF

PRÉSENT
je couvre
tu couvres
il/elle couvre
nous couvrons
vous couvrez
ils/elles couvrent

PASSÉ COMPOSÉ
j'ai couvert
tu as couvert
il/elle a couvert
nous avons couvert
vous avez couvert
ils/elles ont couvert

IMPARFAIT
je couvrais
tu couvrais
il/elle couvrait
nous couvrions
vous couvriez
ils/elles couvraient

PLUS-QUE-PARFAIT
j'avais couvert
tu avais couvert
il/elle avait couvert
nous avions couvert
vous aviez couvert
ils/elles avaient couvert

PASSÉ SIMPLE
je couvris
tu couvris
il/elle couvrit
nous couvrîmes
vous couvrîtes
ils/elles couvrirent

PASSÉ ANTÉRIEUR
j'eus couvert
tu eus couvert
il/elle eut couvert
nous eûmes couvert
vous eûtes couvert
ils/elles eurent couvert

FUTUR SIMPLE
je couvrirai
tu couvriras
il/elle couvrira
nous couvrirons
vous couvrirez
ils/elles couvriront

FUTUR ANTÉRIEUR
j'aurai couvert
tu auras couvert
il/elle aura couvert
nous aurons couvert
vous aurez couvert
ils/elles auront couvert

SUBJONCTIF

PRÉSENT
que je couvre
que tu couvres
qu'il/elle couvre
que nous couvrions
que vous couvriez
qu'ils/elles couvrent

IMPARFAIT
que je couvrisse
que tu couvrisses
qu'il/elle couvrît
que nous couvrissions
que vous couvrissiez
qu'ils/elles couvrissent

PASSÉ
que j'aie couvert
que tu aies couvert
qu'il/elle ait couvert
que nous ayons couvert
que vous ayez couvert
qu'ils/elles aient couvert

PLUS-QUE-PARFAIT
que j'eusse couvert
que tu eusses couvert
qu'il/elle eût couvert
que nous eussions couvert
que vous eussiez couvert
qu'ils/elles eussent couvert

| 3e groupe | **COUVRIR** | 18 |

CONDITIONNEL

PRÉSENT	**PASSÉ 1RE FORME**	**PASSÉ 2^E FORME**
je couvrirais	j'aurais couvert	j'eusse couvert
tu couvrirais	tu aurais couvert	tu eusses couvert
il/elle couvrirait	il/elle aurait couvert	il/elle eût couvert
nous couvririons	nous aurions couvert	nous eussions couvert
vous couvririez	vous auriez couvert	vous eussiez couvert
ils/elles couvriraient	ils/elles auraient couvert	ils/elles eussent couvert

IMPÉRATIF

PRÉSENT	**PASSÉ**
couvre	aie couvert
couvrons	ayons couvert
couvrez	ayez couvert

INFINITIF

PRÉSENT	**PASSÉ**
couvrir	avoir couvert

PARTICIPE

PRÉSENT	**PASSÉ**	**PASSÉ COMPOSÉ**
couvrant	couvert / couverte couverts / couvertes	ayant couvert

MOURIR

3ᵉ groupe

INDICATIF

PRÉSENT

je meurs
tu meurs
il/elle meurt
nous mourons
vous mourez
ils/elles meurent

PASSÉ COMPOSÉ

je suis mort/te
tu es mort/te
il/elle est mort/te
nous sommes morts/tes
vous êtes morts/tes
ils/elles sont morts/tes

IMPARFAIT

je mourais
tu mourais
il/elle mourait
nous mourions
vous mouriez
ils/elles mouraient

PLUS-QUE-PARFAIT

j'étais mort/te
tu étais mort/te
il/elle était mort/te
nous étions morts/tes
vous étiez morts/tes
ils/elles étaient morts/tes

PASSÉ SIMPLE

je mourus
tu mourus
il/elle mourut
nous mourûmes
vous mourûtes
ils/elles moururent

PASSÉ ANTÉRIEUR

je fus mort/te
tu fus mort/te
il/elle fut mort/te
nous fûmes morts/tes
vous fûtes morts/tes
ils/elles furent morts/tes

FUTUR SIMPLE

je mourrai
tu mourras
il/elle mourra
nous mourrons
vous mourrez
ils/elles mourront

FUTUR ANTÉRIEUR

je serai mort/te
tu seras mort/te
il/elle sera mort/te
nous serons morts/tes
vous serez morts/tes
ils/elles seront morts/tes

SUBJONCTIF

PRÉSENT

que je meure
que tu meures
qu'il/elle meure
que nous mourions
que vous mouriez
qu'ils/elles meurent

IMPARFAIT

que je mourusse
que tu mourusses
qu'il/elle mourût
que nous mourussions
que vous mourussiez
qu'ils/elles mourussent

PASSÉ

que je sois mort/te
que tu sois mort/te
qu'il/elle soit mort/te
que nous soyons morts/tes
que vous soyez morts/tes
qu'ils/elles soient morts/tes

PLUS-QUE-PARFAIT

que je fusse mort/te
que tu fusses mort/te
qu'il/elle fût mort/te
que nous fussions morts/tes
que vous fussiez morts/tes
qu'ils/elles fussent morts/tes

| 3e groupe | **MOURIR** | **19** |

CONDITIONNEL

PRÉSENT

je mourrais
tu mourrais
il/elle mourrait
nous mourrions
vous mourriez
ils/elles mourraient

PASSÉ 1RE FORME

je serais mort/te
tu serais mort/te
il/elle serait mort/te
nous serions morts/tes
vous seriez morts/tes
ils/elles seraient morts/tes

PASSÉ 2E FORME

je fusse mort/te
tu fusses mort/te
il/elle fût mort/te
nous fussions morts/tes
vous fussiez morts/tes
ils/elles fussent morts/tes

IMPÉRATIF

PRÉSENT

meurs
mourons
mourez

PASSÉ

sois mort/te
soyons morts/tes
soyez morts/tes

INFINITIF

PRÉSENT

mourir

PASSÉ

être mort/te
être morts/tes

PARTICIPE

PRÉSENT

mourant

PASSÉ

mort/morte
morts/mortes

PASSÉ COMPOSÉ

étant mort/te
étant morts/tes

REMARQUE

On prononce les deux **r** au futur et au conditionnel.

VÊTIR

3e groupe

INDICATIF

PRÉSENT
je vêts
tu vêts
il/elle vêt
nous vêtons
vous vêtez
ils/elles vêtent

PASSÉ COMPOSÉ
j'ai vêtu
tu as vêtu
il/elle a vêtu
nous avons vêtu
vous avez vêtu
ils/elles ont vêtu

IMPARFAIT
je vêtais
tu vêtais
il/elle vêtait
nous vêtions
vous vêtiez
ils/elles vêtaient

PLUS-QUE-PARFAIT
j'avais vêtu
tu avais vêtu
il/elle avait vêtu
nous avions vêtu
vous aviez vêtu
ils/elles avaient vêtu

PASSÉ SIMPLE
je vêtis
tu vêtis
il/elle vêtit
nous vêtîmes
vous vêtîtes
ils/elles vêtirent

PASSÉ ANTÉRIEUR
j'eus vêtu
tu eus vêtu
il/elle eut vêtu
nous eûmes vêtu
vous eûtes vêtu
ils/elles eurent vêtu

FUTUR SIMPLE
je vêtirai
tu vêtiras
il/elle vêtira
nous vêtirons
vous vêtirez
ils/elles vêtiront

FUTUR ANTÉRIEUR
j'aurai vêtu
tu auras vêtu
il/elle aura vêtu
nous aurons vêtu
vous aurez vêtu
ils/elles auront vêtu

SUBJONCTIF

PRÉSENT
que je vête
que tu vêtes
qu'il/elle vête
que nous vêtions
que vous vêtiez
qu'ils/elles vêtent

IMPARFAIT
que je vêtisse
que tu vêtisses
qu'il/elle vêtît
que nous vêtissions
que vous vêtissiez
qu'ils/elles vêtissent

PASSÉ
que j'aie vêtu
que tu aies vêtu
qu'il/elle ait vêtu
que nous ayons vêtu
que vous ayez vêtu
qu'ils/elles aient vêtu

PLUS-QUE-PARFAIT
que j'eusse vêtu
que tu eusses vêtu
qu'il/elle eût vêtu
que nous eussions vêtu
que vous eussiez vêtu
qu'ils/elles eussent vêtu

3e groupe		**VÊTIR**

CONDITIONNEL

PRÉSENT	PASSÉ 1RE FORME	PASSÉ 2E FORME
je vêtirais	j'aurais vêtu	j'eusse vêtu
tu vêtirais	tu aurais vêtu	tu eusses vêtu
il/elle vêtirait	il/elle aurait vêtu	il/elle eût vêtu
nous vêtirions	nous aurions vêtu	nous eussions vêtu
vous vêtiriez	vous auriez vêtu	vous eussiez vêtu
ils/elles vêtiraient	ils/elles auraient vêtu	ils/elles eussent vêtu

IMPÉRATIF		INFINITIF	
PRÉSENT	**PASSÉ**	**PRÉSENT**	**PASSÉ**
vêts	aie vêtu	vêtir	avoir vêtu
vêtons	ayons vêtu		
vêtez	ayez vêtu		

PARTICIPE

PRÉSENT	PASSÉ	PASSÉ COMPOSÉ
vêtant	vêtu/vêtue	ayant vêtu
	vêtus/vêtues	

REMARQUE

Cette série regroupe les composés de *vêtir*.

21 — ACQUÉRIR — 3ᵉ groupe

INDICATIF

PRÉSENT
j'acquiers
tu acquiers
il/elle acquiert
nous acquérons
vous acquérez
ils/elles acquièrent

PASSÉ COMPOSÉ
j'ai acquis
tu as acquis
il/elle a acquis
nous avons acquis
vous avez acquis
ils/elles ont acquis

IMPARFAIT
j'acquérais
tu acquérais
il/elle acquérait
nous acquérions
vous acquériez
ils/elles acquéraient

PLUS-QUE-PARFAIT
j'avais acquis
tu avais acquis
il/elle avait acquis
nous avions acquis
vous aviez acquis
ils/elles avaient acquis

PASSÉ SIMPLE
j'acquis
tu acquis
il/elle acquit
nous acquîmes
vous acquîtes
ils/elles acquirent

PASSÉ ANTÉRIEUR
j'eus acquis
tu eus acquis
il/elle eut acquis
nous eûmes acquis
vous eûtes acquis
ils/elles eurent acquis

FUTUR SIMPLE
j'acquerrai
tu acquerras
il/elle acquerra
nous acquerrons
vous acquerrez
ils/elles acquerront

FUTUR ANTÉRIEUR
j'aurai acquis
tu auras acquis
il/elle aura acquis
nous aurons acquis
vous aurez acquis
ils/elles auront acquis

SUBJONCTIF

PRÉSENT
que j'acquière
que tu acquières
qu'il/elle acquière
que nous acquérions
que vous acquériez
qu'ils/elles acquièrent

IMPARFAIT
que j'acquisse
que tu acquisses
qu'il/elle acquît
que nous acquissions
que vous acquissiez
qu'ils/elles acquissent

PASSÉ
que j'aie acquis
que tu aies acquis
qu'il/elle ait acquis
que nous ayons acquis
que vous ayez acquis
qu'ils/elles aient acquis

PLUS-QUE-PARFAIT
que j'eusse acquis
que tu eusses acquis
qu'il/elle eût acquis
que nous eussions acquis
que vous eussiez acquis
qu'ils/elles eussent acquis

| 3e groupe | **ACQUÉRIR** | 21 |

CONDITIONNEL

PRÉSENT	PASSÉ 1RE FORME	PASSÉ 2E FORME
j'acquerrais	j'aurais acquis	j'eusse acquis
tu acquerrais	tu aurais acquis	tu eusses acquis
il/elle acquerrait	il/elle aurait acquis	il/elle eût acquis
nous acquerrions	nous aurions acquis	nous eussions acquis
vous acquerriez	vous auriez acquis	vous eussiez acquis
ils/elles acquerraient	ils/elles auraient acquis	ils/elles eussent acquis

IMPÉRATIF		INFINITIF	
PRÉSENT	**PASSÉ**	**PRÉSENT**	**PASSÉ**
acquiers	aie acquis	acquérir	avoir acquis
acquérons	ayons acquis		
acquérez	ayez acquis		

PARTICIPE

PRÉSENT	PASSÉ	PASSÉ COMPOSÉ
acquérant	acquis/acquise	ayant acquis
	acquis/acquises	

REMARQUE

• Il ne faut pas confondre *acquis*, participe passé de *acquérir*, et *acquit*, participe passé substantivé de *acquitter*.

• On prononce les deux **r** au futur et au conditionnel.

VENIR

3e groupe

INDICATIF

PRÉSENT
je viens
tu viens
il/elle vient
nous venons
vous venez
ils/elles viennent

PASSÉ COMPOSÉ
je suis venu/ue
tu es venu/ue
il/elle est venu/ue
nous sommes venus/ues
vous êtes venus/ues
ils/elles sont venus/ues

IMPARFAIT
je venais
tu venais
il/elle venait
nous venions
vous veniez
ils/elles venaient

PLUS-QUE-PARFAIT
j'étais venu/ue
tu étais venu/ue
il/elle était venu/ue
nous étions venus/ues
vous étiez venus/ues
ils/elles étaient venus/ues

PASSÉ SIMPLE
je vins
tu vins
il/elle vint
nous vînmes
vous vîntes
ils/elles vinrent

PASSÉ ANTÉRIEUR
je fus venu/ue
tu fus venu/ue
il/elle fut venu/ue
nous fûmes venus/ues
vous fûtes venus/ues
ils/elles furent venus/ues

FUTUR SIMPLE
je viendrai
tu viendras
il/elle viendra
nous viendrons
vous viendrez
ils/elles viendront

FUTUR ANTÉRIEUR
je serai venu/ue
tu seras venu/ue
il/elle sera venu/ue
nous serons venus/ues
vous serez venus/ues
ils/elles seront venus/ues

SUBJONCTIF

PRÉSENT
que je vienne
que tu viennes
qu'il/elle vienne
que nous venions
que vous veniez
qu'ils/elles viennent

IMPARFAIT
que je vinsse
que tu vinsses
qu'il/elle vînt
que nous vinssions
que vous vinssiez
qu'ils/elles vinssent

PASSÉ
que je sois venu/ue
que tu sois venu/ue
qu'il/elle soit venu/ue
que nous soyons venus/ues
que vous soyez venus/ues
qu'ils/elles soient venus/ues

PLUS-QUE-PARFAIT
que je fusse venu/ue
que tu fusses venu/ue
qu'il/elle fût venu/ue
que nous fussions venus/ues
que vous fussiez venus/ues
qu'ils/elles fussent venus/ues

| 3e groupe | **VENIR** | 22 |

CONDITIONNEL

PRÉSENT

je viendrais
tu viendrais
il/elle viendrait
nous viendrions
vous viendriez
ils/elles viendraient

PASSÉ 1RE FORME

je serais venu/ue
tu serais venu/ue
il/elle serait venu/ue
nous serions venus/ues
vous seriez venus/ues
ils/elles seraient venus/ues

PASSÉ 2E FORME

je fusse venu/ue
tu fusses venu/ue
il/elle fût venu/ue
nous fussions venus/ues
vous fussiez venus/ues
ils/elles fussent venus/ues

IMPÉRATIF

PRÉSENT

viens
venons
venez

PASSÉ

sois venu/ue
soyons venus/ues
soyez venus/ues

INFINITIF

PRÉSENT

venir

PASSÉ

être venu/venue
être venus/venues

PARTICIPE

PRÉSENT

venant

PASSÉ

venu/venue
venus/venues

PASSÉ COMPOSÉ

étant venu/venue
étant venus/venues

23 — PLEUVOIR — 3ᵉ groupe

INDICATIF		SUBJONCTIF
PRÉSENT	**PASSÉ COMPOSÉ**	**PRÉSENT**
–	–	–
–	–	–
il pleut	il a plu	qu'il pleuve
–	–	–
–	–	–
ils/elles pleuvent	ils/elles ont plu	qu'ils/elles pleuvent
IMPARFAIT	**PLUS-QUE-PARFAIT**	**IMPARFAIT**
–	–	–
–	–	–
il pleuvait	il avait plu	qu'il plût
–	–	–
–	–	–
ils/elles pleuvaient	ils/elles avaient plu	qu'ils/elles plussent
PASSÉ SIMPLE	**PASSÉ ANTÉRIEUR**	**PASSÉ**
–	–	–
–	–	–
il plut	il eut plu	qu'il ait plu
–	–	–
–	–	–
ils/elles plurent	ils/elles eurent plu	qu'ils/elles aient plu
FUTUR SIMPLE	**FUTUR ANTÉRIEUR**	**PLUS-QUE-PARFAIT**
–	–	–
–	–	–
il pleuvra	il aura plu	qu'il eût plu
–	–	–
–	–	–
ils/elles pleuvront	ils/elles auront plu	qu'ils/elles eussent plu

3e groupe	**PLEUVOIR**

CONDITIONNEL

PRÉSENT	PASSÉ 1RE FORME	PASSÉ 2E FORME
–	–	–
–	–	–
il pleuvrait	il aurait plu	il eût plu
–	–	–
–	–	–
ils/elles pleuvraient	ils/elles auraient plu	ils/elles eussent plu

IMPÉRATIF		INFINITIF	
PRÉSENT	**PASSÉ**	**PRÉSENT**	**PASSÉ**
inusité	*inusité*	pleuvoir	avoir plu

PARTICIPE

PRÉSENT	PASSÉ	PASSÉ COMPOSÉ
pleuvant	plu	–

REMARQUE

Ce verbe impersonnel a des emplois figurés au pluriel *(les coups, les balles pleuvaient)* mais beaucoup de formes sont inusitées.

PRÉVOIR

3ᵉ groupe

INDICATIF

PRÉSENT
je prévois
tu prévois
il/elle prévoit
nous prévoyons
vous prévoyez
ils/elles prévoient

PASSÉ COMPOSÉ
j'ai prévu
tu as prévu
il/elle a prévu
nous avons prévu
vous avez prévu
ils/elles ont prévu

IMPARFAIT
je prévoyais
tu prévoyais
il/elle prévoyait
nous prévoyions
vous prévoyiez
ils/elles prévoyaient

PLUS-QUE-PARFAIT
j'avais prévu
tu avais prévu
il/elle avait prévu
nous avions prévu
vous aviez prévu
ils/elles avaient prévu

PASSÉ SIMPLE
je prévis
tu prévis
il/elle prévit
nous prévîmes
vous prévîtes
ils/elles prévirent

PASSÉ ANTÉRIEUR
j'eus prévu
tu eus prévu
il/elle eut prévu
nous eûmes prévu
vous eûtes prévu
ils/elles eurent prévu

FUTUR SIMPLE
je prévoirai
tu prévoiras
il/elle prévoira
nous prévoirons
vous prévoirez
ils/elles prévoiront

FUTUR ANTÉRIEUR
j'aurai prévu
tu auras prévu
il/elle aura prévu
nous aurons prévu
vous aurez prévu
ils/elles auront prévu

SUBJONCTIF

PRÉSENT
que je prévoie
que tu prévoies
qu'il/elle prévoie
que nous prévoyions
que vous prévoyiez
qu'ils/elles prévoient

IMPARFAIT
que je prévisse
que tu prévisses
qu'il/elle prévît
que nous prévissions
que vous prévissiez
qu'ils/elles prévissent

PASSÉ
que j'aie prévu
que tu aies prévu
qu'il/elle ait prévu
que nous ayons prévu
que vous ayez prévu
qu'ils/elles aient prévu

PLUS-QUE-PARFAIT
que j'eusse prévu
que tu eusses prévu
qu'il/elle eût prévu
que nous eussions prévu
que vous eussiez prévu
qu'ils/elles eussent prévu

| 3ᵉ groupe | **PRÉVOIR** | 24 |

CONDITIONNEL

PRÉSENT

je prévoirais
tu prévoirais
il/elle prévoirait
nous prévoirions
vous prévoiriez
ils/elles prévoiraient

PASSÉ 1ʳᵉ FORME

j'aurais prévu
tu aurais prévu
il/elle aurait prévu
nous aurions prévu
vous auriez prévu
ils/elles auraient prévu

PASSÉ 2ᵉ FORME

j'eusse prévu
tu eusses prévu
il/elle eût prévu
nous eussions prévu
vous eussiez prévu
ils/elles eussent prévu

IMPÉRATIF

PRÉSENT

prévois
prévoyons
prévoyez

PASSÉ

aie prévu
ayons prévu
ayez prévu

INFINITIF

PRÉSENT

prévoir

PASSÉ

avoir prévu

PARTICIPE

PRÉSENT

prévoyant

PASSÉ

prévu/prévue
prévus/prévues

PASSÉ COMPOSÉ

ayant prévu

REMARQUE

- *Prévoir* se conjugue comme *voir*, sauf au futur de l'indicatif et au présent du conditionnel.

- Attention de ne pas oublier le **i** aux 1ʳᵉ et 2ᵉ personnes du pluriel de l'imparfait de l'indicatif et du présent du subjonctif *(nous prévoyions, vous prévoyiez)*.

25 — POURVOIR — 3e groupe

INDICATIF

PRÉSENT
je pourvois
tu pourvois
il/elle pourvoit
nous pourvoyons
vous pourvoyez
ils/elles pourvoient

PASSÉ COMPOSÉ
j'ai pourvu
tu as pourvu
il/elle a pourvu
nous avons pourvu
vous avez pourvu
ils/elles ont pourvu

IMPARFAIT
je pourvoyais
tu pourvoyais
il/elle pourvoyait
nous pourvoyions
vous pourvoyiez
ils/elles pourvoyaient

PLUS-QUE-PARFAIT
j'avais pourvu
tu avais pourvu
il/elle avait pourvu
nous avions pourvu
vous aviez pourvu
ils/elles avaient pourvu

PASSÉ SIMPLE
je pourvus
tu pourvus
il/elle pourvut
nous pourvûmes
vous pourvûtes
ils/elles pourvurent

PASSÉ ANTÉRIEUR
j'eus pourvu
tu eus pourvu
il/elle eut pourvu
nous eûmes pourvu
vous eûtes pourvu
ils/elles eurent pourvu

FUTUR SIMPLE
je pourvoirai
tu pourvoiras
il/elle pourvoira
nous pourvoirons
vous pourvoirez
ils/elles pourvoiront

FUTUR ANTÉRIEUR
j'aurai pourvu
tu auras pourvu
il/elle aura pourvu
nous aurons pourvu
vous aurez pourvu
ils/elles auront pourvu

SUBJONCTIF

PRÉSENT
que je pourvoie
que tu pourvoies
qu'il/elle pourvoie
que nous pourvoyions
que vous pourvoyiez
qu'ils/elles pourvoient

IMPARFAIT
que je pourvusse
que tu pourvusses
qu'il/elle pourvût
que nous pourvussions
que vous pourvussiez
qu'ils/elles pourvussent

PASSÉ
que j'aie pourvu
que tu aies pourvu
qu'il/elle ait pourvu
que nous ayons pourvu
que vous ayez pourvu
qu'ils/elles aient pourvu

PLUS-QUE-PARFAIT
que j'eusse pourvu
que tu eusses pourvu
qu'il/elle eût pourvu
que nous eussions pourvu
que vous eussiez pourvu
qu'ils/elles eussent pourvu

| 3e groupe | **POURVOIR** | 25 |

CONDITIONNEL

PRÉSENT

je pourvoirais
tu pourvoirais
il/elle pourvoirait
nous pourvoirions
vous pourvoiriez
ils/elles pourvoiraient

PASSÉ 1RE FORME

j'aurais pourvu
tu aurais pourvu
il/elle aurait pourvu
nous aurions pourvu
vous auriez pourvu
ils/elles auraient pourvu

PASSÉ 2E FORME

j'eusse pourvu
tu eusses pourvu
il/elle eût pourvu
nous eussions pourvu
vous eussiez pourvu
ils/elles eussent pourvu

IMPÉRATIF

PRÉSENT

pourvois
pourvoyons
pourvoyez

PASSÉ

aie pourvu
ayons pourvu
ayez pourvu

INFINITIF

PRÉSENT

pourvoir

PASSÉ

avoir pourvu

PARTICIPE

PRÉSENT

pourvoyant

PASSÉ

pourvu/pourvue
pourvus/pourvues

PASSÉ COMPOSÉ

ayant pourvu

REMARQUE

Attention de ne pas oublier le **i** aux 1re et 2e personnes du pluriel de l'imparfait de l'indicatif et du présent du subjonctif *(nous pourvoyions, vous pourvoyiez)*.

ASSEOIR

3e groupe

INDICATIF

PRÉSENT

j'assieds *ou* assois
tu assieds *ou* assois
il/elle assied *ou* assoit
nous asseyons
  ou assoyons
vous asseyez *ou* assoyez
ils/elles asseyent
  ou assoient

IMPARFAIT

j'asseyais *ou* assoyais
tu asseyais *ou* assoyais
il/elle asseyait *ou* assoyait
nous asseyions
  ou assoyions
vous asseyiez *ou* assoyiez
ils/elles asseyaient
  ou assoyaient

PASSÉ SIMPLE

j'assis
tu assis
il/elle assit
nous assîmes
vous assîtes
ils/elles assirent

FUTUR SIMPLE

j'assiérai *ou* assoirai
tu assiéras *ou* assoiras
il/elle assiéra *ou* assoira
nous assiérons
  ou assoirons
vous assiérez *ou* assoirez
ils/elles assiéront
  ou assoiront

PASSÉ COMPOSÉ

j'ai assis
tu as assis
il/elle a assis
nous avons assis
vous avez assis
ils/elles ont assis

PLUS-QUE-PARFAIT

j'avais assis
tu avais assis
il/elle avait assis
nous avions assis
vous aviez assis
ils/elles avaient assis

PASSÉ ANTÉRIEUR

j'eus assis
tu eus assis
il/elle eut assis
nous eûmes assis
vous eûtes assis
ils/elles eurent assis

FUTUR ANTÉRIEUR

j'aurai assis
tu auras assis
il/elle aura assis
nous aurons assis
vous aurez assis
ils/elles auront assis

SUBJONCTIF

PRÉSENT

que j'asseye *ou* assoie
que tu asseyes *ou* assoies
qu'il/elle asseye *ou* assoie
que nous asseyions
  ou assoyions
que vous asseyiez *ou* assoyiez
qu'ils/elles asseyent
  ou assoient

IMPARFAIT

que j'assisse
que tu assisses
qu'il/elle assît
que nous assissions
que vous assissiez
qu'ils/elles assissent

PASSÉ

que j'aie assis
que tu aies assis
qu'il/elle ait assis
que nous ayons assis
que vous ayez assis
qu'ils/elles aient assis

PLUS-QUE-PARFAIT

que j'eusse assis
que tu eusses assis
qu'il/elle eût assis
que nous eussions assis
que vous eussiez assis
qu'ils/elles eussent assis

| 3e groupe | **ASSEOIR** | 26 |

CONDITIONNEL

PRÉSENT

j'assiérais *ou* assoirais
tu assiérais *ou* assoirais
il/elle assiérait *ou* assoirait
nous assiérions *ou* assoirions
vous assiériez *ou* assoiriez
ils/elles assiéraient *ou* assoiraient

PASSÉ 1RE FORME

j'aurais assis
tu aurais assis
il/elle aurait assis
nous aurions assis
vous auriez assis
ils/elles auraient assis

PASSÉ 2E FORME

j'eusse assis
tu eusses assis
il/elle eût assis
nous eussions assis
vous eussiez assis
ils/elles eussent assis

IMPÉRATIF

PRÉSENT

assieds *ou* assois
asseyons *ou* assoyons
asseyez *ou* assoyez

PASSÉ

aie assis
ayons assis
ayez assis

INFINITIF

PRÉSENT

asseoir

PASSÉ

avoir assis

PARTICIPE

PRÉSENT

asseyant *ou* assoyant

PASSÉ

assis/assise
assis/assises

PASSÉ COMPOSÉ

ayant assis

REMARQUE

• Attention au **i** aux 1re et 2e personnes du pluriel de l'imparfait de l'indicatif et du présent du subjonctif *(nous asseyions, vous asseyiez, nous assoyions, vous assoyiez)*.

➤ *LE VERBE, FORMES ET EMPLOIS* sur le choix entre les deux formes, lié au niveau de langue.

• *Surseoir* conserve le **e** de l'infinitif au futur et au conditionnel : *je surseoirai, je surseoirais*. *Seoir* (être assis) a pour participe présent *séant* et pour participe passé *sis, sise*.

MOUVOIR

3e groupe

INDICATIF		SUBJONCTIF
PRÉSENT	**PASSÉ COMPOSÉ**	**PRÉSENT**
je meus	j'ai mû	que je meuve
tu meus	tu as mû	que tu meuves
il/elle meut	il/elle a mû	qu'il/elle meuve
nous mouvons	nous avons mû	que nous mouvions
vous mouvez	vous avez mû	que vous mouviez
ils/elles meuvent	ils/elles ont mû	qu'ils/elles meuvent
IMPARFAIT	**PLUS-QUE-PARFAIT**	**IMPARFAIT**
je mouvais	j'avais mû	que je musse
tu mouvais	tu avais mû	que tu musses
il/elle mouvait	il/elle avait mû	qu'il/elle mût
nous mouvions	nous avions mû	que nous mussions
vous mouviez	vous aviez mû	que vous mussiez
ils/elles mouvaient	ils/elles avaient mû	qu'ils/elles mussent
PASSÉ SIMPLE	**PASSÉ ANTÉRIEUR**	**PASSÉ**
je mus	j'eus mû	que j'aie mû
tu mus	tu eus mû	que tu aies mû
il/elle mut	il/elle eut mû	qu'il/elle ait mû
nous mûmes	nous eûmes mû	que nous ayons mû
vous mûtes	vous eûtes mû	que vous ayez mû
ils/elles murent	ils/elles eurent mû	qu'ils/elles aient mû
FUTUR SIMPLE	**FUTUR ANTÉRIEUR**	**PLUS-QUE-PARFAIT**
je mouvrai	j'aurai mû	que j'eusse mû
tu mouvras	tu auras mû	que tu eusses mû
il/elle mouvra	il/elle aura mû	qu'il/elle eût mû
nous mouvrons	nous aurons mû	que nous eussions mû
vous mouvrez	vous aurez mû	que vous eussiez mû
ils/elles mouvront	ils/elles auront mû	qu'ils/elles eussent mû

| 3ᵉ groupe | **MOUVOIR** |

CONDITIONNEL

PRÉSENT	PASSÉ 1ʳᴱ FORME	PASSÉ 2ᴱ FORME
je mouvrais	j'aurais mû	j'eusse mû
tu mouvrais	tu aurais mû	tu eusses mû
il/elle mouvrait	il/elle aurait mû	il/elle eût mû
nous mouvrions	nous aurions mû	nous eussions mû
vous mouvriez	vous auriez mû	vous eussiez mû
ils/elles mouvraient	ils/elles auraient mû	ils/elles eussent mû

IMPÉRATIF

PRÉSENT	PASSÉ
meus	aie mû
mouvons	ayons mû
mouvez	ayez mû

INFINITIF

PRÉSENT	PASSÉ
mouvoir	avoir mû

PARTICIPE

PRÉSENT	PASSÉ	PASSÉ COMPOSÉ
mouvant	mû/mue	ayant mû
	mus/mues	

REMARQUE

- La conjugaison complète est plus courante pour la forme pronominale *se mouvoir* que pour *mouvoir*.
- Le participe passé s'écrit traditionnellement avec un accent circonflexe sur le *u*. Cependant, **la réforme de l'orthographe de 1990** préconise la graphie sans accent circonflexe *mu* pour le participe passé à tous les temps composés, ceci afin d'harmoniser cette forme avec les participes passés des verbes *émouvoir* et *promouvoir* (*ému*, *promu*). Ainsi les graphies *j'ai mu*, *nous aurions mu*, etc. ne sont plus considérées comme fautives.

➤ *LE VERBE, FORMES ET EMPLOIS.*

RECEVOIR

3e groupe

INDICATIF

PRÉSENT

je reçois
tu reçois
il/elle reçoit
nous recevons
vous recevez
ils/elles reçoivent

PASSÉ COMPOSÉ

j'ai reçu
tu as reçu
il/elle a reçu
nous avons reçu
vous avez reçu
ils/elles ont reçu

IMPARFAIT

je recevais
tu recevais
il/elle recevait
nous recevions
vous receviez
ils/elles recevaient

PLUS-QUE-PARFAIT

j'avais reçu
tu avais reçu
il/elle avait reçu
nous avions reçu
vous aviez reçu
ils/elles avaient reçu

PASSÉ SIMPLE

je reçus
tu reçus
il/elle reçut
nous reçûmes
vous reçûtes
ils/elles reçurent

PASSÉ ANTÉRIEUR

j'eus reçu
tu eus reçu
il/elle eut reçu
nous eûmes reçu
vous eûtes reçu
ils/elles eurent reçu

FUTUR SIMPLE

je recevrai
tu recevras
il/elle recevra
nous recevrons
vous recevrez
ils/elles recevront

FUTUR ANTÉRIEUR

j'aurai reçu
tu auras reçu
il/elle aura reçu
nous aurons reçu
vous aurez reçu
ils/elles auront reçu

SUBJONCTIF

PRÉSENT

que je reçoive
que tu reçoives
qu'il/elle reçoive
que nous recevions
que vous receviez
qu'ils/elles reçoivent

IMPARFAIT

que je reçusse
que tu reçusses
qu'il/elle reçût
que nous reçussions
que vous reçussiez
qu'ils/elles reçussent

PASSÉ

que j'aie reçu
que tu aies reçu
qu'il/elle ait reçu
que nous ayons reçu
que vous ayez reçu
qu'ils/elles aient reçu

PLUS-QUE-PARFAIT

que j'eusse reçu
que tu eusses reçu
qu'il/elle eût reçu
que nous eussions reçu
que vous eussiez reçu
qu'ils/elles eussent reçu

3ᵉ groupe	**RECEVOIR**

CONDITIONNEL

PRÉSENT
je recevrais
tu recevrais
il/elle recevrait
nous recevrions
vous recevriez
ils/elles recevraient

PASSÉ 1ʳᴇ FORME
j'aurais reçu
tu aurais reçu
il/elle aurait reçu
nous aurions reçu
vous auriez reçu
ils/elles auraient reçu

PASSÉ 2ᴇ FORME
j'eusse reçu
tu eusses reçu
il/elle eût reçu
nous eussions reçu
vous eussiez reçu
ils/elles eussent reçu

IMPÉRATIF

PRÉSENT
reçois
recevons
recevez

PASSÉ
aie reçu
ayons reçu
ayez reçu

INFINITIF

PRÉSENT
recevoir

PASSÉ
avoir reçu

PARTICIPE

PRÉSENT
recevant

PASSÉ
reçu/reçue
reçus/reçues

PASSÉ COMPOSÉ
ayant reçu

REMARQUE

- Dans les verbes en **-cevoir**, **c** devient **ç** devant **o** et **u** pour garder le son [s].
- *Devoir, redevoir* font au participe passé *dû, due, dus, dues* ; *redû, redue, redus, redues.*

VALOIR

3ᵉ groupe

INDICATIF

PRÉSENT

je vau**x**
tu vau**x**
il/elle vaut
nous valons
vous valez
ils/elles valent

PASSÉ COMPOSÉ

j'ai valu
tu as valu
il/elle a valu
nous avons valu
vous avez valu
ils/elles ont valu

IMPARFAIT

je valais
tu valais
il/elle valait
nous valions
vous valiez
ils/elles valaient

PLUS-QUE-PARFAIT

j'avais valu
tu avais valu
il/elle avait valu
nous avions valu
vous aviez valu
ils/elles avaient valu

PASSÉ SIMPLE

je valus
tu valus
il/elle valut
nous valûmes
vous valûtes
ils/elles valurent

PASSÉ ANTÉRIEUR

j'eus valu
tu eus valu
il/elle eut valu
nous eûmes valu
vous eûtes valu
ils/elles eurent valu

FUTUR SIMPLE

je vaudrai
tu vaudras
il/elle vaudra
nous vaudrons
vous vaudrez
ils/elles vaudront

FUTUR ANTÉRIEUR

j'aurai valu
tu auras valu
il/elle aura valu
nous aurons valu
vous aurez valu
ils/elles auront valu

SUBJONCTIF

PRÉSENT

que je vaille
que tu vailles
qu'il/elle vaille
que nous valions
que vous valiez
qu'ils/elles vaillent

IMPARFAIT

que je valusse
que tu valusses
qu'il/elle valût
que nous valussions
que vous valussiez
qu'ils/elles valussent

PASSÉ

que j'aie valu
que tu aies valu
qu'il/elle ait valu
que nous ayons valu
que vous ayez valu
qu'ils/elles aient valu

PLUS-QUE-PARFAIT

que j'eusse valu
que tu eusses valu
qu'il/elle eût valu
que nous eussions valu
que vous eussiez valu
qu'ils/elles eussent valu

| 3e groupe | | **VALOIR** | | 29a |

CONDITIONNEL

PRÉSENT	PASSÉ 1RE FORME	PASSÉ 2E FORME
je vaudrais	j'aurais valu	j'eusse valu
tu vaudrais	tu aurais valu	tu eusses valu
il/elle vaudrait	il/elle aurait valu	il/elle eût valu
nous vaudrions	nous aurions valu	nous eussions valu
vous vaudriez	vous auriez valu	vous eussiez valu
ils/elles vaudraient	ils/elles auraient valu	ils/elles eussent valu

IMPÉRATIF | INFINITIF

PRÉSENT	PASSÉ	PRÉSENT	PASSÉ
vaux	aie valu	valoir	avoir valu
valons	ayons valu		
valez	ayez valu		

PARTICIPE

PRÉSENT	PASSÉ	PASSÉ COMPOSÉ
valant	valu/value	ayant valu
	valus/values	

REMARQUE

Notez le **x** aux 1re et 2e personnes du singulier de l'indicatif présent et à la 2e personne du singulier de l'impératif présent.

29b — FALLOIR — 3ᵉ groupe

INDICATIF		SUBJONCTIF
PRÉSENT	**PASSÉ COMPOSÉ**	**PRÉSENT**
–	–	–
–	–	–
il faut	il a fallu	qu'il faille
–	–	–
–	–	–
–	–	–
IMPARFAIT	**PLUS-QUE-PARFAIT**	**IMPARFAIT**
–	–	–
–	–	–
il fallait	il avait fallu	qu'il fallût
–	–	–
–	–	–
–	–	–
PASSÉ SIMPLE	**PASSÉ ANTÉRIEUR**	**PASSÉ**
–	–	–
–	–	–
il fallut	il eut fallu	qu'il ait fallu
–	–	–
–	–	–
–	–	–
FUTUR SIMPLE	**FUTUR ANTÉRIEUR**	**PLUS-QUE-PARFAIT**
–	–	–
–	–	–
il faudra	il aura fallu	qu'il eût fallu
–	–	–
–	–	–
–	–	–

| 3e groupe | **FALLOIR** | |

CONDITIONNEL

PRÉSENT	PASSÉ 1ʳᴇ FORME	PASSÉ 2ᴇ FORME
–	–	–
–	–	–
il faudrait	il aurait fallu	il eût fallu
–	–	–
–	–	–
–	–	–

IMPÉRATIF

PRÉSENT	PASSÉ
inusité	*inusité*

INFINITIF

PRÉSENT	PASSÉ
falloir	avoir fallu

PARTICIPE

PRÉSENT	PASSÉ	PASSÉ COMPOSÉ
	fallu	ayant fallu

REMARQUE

Ce verbe est impersonnel ; beaucoup de formes sont inusitées.

VOIR

3e groupe

INDICATIF

PRÉSENT

je vois
tu vois
il/elle voit
nous voyons
vous voyez
ils/elles voient

PASSÉ COMPOSÉ

j'ai vu
tu as vu
il/elle a vu
nous avons vu
vous avez vu
ils/elles ont vu

IMPARFAIT

je voyais
tu voyais
il/elle voyait
nous voyions
vous voyiez
ils/elles voyaient

PLUS-QUE-PARFAIT

j'avais vu
tu avais vu
il/elle avait vu
nous avions vu
vous aviez vu
ils/elles avaient vu

PASSÉ SIMPLE

je vis
tu vis
il/elle vit
nous vîmes
vous vîtes
ils/elles virent

PASSÉ ANTÉRIEUR

j'eus vu
tu eus vu
il/elle eut vu
nous eûmes vu
vous eûtes vu
ils/elles eurent vu

FUTUR SIMPLE

je verrai
tu verras
il/elle verra
nous verrons
vous verrez
ils/elles verront

FUTUR ANTÉRIEUR

j'aurai vu
tu auras vu
il/elle aura vu
nous aurons vu
vous aurez vu
ils/elles auront vu

SUBJONCTIF

PRÉSENT

que je voie
que tu voies
qu'il/elle voie
que nous voyions
que vous voyiez
qu'ils/elles voient

IMPARFAIT

que je visse
que tu visses
qu'il/elle vît
que nous vissions
que vous vissiez
qu'ils/elles vissent

PASSÉ

que j'aie vu
que tu aies vu
qu'il/elle ait vu
que nous ayons vu
que vous ayez vu
qu'ils/elles aient vu

PLUS-QUE-PARFAIT

que j'eusse vu
que tu eusses vu
qu'il/elle eût vu
que nous eussions vu
que vous eussiez vu
qu'ils/elles eussent vu

3e groupe	**VOIR**

CONDITIONNEL

PRÉSENT **PASSÉ 1ʳᴱ FORME** **PASSÉ 2ᴱ FORME**

je verrais   j'aurais vu   j'eusse vu
tu verrais   tu aurais vu   tu eusses vu
il/elle verrait   il/elle aurait vu   il/elle eût vu
nous verrions   nous aurions vu   nous eussions vu
vous verriez   vous auriez vu   vous eussiez vu
ils/elles verraient ils/elles auraient vu   ils/elles eussent vu

IMPÉRATIF | INFINITIF

PRÉSENT **PASSÉ**   **PRÉSENT** **PASSÉ**

vois   aie vu   voir   avoir vu
voyons   ayons vu
voyez   ayez vu

PARTICIPE

PRÉSENT **PASSÉ**   **PASSÉ COMPOSÉ**

voyant   vu / vue   ayant vu
             vus / vues

....

REMARQUE

Attention de ne pas oublier le iaux 1ʳᵉ et 2ᵉ personnes du pluriel de l'imparfait de l'indicatif et du présent du subjonctif *(nous voyions, vous voyiez)*.

VOULOIR

3e groupe

INDICATIF

PRÉSENT

je veux
tu veux
il/elle veut
nous voulons
vous voulez
ils/elles veulent

PASSÉ COMPOSÉ

j'ai voulu
tu as voulu
il/elle a voulu
nous avons voulu
vous avez voulu
ils/elles ont voulu

IMPARFAIT

je voulais
tu voulais
il/elle voulait
nous voulions
vous vouliez
ils/elles voulaient

PLUS-QUE-PARFAIT

j'avais voulu
tu avais voulu
il/elle avait voulu
nous avions voulu
vous aviez voulu
ils/elles avaient voulu

PASSÉ SIMPLE

je voulus
tu voulus
il/elle voulut
nous voulûmes
vous voulûtes
ils/elles voulurent

PASSÉ ANTÉRIEUR

j'eus voulu
tu eus voulu
il/elle eut voulu
nous eûmes voulu
vous eûtes voulu
ils/elles eurent voulu

FUTUR SIMPLE

je voudrai
tu voudras
il/elle voudra
nous voudrons
vous voudrez
ils/elles voudront

FUTUR ANTÉRIEUR

j'aurai voulu
tu auras voulu
il/elle aura voulu
nous aurons voulu
vous aurez voulu
ils/elles auront voulu

SUBJONCTIF

PRÉSENT

que je veuille
que tu veuilles
qu'il/elle veuille
que nous voulions
que vous vouliez
qu'ils/elles veuillent

IMPARFAIT

que je voulusse
que tu voulusses
qu'il/elle voulût
que nous voulussions
que vous voulussiez
qu'ils/elles voulussent

PASSÉ

que j'aie voulu
que tu aies voulu
qu'il/elle ait voulu
que nous ayons voulu
que vous ayez voulu
qu'ils/elles aient voulu

PLUS-QUE-PARFAIT

que j'eusse voulu
que tu eusses voulu
qu'il/elle eût voulu
que nous eussions voulu
que vous eussiez voulu
qu'ils/elles eussent voulu

| 3e groupe | **VOULOIR** | 31 |

CONDITIONNEL

PRÉSENT

je voudrais
tu voudrais
il/elle voudrait
nous voudrions
vous voudriez
ils/elles voudraient

PASSÉ 1RE FORME

j'aurais voulu
tu aurais voulu
il/elle aurait voulu
nous aurions voulu
vous auriez voulu
ils/elles auraient voulu

PASSÉ 2E FORME

j'eusse voulu
tu eusses voulu
il/elle eût voulu
nous eussions voulu
vous eussiez voulu
ils/elles eussent voulu

IMPÉRATIF

PRÉSENT

veux *ou* veuille
voulons
voulez *ou* veuillez

PASSÉ

aie voulu
ayons voulu
ayez voulu

INFINITIF

PRÉSENT

vouloir

PASSÉ

avoir voulu

PARTICIPE

PRÉSENT

voulant

PASSÉ

voulu/voulue
voulus/voulues

PASSÉ COMPOSÉ

ayant voulu

....

REMARQUE

L'impératif *veux, voulons, voulez* est rare sauf au négatif dans les expressions : *ne m'en veux pas, ne m'en voulez pas*. L'impératif *veuillez* est d'un emploi formel *(veuillez agréer...)*.

SAVOIR

3e groupe

INDICATIF		SUBJONCTIF
PRÉSENT	**PASSÉ COMPOSÉ**	**PRÉSENT**
je sais	j'ai su	que je sache
tu sais	tu as su	que tu saches
il/elle sait	il/elle a su	qu'il/elle sache
nous savons	nous avons su	que nous sachions
vous savez	vous avez su	que vous sachiez
ils/elles savent	ils/elles ont su	qu'ils/elles sachent
IMPARFAIT	**PLUS-QUE-PARFAIT**	**IMPARFAIT**
je savais	j'avais su	que je susse
tu savais	tu avais su	que tu susses
il/elle savait	il/elle avait su	qu'il/elle sût
nous savions	nous avions su	que nous sussions
vous saviez	vous aviez su	que vous sussiez
ils/elles savaient	ils/elles avaient su	qu'ils/elles sussent
PASSÉ SIMPLE	**PASSÉ ANTÉRIEUR**	**PASSÉ**
je sus	j'eus su	que j'aie su
tu sus	tu eus su	que tu aies su
il/elle sut	il/elle eut su	qu'il/elle ait su
nous sûmes	nous eûmes su	que nous ayons su
vous sûtes	vous eûtes su	que vous ayez su
ils/elles surent	ils/elles eurent su	qu'ils/elles aient su
FUTUR SIMPLE	**FUTUR ANTÉRIEUR**	**PLUS-QUE-PARFAIT**
je saurai	j'aurai su	que j'eusse su
tu sauras	tu auras su	que tu eusses su
il/elle saura	il/elle aura su	qu'il/elle eût su
nous saurons	nous aurons su	que nous eussions su
vous saurez	vous aurez su	que vous eussiez su
ils/elles sauront	ils/elles auront su	qu'ils/elles eussent su

| 3e groupe | **SAVOIR** |

CONDITIONNEL

PRÉSENT	PASSÉ 1RE FORME	PASSÉ 2^E FORME
je saurais	j'aurais su	j'eusse su
tu saurais	tu aurais su	tu eusses su
il/elle saurait	il/elle aurait su	il/elle eût su
nous saurions	nous aurions su	nous eussions su
vous sauriez	vous auriez su	vous eussiez su
ils/elles sauraient	ils/elles auraient su	ils/elles eussent su

IMPÉRATIF

PRÉSENT	PASSÉ
sache	aie su
sachons	ayons su
sachez	ayez su

INFINITIF

PRÉSENT	PASSÉ
savoir	avoir su

PARTICIPE

PRÉSENT	PASSÉ	PASSÉ COMPOSÉ
sachant	su/sue sus/sues	ayant su

33 — POUVOIR — 3ᵉ groupe

INDICATIF

PRÉSENT

je peux *ou* je puis
tu peux
il/elle peut
nous pouvons
vous pouvez
ils/elles peuvent

PASSÉ COMPOSÉ

j'ai pu
tu as pu
il/elle a pu
nous avons pu
vous avez pu
ils/elles ont pu

IMPARFAIT

je pouvais
tu pouvais
il/elle pouvait
nous pouvions
vous pouviez
ils/elles pouvaient

PLUS-QUE-PARFAIT

j'avais pu
tu avais pu
il/elle avait pu
nous avions pu
vous aviez pu
ils/elles avaient pu

PASSÉ SIMPLE

je pus
tu pus
il/elle put
nous pûmes
vous pûtes
ils/elles purent

PASSÉ ANTÉRIEUR

j'eus pu
tu eus pu
il/elle eut pu
nous eûmes pu
vous eûtes pu
ils/elles eurent pu

FUTUR SIMPLE

je pourrai
tu pourras
il/elle pourra
nous pourrons
vous pourrez
ils/elles pourront

FUTUR ANTÉRIEUR

j'aurai pu
tu auras pu
il/elle aura pu
nous aurons pu
vous aurez pu
ils/elles auront pu

SUBJONCTIF

PRÉSENT

que je puisse
que tu puisses
qu'il/elle puisse
que nous puissions
que vous puissiez
qu'ils/elles puissent

IMPARFAIT

que je pusse
que tu pusses
qu'il/elle pût
que nous pussions
que vous pussiez
qu'ils/elles pussent

PASSÉ

que j'aie pu
que tu aies pu
qu'il/elle ait pu
que nous ayons pu
que vous ayez pu
qu'ils/elles aient pu

PLUS-QUE-PARFAIT

que j'eusse pu
que tu eusses pu
qu'il/elle eût pu
que nous eussions pu
que vous eussiez pu
qu'ils/elles eussent pu

3e groupe	**POUVOIR**

CONDITIONNEL

PRÉSENT

je pourrais
tu pourrais
il/elle pourrait
nous pourrions
vous pourriez
ils/elles pourraient

PASSÉ 1ʳᴱ FORME

j'aurais pu
tu aurais pu
il/elle aurait pu
nous aurions pu
vous auriez pu
ils/elles auraient pu

PASSÉ 2ᴱ FORME

j'eusse pu
tu eusses pu
il/elle eût pu
nous eussions pu
vous eussiez pu
ils/elles eussent pu

IMPÉRATIF		INFINITIF	
PRÉSENT	**PASSÉ**	**PRÉSENT**	**PASSÉ**
inusité	*inusité*	pouvoir	avoir pu

PARTICIPE

PRÉSENT	**PASSÉ**	**PASSÉ COMPOSÉ**
pouvant	pu	ayant pu

....

REMARQUE

À la forme interrogative, seule la forme *puis* est en usage *(puis-je venir ?)*. *Puis* est plus recherché que *peux* à la forme négative, et encore plus à l'affirmative.

AVOIR

3e groupe

INDICATIF

PRÉSENT
j'ai
tu as
il/elle a
nous avons
vous avez
ils/elles ont

PASSÉ COMPOSÉ
j'ai eu
tu as eu
il/elle a eu
nous avons eu
vous avez eu
ils/elles ont eu

IMPARFAIT
j'avais
tu avais
il/elle avait
nous avions
vous aviez
ils/elles avaient

PLUS-QUE-PARFAIT
j'avais eu
tu avais eu
il/elle avait eu
nous avions eu
vous aviez eu
ils/elles avaient eu

PASSÉ SIMPLE
j'eus
tu eus
il/elle eut
nous eûmes
vous eûtes
ils/elles eurent

PASSÉ ANTÉRIEUR
j'eus eu
tu eus eu
il/elle eut eu
nous eûmes eu
vous eûtes eu
ils/elles eurent eu

FUTUR SIMPLE
j'aurai
tu auras
il/elle aura
nous aurons
vous aurez
ils/elles auront

FUTUR ANTÉRIEUR
j'aurai eu
tu auras eu
il/elle aura eu
nous aurons eu
vous aurez eu
ils/elles auront eu

SUBJONCTIF

PRÉSENT
que j'aie
que tu aies
qu'il/elle ait
que nous ayons
que vous ayez
qu'ils/elles aient

IMPARFAIT
que j'eusse
que tu eusses
qu'il/elle eût
que nous eussions
que vous eussiez
qu'ils/elles eussent

PASSÉ
que j'aie eu
que tu aies eu
qu'il/elle ait eu
que nous ayons eu
que vous ayez eu
qu'ils/elles aient eu

PLUS-QUE-PARFAIT
que j'eusse eu
que tu eusses eu
qu'il/elle eût eu
que nous eussions eu
que vous eussiez eu
qu'ils/elles eussent eu

| 3e groupe | | **AVOIR** | |

CONDITIONNEL

PRÉSENT	PASSÉ 1RE FORME	PASSÉ 2E FORME
j'aurais	j'aurais eu	j'eusse eu
tu aurais	tu aurais eu	tu eusses eu
il/elle aurait	il/elle aurait eu	il/elle eût eu
nous aurions	nous aurions eu	nous eussions eu
vous auriez	vous auriez eu	vous eussiez eu
ils/elles auraient	ils/elles auraient eu	ils/elles eussent eu

IMPÉRATIF | INFINITIF

PRÉSENT	PASSÉ	PRÉSENT	PASSÉ
aie	aie eu	avoir	avoir eu
ayons	ayons eu		
ayez	ayez eu		

PARTICIPE

PRÉSENT	PASSÉ	PASSÉ COMPOSÉ
ayant	eu/eue	ayant eu
	eus/eues	

REMARQUE

- Attention, au subjonctif présent *ayez, ayons* ne prennent pas de **i** (à la différence de *payions, payiez*).
- Le passé composé de **avoir** sert à former le passé surcomposé d'autres verbes *(quand j'ai eu fini)*.

➤ *LE VERBE, FORMES ET EMPLOIS.*

CONCLURE

3e groupe

INDICATIF

PRÉSENT
je conclus
tu conclus
il/elle conclut
nous concluons
vous concluez
ils/elles concluent

PASSÉ COMPOSÉ
j'ai conclu
tu as conclu
il/elle a conclu
nous avons conclu
vous avez conclu
ils/elles ont conclu

IMPARFAIT
je concluais
tu concluais
il/elle concluait
nous concluions
vous concluiez
ils/elles concluaient

PLUS-QUE-PARFAIT
j'avais conclu
tu avais conclu
il/elle avait conclu
nous avions conclu
vous aviez conclu
ils/elles avaient conclu

PASSÉ SIMPLE
je conclus
tu conclus
il/elle conclut
nous conclûmes
vous conclûtes
ils/elles conclurent

PASSÉ ANTÉRIEUR
j'eus conclu
tu eus conclu
il/elle eut conclu
nous eûmes conclu
vous eûtes conclu
ils/elles eurent conclu

FUTUR SIMPLE
je conclurai
tu concluras
il/elle conclura
nous conclurons
vous conclurez
ils/elles concluront

FUTUR ANTÉRIEUR
j'aurai conclu
tu auras conclu
il/elle aura conclu
nous aurons conclu
vous aurez conclu
ils/elles auront conclu

SUBJONCTIF

PRÉSENT
que je conclue
que tu conclues
qu'il/elle conclue
que nous concluions
que vous concluiez
qu'ils/elles concluent

IMPARFAIT
que je conclusse
que tu conclusses
qu'il/elle conclût
que nous conclussions
que vous conclussiez
qu'ils/elles conclussent

PASSÉ
que j'aie conclu
que tu aies conclu
qu'il/elle ait conclu
que nous ayons conclu
que vous ayez conclu
qu'ils/elles aient conclu

PLUS-QUE-PARFAIT
que j'eusse conclu
que tu eusses conclu
qu'il/elle eût conclu
que nous eussions conclu
que vous eussiez conclu
qu'ils/elles eussent conclu

| 3ᵉ groupe | **CONCLURE** |

CONDITIONNEL

PRÉSENT
je conclurais
tu conclurais
il/elle conclurait
nous conclurions
vous concluriez
ils/elles concluraient

PASSÉ 1ʳᴱ FORME
j'aurais conclu
tu aurais conclu
il/elle aurait conclu
nous aurions conclu
vous auriez conclu
ils/elles auraient conclu

PASSÉ 2ᴱ FORME
j'eusse conclu
tu eusses conclu
il/elle eût conclu
nous eussions conclu
vous eussiez conclu
ils/elles eussent conclu

IMPÉRATIF

PRÉSENT
conclus
concluons
concluez

PASSÉ
aie conclu
ayons conclu
ayez conclu

INFINITIF

PRÉSENT
conclure

PASSÉ
avoir conclu

PARTICIPE

PRÉSENT
concluant

PASSÉ
conclu / conclue
conclus / conclues

PASSÉ COMPOSÉ
ayant conclu

REMARQUE

Notez que *exclure* et *conclure* font au participe passé *exclu, ue* ; *conclu, ue* tandis que *inclure* et *occlure* font au participe passé *inclus, use* ; *occlus, use*.

RIRE

3e groupe

INDICATIF		SUBJONCTIF
PRÉSENT	**PASSÉ COMPOSÉ**	**PRÉSENT**
je ris	j'ai ri	que je rie
tu ris	tu as ri	que tu ries
il/elle rit	il/elle a ri	qu'il/elle rie
nous rions	nous avons ri	que nous riions
vous riez	vous avez ri	que vous riiez
ils/elles rient	ils/elles ont ri	qu'ils/elles rient
IMPARFAIT	**PLUS-QUE-PARFAIT**	**IMPARFAIT**
je riais	j'avais ri	que je risse
tu riais	tu avais ri	que tu risses
il/elle riait	il/elle avait ri	qu'il/elle rît
nous riions	nous avions ri	que nous rissions
vous riiez	vous aviez ri	que vous rissiez
ils/elles riaient	ils/elles avaient ri	qu'ils/elles rissent
PASSÉ SIMPLE	**PASSÉ ANTÉRIEUR**	**PASSÉ**
je ris	j'eus ri	que j'aie ri
tu ris	tu eus ri	que tu aies ri
il/elle rit	il/elle eut ri	qu'il/elle ait ri
nous rîmes	nous eûmes ri	que nous ayons ri
vous rîtes	vous eûtes ri	que vous ayez ri
ils/elles rirent	ils/elles eurent ri	qu'ils/elles aient ri
FUTUR SIMPLE	**FUTUR ANTÉRIEUR**	**PLUS-QUE-PARFAIT**
je rirai	j'aurai ri	que j'eusse ri
tu riras	tu auras ri	que tu eusses ri
il/elle rira	il/elle aura ri	qu'il/elle eût ri
nous rirons	nous aurons ri	que nous eussions ri
vous rirez	vous aurez ri	que vous eussiez ri
ils/elles riront	ils/elles auront ri	qu'ils/elles eussent ri

3e groupe	**RIRE**

CONDITIONNEL

PRÉSENT	PASSÉ 1RE FORME	PASSÉ 2E FORME
je rirais	j'aurais ri	j'eusse ri
tu rirais	tu aurais ri	tu eusses ri
il/elle rirait	il/elle aurait ri	il/elle eût ri
nous ririons	nous aurions ri	nous eussions ri
vous ririez	vous auriez ri	vous eussiez ri
ils/elles riraient	ils/elles auraient ri	ils/elles eussent ri

IMPÉRATIF

PRÉSENT	PASSÉ
ris	aie ri
rions	ayons ri
riez	ayez ri

INFINITIF

PRÉSENT	PASSÉ
rire	avoir ri

PARTICIPE

PRÉSENT	PASSÉ	PASSÉ COMPOSÉ
riant	ri	ayant ri

REMARQUE

Attention aux deux **i** aux 1re et 2e personnes du pluriel de l'imparfait de l'indicatif et du présent du subjonctif *(nous riions, vous riiez)*.

37a — DIRE — 3ᵉ groupe

INDICATIF

PRÉSENT

je dis
tu dis
il/elle dit
nous disons
vous **dites**
ils/elles disent

PASSÉ COMPOSÉ

j'ai dit
tu as dit
il/elle a dit
nous avons dit
vous avez dit
ils/elles ont dit

IMPARFAIT

je disais
tu disais
il/elle disait
nous disions
vous disiez
ils/elles disaient

PLUS-QUE-PARFAIT

j'avais dit
tu avais dit
il/elle avait dit
nous avions dit
vous aviez dit
ils/elles avaient dit

PASSÉ SIMPLE

je dis
tu dis
il/elle dit
nous dîmes
vous dîtes
ils/elles dirent

PASSÉ ANTÉRIEUR

j'eus dit
tu eus dit
il/elle eut dit
nous eûmes dit
vous eûtes dit
ils/elles eurent dit

FUTUR SIMPLE

je dirai
tu diras
il/elle dira
nous dirons
vous direz
ils/elles diront

FUTUR ANTÉRIEUR

j'aurai dit
tu auras dit
il/elle aura dit
nous aurons dit
vous aurez dit
ils/elles auront dit

SUBJONCTIF

PRÉSENT

que je dise
que tu dises
qu'il/elle dise
que nous disions
que vous disiez
qu'ils/elles disent

IMPARFAIT

que je disse
que tu disses
qu'il/elle dît
que nous dissions
que vous dissiez
qu'ils/elles dissent

PASSÉ

que j'aie dit
que tu aies dit
qu'il/elle ait dit
que nous ayons dit
que vous ayez dit
qu'ils/elles aient dit

PLUS-QUE-PARFAIT

que j'eusse dit
que tu eusses dit
qu'il/elle eût dit
que nous eussions dit
que vous eussiez dit
qu'ils/elles eussent dit

| 3e groupe | | **DIRE** |

CONDITIONNEL

PRÉSENT	**PASSÉ 1RE FORME**	**PASSÉ 2E FORME**
je dirais	j'aurais dit	j'eusse dit
tu dirais	tu aurais dit	tu eusses dit
il/elle dirait	il/elle aurait dit	il/elle eût dit
nous dirions	nous aurions dit	nous eussions dit
vous diriez	vous auriez dit	vous eussiez dit
ils/elles diraient	ils/elles auraient dit	ils/elles eussent dit

IMPÉRATIF

PRÉSENT	**PASSÉ**
dis	aie dit
disons	ayons dit
dites	ayez dit

INFINITIF

PRÉSENT	**PASSÉ**
dire	avoir dit

PARTICIPE

PRÉSENT	**PASSÉ**	**PASSÉ COMPOSÉ**
disant	dit/dite	ayant dit
	dits/dites	

REMARQUE

- *Médire, contredire, dédire, interdire, prédire* se conjuguent comme **dire** sauf au présent de l'indicatif et de l'impératif à la 2e personne du pluriel : *médisez, contredisez, dédisez, interdisez, prédisez*. Mais *redire* fait *vous redites*.

- *Maudire* se conjugue comme **finir** sauf au participe passé *(maudit, ite)* et à l'infinitif.

- Les 2e personnes du pluriel du présent de l'indicatif et du subjonctif sont irrégulières : *vous dites*.

➤ *LE VERBE, FORMES ET EMPLOIS.*

37b — SUFFIRE — 3ᵉ groupe

INDICATIF

PRÉSENT
je suffis
tu suffis
il/elle suffit
nous suffisons
vous suffisez
ils/elles suffisent

PASSÉ COMPOSÉ
j'ai suffi
tu as suffi
il/elle a suffi
nous avons suffi
vous avez suffi
ils/elles ont suffi

IMPARFAIT
je suffisais
tu suffisais
il/elle suffisait
nous suffisions
vous suffisiez
ils/elles suffisaient

PLUS-QUE-PARFAIT
j'avais suffi
tu avais suffi
il/elle avait suffi
nous avions suffi
vous aviez suffi
ils/elles avaient suffi

PASSÉ SIMPLE
je suffis
tu suffis
il/elle suffit
nous suffîmes
vous suffîtes
ils/elles suffirent

PASSÉ ANTÉRIEUR
j'eus suffi
tu eus suffi
il/elle eut suffi
nous eûmes suffi
vous eûtes suffi
ils/elles eurent suffi

FUTUR SIMPLE
je suffirai
tu suffiras
il/elle suffira
nous suffirons
vous suffirez
ils/elles suffiront

FUTUR ANTÉRIEUR
j'aurai suffi
tu auras suffi
il/elle aura suffi
nous aurons suffi
vous aurez suffi
ils/elles auront suffi

SUBJONCTIF

PRÉSENT
que je suffise
que tu suffises
qu'il/elle suffise
que nous suffisions
que vous suffisiez
qu'ils/elles suffisent

IMPARFAIT
que je suffisse
que tu suffisses
qu'il/elle suffît
que nous suffissions
que vous suffissiez
qu'ils/elles suffissent

PASSÉ
que j'aie suffi
que tu aies suffi
qu'il/elle ait suffi
que nous ayons suffi
que vous ayez suffi
qu'ils/elles aient suffi

PLUS-QUE-PARFAIT
que j'eusse suffi
que tu eusses suffi
qu'il/elle eût suffi
que nous eussions suffi
que vous eussiez suffi
qu'ils/elles eussent suffi

| 3e groupe | **SUFFIRE** | **37b** |

CONDITIONNEL

PRÉSENT	PASSÉ 1RE FORME	PASSÉ 2E FORME
je suffirais	j'aurais suffi	j'eusse suffi
tu suffirais	tu aurais suffi	tu eusses suffi
il/elle suffirait	il/elle aurait suffi	il/elle eût suffi
nous suffirions	nous aurions suffi	nous eussions suffi
vous suffiriez	vous auriez suffi	vous eussiez suffi
ils/elles suffiraient	ils/elles auraient suffi	ils/elles eussent suffi

IMPÉRATIF		INFINITIF	
PRÉSENT	PASSÉ	PRÉSENT	PASSÉ
suffis	aie suffi	suffire	avoir suffi
suffisons	ayons suffi		
suffisez	ayez suffi		

PARTICIPE

PRÉSENT	PASSÉ	PASSÉ COMPOSÉ
suffisant	suffi	ayant suffi

REMARQUE

Cette série comprend les verbes *suffire*, *confire* et *circoncire*, qui diffèrent cependant par leurs participes passés : *suffi* (inv.) ; *confit, ite* ; *circoncis, ise* (variables).

38a — NUIRE — 3ᵉ groupe

INDICATIF

PRÉSENT
je nuis
tu nuis
il/elle nuit
nous nuisons
vous nuisez
ils/elles nuisent

PASSÉ COMPOSÉ
j'ai nui
tu as nui
il/elle a nui
nous avons nui
vous avez nui
ils/elles ont nui

IMPARFAIT
je nuisais
tu nuisais
il/elle nuisait
nous nuisions
vous nuisiez
ils/elles nuisaient

PLUS-QUE-PARFAIT
j'avais nui
tu avais nui
il/elle avait nui
nous avions nui
vous aviez nui
ils/elles avaient nui

PASSÉ SIMPLE
je nuisis
tu nuisis
il/elle nuisit
nous nuisîmes
vous nuisîtes
ils/elles nuisirent

PASSÉ ANTÉRIEUR
j'eus nui
tu eus nui
il/elle eut nui
nous eûmes nui
vous eûtes nui
ils/elles eurent nui

FUTUR SIMPLE
je nuirai
tu nuiras
il/elle nuira
nous nuirons
vous nuirez
ils/elles nuiront

FUTUR ANTÉRIEUR
j'aurai nui
tu auras nui
il/elle aura nui
nous aurons nui
vous aurez nui
ils/elles auront nui

SUBJONCTIF

PRÉSENT
que je nuise
que tu nuises
qu'il/elle nuise
que nous nuisions
que vous nuisiez
qu'ils/elles nuisent

IMPARFAIT
que je nuisisse
que tu nuisisses
qu'il/elle nuisît
que nous nuisissions
que vous nuisissiez
qu'ils/elles nuisissent

PASSÉ
que j'aie nui
que tu aies nui
qu'il/elle ait nui
que nous ayons nui
que vous ayez nui
qu'ils/elles aient nui

PLUS-QUE-PARFAIT
que j'eusse nui
que tu eusses nui
qu'il/elle eût nui
que nous eussions nui
que vous eussiez nui
qu'ils/elles eussent nui

| 3e groupe | **NUIRE** | 38a |

CONDITIONNEL

PRÉSENT	PASSÉ 1RE FORME	PASSÉ 2^E FORME
je nuirais	j'aurais nui	j'eusse nui
tu nuirais	tu aurais nui	tu eusses nui
il/elle nuirait	il/elle aurait nui	il/elle eût nui
nous nuirions	nous aurions nui	nous eussions nui
vous nuiriez	vous auriez nui	vous eussiez nui
ils/elles nuiraient	ils/elles auraient nui	ils/elles eussent nui

IMPÉRATIF

PRÉSENT	PASSÉ
nuis	aie nui
nuisons	ayons nui
nuisez	ayez nui

INFINITIF

PRÉSENT	PASSÉ
nuire	avoir nui

PARTICIPE

PRÉSENT	PASSÉ	PASSÉ COMPOSÉ
nuisant	nui	ayant nui

REMARQUE

Nuire, *luire* et *reluire* ont un participe passé invariable.

38b CONDUIRE 3e groupe

INDICATIF

PRÉSENT
je conduis
tu conduis
il/elle conduit
nous conduisons
vous conduisez
ils/elles conduisent

PASSÉ COMPOSÉ
j'ai conduit
tu as conduit
il/elle a conduit
nous avons conduit
vous avez conduit
ils/elles ont conduit

IMPARFAIT
je conduisais
tu conduisais
il/elle conduisait
nous conduisions
vous conduisiez
ils/elles conduisaient

PLUS-QUE-PARFAIT
j'avais conduit
tu avais conduit
il/elle avait conduit
nous avions conduit
vous aviez conduit
ils/elles avaient conduit

PASSÉ SIMPLE
je conduisis
tu conduisis
il/elle conduisit
nous conduisîmes
vous conduisîtes
ils/elles conduisirent

PASSÉ ANTÉRIEUR
j'eus conduit
tu eus conduit
il/elle eut conduit
nous eûmes conduit
vous eûtes conduit
ils/elles eurent conduit

FUTUR SIMPLE
je conduirai
tu conduiras
il/elle conduira
nous conduirons
vous conduirez
ils/elles conduiront

FUTUR ANTÉRIEUR
j'aurai conduit
tu auras conduit
il/elle aura conduit
nous aurons conduit
vous aurez conduit
ils/elles auront conduit

SUBJONCTIF

PRÉSENT
que je conduise
que tu conduises
qu'il/elle conduise
que nous conduisions
que vous conduisiez
qu'ils/elles conduisent

IMPARFAIT
que je conduisisse
que tu conduisisses
qu'il/elle conduisît
que nous conduisissions
que vous conduisissiez
qu'ils/elles conduisissent

PASSÉ
que j'aie conduit
que tu aies conduit
qu'il/elle ait conduit
que nous ayons conduit
que vous ayez conduit
qu'ils/elles aient conduit

PLUS-QUE-PARFAIT
que j'eusse conduit
que tu eusses conduit
qu'il/elle eût conduit
que nous eussions conduit
que vous eussiez conduit
qu'ils/elles eussent conduit

| 3ᵉ groupe | **CONDUIRE** | **38b** |

CONDITIONNEL

PRÉSENT
je conduirais
tu conduirais
il/elle conduirait
nous conduirions
vous conduiriez
ils/elles conduiraient

PASSÉ 1ʳᴇ FORME
j'aurais conduit
tu aurais conduit
il/elle aurait conduit
nous aurions conduit
vous auriez conduit
ils/elles auraient conduit

PASSÉ 2ᴇ FORME
j'eusse conduit
tu eusses conduit
il/elle eût conduit
nous eussions conduit
vous eussiez conduit
ils/elles eussent conduit

IMPÉRATIF

PRÉSENT
conduis
conduisons
conduisez

PASSÉ
aie conduit
ayons conduit
ayez conduit

INFINITIF

PRÉSENT
conduire

PASSÉ
avoir conduit

PARTICIPE

PRÉSENT
conduisant

PASSÉ
conduit/conduite
conduits/conduites

PASSÉ COMPOSÉ
ayant conduit

ÉCRIRE

3e groupe

INDICATIF		SUBJONCTIF
PRÉSENT	**PASSÉ COMPOSÉ**	**PRÉSENT**
j'écris	j'ai écrit	que j'écrive
tu écris	tu as écrit	que tu écrives
il/elle écrit	il/elle a écrit	qu'il/elle écrive
nous écrivons	nous avons écrit	que nous écrivions
vous écrivez	vous avez écrit	que vous écriviez
ils/elles écrivent	ils/elles ont écrit	qu'ils/elles écrivent
IMPARFAIT	**PLUS-QUE-PARFAIT**	**IMPARFAIT**
j'écrivais	j'avais écrit	que j'écrivisse
tu écrivais	tu avais écrit	que tu écrivisses
il/elle écrivait	il/elle avait écrit	qu'il/elle écrivît
nous écrivions	nous avions écrit	que nous écrivissions
vous écriviez	vous aviez écrit	que vous écrivissiez
ils/elles écrivaient	ils/elles avaient écrit	qu'ils/elles écrivissent
PASSÉ SIMPLE	**PASSÉ ANTÉRIEUR**	**PASSÉ**
j'écrivis	j'eus écrit	que j'aie écrit
tu écrivis	tu eus écrit	que tu aies écrit
il/elle écrivit	il/elle eut écrit	qu'il/elle ait écrit
nous écrivîmes	nous eûmes écrit	que nous ayons écrit
vous écrivîtes	vous eûtes écrit	que vous ayez écrit
ils/elles écrivirent	ils/elles eurent écrit	qu'ils/elles aient écrit
FUTUR SIMPLE	**FUTUR ANTÉRIEUR**	**PLUS-QUE-PARFAIT**
j'écrirai	j'aurai écrit	que j'eusse écrit
tu écriras	tu auras écrit	que tu eusses écrit
il/elle écrira	il/elle aura écrit	qu'il/elle eût écrit
nous écrirons	nous aurons écrit	que nous eussions écrit
vous écrirez	vous aurez écrit	que vous eussiez écrit
ils/elles écriront	ils/elles auront écrit	qu'ils/elles eussent écrit

3ᵉ groupe — ÉCRIRE

CONDITIONNEL

PRÉSENT
j'écrirais
tu écrirais
il/elle écrirait
nous écririons
vous écririez
ils/elles écriraient

PASSÉ 1ʳᵉ FORME
j'aurais écrit
tu aurais écrit
il/elle aurait écrit
nous aurions écrit
vous auriez écrit
ils/elles auraient écrit

PASSÉ 2ᴱ FORME
j'eusse écrit
tu eusses écrit
il/elle eût écrit
nous eussions écrit
vous eussiez écrit
ils/elles eussent écrit

IMPÉRATIF

PRÉSENT
écris
écrivons
écrivez

PASSÉ
aie écrit
ayons écrit
ayez écrit

INFINITIF

PRÉSENT
écrire

PASSÉ
avoir écrit

PARTICIPE

PRÉSENT
écrivant

PASSÉ
écrit/écrite
écrits/écrites

PASSÉ COMPOSÉ
ayant écrit

40 SUIVRE — 3e groupe

INDICATIF		SUBJONCTIF
PRÉSENT	**PASSÉ COMPOSÉ**	**PRÉSENT**
je suis	j'ai suivi	que je suive
tu suis	tu as suivi	que tu suives
il/elle suit	il/elle a suivi	qu'il/elle suive
nous suivons	nous avons suivi	que nous suivions
vous suivez	vous avez suivi	que vous suiviez
ils/elles suivent	ils/elles ont suivi	qu'ils/elles suivent
IMPARFAIT	**PLUS-QUE-PARFAIT**	**IMPARFAIT**
je suivais	j'avais suivi	que je suivisse
tu suivais	tu avais suivi	que tu suivisses
il/elle suivait	il/elle avait suivi	qu'il/elle suivît
nous suivions	nous avions suivi	que nous suivissions
vous suiviez	vous aviez suivi	que vous suivissiez
ils/elles suivaient	ils/elles avaient suivi	qu'ils/elles suivissent
PASSÉ SIMPLE	**PASSÉ ANTÉRIEUR**	**PASSÉ**
je suivis	j'eus suivi	que j'aie suivi
tu suivis	tu eus suivi	que tu aies suivi
il/elle suivit	il/elle eut suivi	qu'il/elle ait suivi
nous suivîmes	nous eûmes suivi	que nous ayons suivi
vous suivîtes	vous eûtes suivi	que vous ayez suivi
ils/elles suivirent	ils/elles eurent suivi	qu'ils/elles aient suivi
FUTUR SIMPLE	**FUTUR ANTÉRIEUR**	**PLUS-QUE-PARFAIT**
je suivrai	j'aurai suivi	que j'eusse suivi
tu suivras	tu auras suivi	que tu eusses suivi
il/elle suivra	il/elle aura suivi	qu'il/elle eût suivi
nous suivrons	nous aurons suivi	que nous eussions suivi
vous suivrez	vous aurez suivi	que vous eussiez suivi
ils/elles suivront	ils/elles auront suivi	qu'ils/elles eussent suivi

| 3e groupe | **SUIVRE** | |

CONDITIONNEL

PRÉSENT

je suivrais
tu suivrais
il/elle suivrait
nous suivrions
vous suivriez
ils/elles suivraient

PASSÉ 1RE FORME

j'aurais suivi
tu aurais suivi
il/elle aurait suivi
nous aurions suivi
vous auriez suivi
ils/elles auraient suivi

PASSÉ 2^E FORME

j'eusse suivi
tu eusses suivi
il/elle eût suivi
nous eussions suivi
vous eussiez suivi
ils/elles eussent suivi

IMPÉRATIF

PRÉSENT

suis
suivons
suivez

PASSÉ

aie suivi
ayons suivi
ayez suivi

INFINITIF

PRÉSENT

suivre

PASSÉ

avoir suivi

PARTICIPE

PRÉSENT

suivant

PASSÉ

suivi / suivie
suivis / suivies

PASSÉ COMPOSÉ

ayant suivi

REMARQUE

Cette série regroupe les composés de *suivre*. *S'ensuivre*, verbe pronominal, forme ses temps composés avec *être* et n'est employé qu'aux 3e personnes et à l'infinitif.

41a RENDRE — 3e groupe

INDICATIF

PRÉSENT

je rends
tu rends
il/elle rend
nous rendons
vous rendez
ils/elles rendent

PASSÉ COMPOSÉ

j'ai rendu
tu as rendu
il/elle a rendu
nous avons rendu
vous avez rendu
ils/elles ont rendu

IMPARFAIT

je rendais
tu rendais
il/elle rendait
nous rendions
vous rendiez
ils/elles rendaient

PLUS-QUE-PARFAIT

j'avais rendu
tu avais rendu
il/elle avait rendu
nous avions rendu
vous aviez rendu
ils/elles avaient rendu

PASSÉ SIMPLE

je rendis
tu rendis
il/elle rendit
nous rendîmes
vous rendîtes
ils/elles rendirent

PASSÉ ANTÉRIEUR

j'eus rendu
tu eus rendu
il/elle eut rendu
nous eûmes rendu
vous eûtes rendu
ils/elles eurent rendu

FUTUR SIMPLE

je rendrai
tu rendras
il/elle rendra
nous rendrons
vous rendrez
ils/elles rendront

FUTUR ANTÉRIEUR

j'aurai rendu
tu auras rendu
il/elle aura rendu
nous aurons rendu
vous aurez rendu
ils/elles auront rendu

SUBJONCTIF

PRÉSENT

que je rende
que tu rendes
qu'il/elle rende
que nous rendions
que vous rendiez
qu'ils/elles rendent

IMPARFAIT

que je rendisse
que tu rendisses
qu'il/elle rendît
que nous rendissions
que vous rendissiez
qu'ils/elles rendissent

PASSÉ

que j'aie rendu
que tu aies rendu
qu'il/elle ait rendu
que nous ayons rendu
que vous ayez rendu
qu'ils/elles aient rendu

PLUS-QUE-PARFAIT

que j'eusse rendu
que tu eusses rendu
qu'il/elle eût rendu
que nous eussions rendu
que vous eussiez rendu
qu'ils/elles eussent rendu

| 3e groupe | **RENDRE** | **41a** |

CONDITIONNEL

PRÉSENT
je rendrais
tu rendrais
il/elle rendrait
nous rendrions
vous rendriez
ils/elles rendraient

PASSÉ 1RE FORME
j'aurais rendu
tu aurais rendu
il/elle aurait rendu
nous aurions rendu
vous auriez rendu
ils/elles auraient rendu

PASSÉ 2E FORME
j'eusse rendu
tu eusses rendu
il/elle eût rendu
nous eussions rendu
vous eussiez rendu
ils/elles eussent rendu

IMPÉRATIF

PRÉSENT
rends
rendons
rendez

PASSÉ
aie rendu
ayons rendu
ayez rendu

INFINITIF

PRÉSENT
rendre

PASSÉ
avoir rendu

PARTICIPE

PRÉSENT
rendant

PASSÉ
rendu/rendue
rendus/rendues

PASSÉ COMPOSÉ
ayant rendu

REMARQUE

Cette série comprend les verbes en **-endre** (sauf *prendre* et ses dérivés), **-andre** (ex. *répandre*), **-erdre** (ex. *perdre*), **-ondre** (ex. *répondre*), et **-ordre** (ex. *mordre*).

41b ROMPRE — 3ᵉ groupe

INDICATIF

PRÉSENT
je romps
tu romps
il/elle rompt
nous rompons
vous rompez
ils/elles rompent

PASSÉ COMPOSÉ
j'ai rompu
tu as rompu
il/elle a rompu
nous avons rompu
vous avez rompu
ils/elles ont rompu

IMPARFAIT
je rompais
tu rompais
il/elle rompait
nous rompions
vous rompiez
ils/elles rompaient

PLUS-QUE-PARFAIT
j'avais rompu
tu avais rompu
il/elle avait rompu
nous avions rompu
vous aviez rompu
ils/elles avaient rompu

PASSÉ SIMPLE
je rompis
tu rompis
il/elle rompit
nous rompîmes
vous rompîtes
ils/elles rompirent

PASSÉ ANTÉRIEUR
j'eus rompu
tu eus rompu
il/elle eut rompu
nous eûmes rompu
vous eûtes rompu
ils/elles eurent rompu

FUTUR SIMPLE
je romprai
tu rompras
il/elle rompra
nous romprons
vous romprez
ils/elles rompront

FUTUR ANTÉRIEUR
j'aurai rompu
tu auras rompu
il/elle aura rompu
nous aurons rompu
vous aurez rompu
ils/elles auront rompu

SUBJONCTIF

PRÉSENT
que je rompe
que tu rompes
qu'il/elle rompe
que nous rompions
que vous rompiez
qu'ils/elles rompent

IMPARFAIT
que je rompisse
que tu rompisses
qu'il/elle rompît
que nous rompissions
que vous rompissiez
qu'ils/elles rompissent

PASSÉ
que j'aie rompu
que tu aies rompu
qu'il/elle ait rompu
que nous ayons rompu
que vous ayez rompu
qu'ils/elles aient rompu

PLUS-QUE-PARFAIT
que j'eusse rompu
que tu eusses rompu
qu'il/elle eût rompu
que nous eussions rompu
que vous eussiez rompu
qu'ils/elles eussent rompu

3ᵉ groupe	**ROMPRE**	**41b**

CONDITIONNEL

PRÉSENT	PASSÉ 1ʳᵉ FORME	PASSÉ 2ᵉ FORME
je romprais	j'aurais rompu	j'eusse rompu
tu romprais	tu aurais rompu	tu eusses rompu
il/elle romprait	il/elle aurait rompu	il/elle eût rompu
nous romprions	nous aurions rompu	nous eussions rompu
vous rompriez	vous auriez rompu	vous eussiez rompu
ils/elles rompraient	ils/elles auraient rompu	ils/elles eussent rompu

IMPÉRATIF		INFINITIF	
PRÉSENT	**PASSÉ**	**PRÉSENT**	**PASSÉ**
romps	aie rompu	rompre	avoir rompu
rompons	ayons rompu		
rompez	ayez rompu		

PARTICIPE

PRÉSENT	PASSÉ	PASSÉ COMPOSÉ
rompant	rompu / rompue	ayant rompu
	rompus / rompues	

REMARQUE

Les composés de *rompre (corrompre, interrompre)* se conjuguent sur ce modèle.

BATTRE

3e groupe

INDICATIF		SUBJONCTIF
PRÉSENT	**PASSÉ COMPOSÉ**	**PRÉSENT**
je bats	j'ai battu	que je batte
tu bats	tu as battu	que tu battes
il/elle bat	il/elle a battu	qu'il/elle batte
nous battons	nous avons battu	que nous battions
vous battez	vous avez battu	que vous battiez
ils/elles battent	ils/elles ont battu	qu'ils/elles battent
IMPARFAIT	**PLUS-QUE-PARFAIT**	**IMPARFAIT**
je battais	j'avais battu	que je battisse
tu battais	tu avais battu	que tu battisses
il/elle battait	il/elle avait battu	qu'il/elle battît
nous battions	nous avions battu	que nous battissions
vous battiez	vous aviez battu	que vous battissiez
ils/elles battaient	ils/elles avaient battu	qu'ils/elles battissent
PASSÉ SIMPLE	**PASSÉ ANTÉRIEUR**	**PASSÉ**
je battis	j'eus battu	que j'aie battu
tu battis	tu eus battu	que tu aies battu
il/elle battit	il/elle eut battu	qu'il/elle ait battu
nous battîmes	nous eûmes battu	que nous ayons battu
vous battîtes	vous eûtes battu	que vous ayez battu
ils/elles battirent	ils/elles eurent battu	qu'ils/elles aient battu
FUTUR SIMPLE	**FUTUR ANTÉRIEUR**	**PLUS-QUE-PARFAIT**
je battrai	j'aurai battu	que j'eusse battu
tu battras	tu auras battu	que tu eusses battu
il/elle battra	il/elle aura battu	qu'il/elle eût battu
nous battrons	nous aurons battu	que nous eussions battu
vous battrez	vous aurez battu	que vous eussiez battu
ils/elles battront	ils/elles auront battu	qu'ils/elles eussent battu

3e groupe	**BATTRE**

CONDITIONNEL

PRÉSENT	PASSÉ 1RE FORME	PASSÉ 2E FORME
je battrais	j'aurais battu	j'eusse battu
tu battrais	tu aurais battu	tu eusses battu
il/elle battrait	il/elle aurait battu	il/elle eût battu
nous battrions	nous aurions battu	nous eussions battu
vous battriez	vous auriez battu	vous eussiez battu
ils/elles battraient	ils/elles auraient battu	ils/elles eussent battu

IMPÉRATIF | INFINITIF

PRÉSENT	PASSÉ	PRÉSENT	PASSÉ
bats	aie battu	battre	avoir battu
battons	ayons battu		
battez	ayez battu		

PARTICIPE

PRÉSENT	PASSÉ	PASSÉ COMPOSÉ
battant	battu/battue	ayant battu
	battus/battues	

REMARQUE

Cette série comprend les composés du verbe *battre*.

VAINCRE

3e groupe

INDICATIF

PRÉSENT

je vaincs
tu vaincs
il/elle **vainc**
nous vainquons
vous vainquez
ils/elles vainquent

PASSÉ COMPOSÉ

j'ai vaincu
tu as vaincu
il/elle a vaincu
nous avons vaincu
vous avez vaincu
ils/elles ont vaincu

IMPARFAIT

je vainquais
tu vainquais
il/elle vainquait
nous vainquions
vous vainquiez
ils/elles vainquaient

PLUS-QUE-PARFAIT

j'avais vaincu
tu avais vaincu
il/elle avait vaincu
nous avions vaincu
vous aviez vaincu
ils/elles avaient vaincu

PASSÉ SIMPLE

je vainquis
tu vainquis
il/elle vainquit
nous vainquîmes
vous vainquîtes
ils/elles vainquirent

PASSÉ ANTÉRIEUR

j'eus vaincu
tu eus vaincu
il/elle eut vaincu
nous eûmes vaincu
vous eûtes vaincu
ils/elles eurent vaincu

FUTUR SIMPLE

je vaincrai
tu vaincras
il/elle vaincra
nous vaincrons
vous vaincrez
ils/elles vaincront

FUTUR ANTÉRIEUR

j'aurai vaincu
tu auras vaincu
il/elle aura vaincu
nous aurons vaincu
vous aurez vaincu
ils/elles auront vaincu

SUBJONCTIF

PRÉSENT

que je vainque
que tu vainques
qu'il/elle vainque
que nous vainquions
que vous vainquiez
qu'ils/elles vainquent

IMPARFAIT

que je vainquisse
que tu vainquisses
qu'il/elle vainquît
que nous vainquissions
que vous vainquissiez
qu'ils/elles vainquissent

PASSÉ

que j'aie vaincu
que tu aies vaincu
qu'il/elle ait vaincu
que nous ayons vaincu
que vous ayez vaincu
qu'ils/elles aient vaincu

PLUS-QUE-PARFAIT

que j'eusse vaincu
que tu eusses vaincu
qu'il/elle eût vaincu
que nous eussions vaincu
que vous eussiez vaincu
qu'ils/elles eussent vaincu

| 3e groupe | **VAINCRE** | 42 |

CONDITIONNEL

PRÉSENT

je vaincrais
tu vaincrais
il/elle vaincrait
nous vaincrions
vous vaincriez
ils/elles vaincraient

PASSÉ 1RE FORME

j'aurais vaincu
tu aurais vaincu
il/elle aurait vaincu
nous aurions vaincu
vous auriez vaincu
ils/elles auraient vaincu

PASSÉ 2E FORME

j'eusse vaincu
tu eusses vaincu
il/elle eût vaincu
nous eussions vaincu
vous eussiez vaincu
ils/elles eussent vaincu

IMPÉRATIF

PRÉSENT

vaincs
vainquons
vainquez

PASSÉ

aie vaincu
ayons vaincu
ayez vaincu

INFINITIF

PRÉSENT

vaincre

PASSÉ

avoir vaincu

PARTICIPE

PRÉSENT

vainquant

PASSÉ

vaincu / vaincue
vaincus / vaincues

PASSÉ COMPOSÉ

ayant vaincu

REMARQUE

- Cette série comprend *vaincre* et *convaincre*.
- Devant une voyelle autre que **u** prononcé, le son [k] se note **qu** (ex. *nous vainquons, je vainquis*).
- À la 3e personne du singulier du présent de l'indicatif, *vaincre* et *convaincre* ne prennent pas de **-t** *(il vainc, il convainc)*.

43 LIRE — 3e groupe

INDICATIF		SUBJONCTIF
PRÉSENT	**PASSÉ COMPOSÉ**	**PRÉSENT**
je lis	j'ai lu	que je lise
tu lis	tu as lu	que tu lises
il/elle lit	il/elle a lu	qu'il/elle lise
nous lisons	nous avons lu	que nous lisions
vous lisez	vous avez lu	que vous lisiez
ils/elles lisent	ils/elles ont lu	qu'ils/elles lisent
IMPARFAIT	**PLUS-QUE-PARFAIT**	**IMPARFAIT**
je lisais	j'avais lu	que je lusse
tu lisais	tu avais lu	que tu lusses
il/elle lisait	il/elle avait lu	qu'il/elle lût
nous lisions	nous avions lu	que nous lussions
vous lisiez	vous aviez lu	que vous lussiez
ils/elles lisaient	ils/elles avaient lu	qu'ils/elles lussent
PASSÉ SIMPLE	**PASSÉ ANTÉRIEUR**	**PASSÉ**
je lus	j'eus lu	que j'aie lu
tu lus	tu eus lu	que tu aies lu
il/elle lut	il/elle eut lu	qu'il/elle ait lu
nous lûmes	nous eûmes lu	que nous ayons lu
vous lûtes	vous eûtes lu	que vous ayez lu
ils/elles lurent	ils/elles eurent lu	qu'ils/elles aient lu
FUTUR SIMPLE	**FUTUR ANTÉRIEUR**	**PLUS-QUE-PARFAIT**
je lirai	j'aurai lu	que j'eusse lu
tu liras	tu auras lu	que tu eusses lu
il/elle lira	il/elle aura lu	qu'il/elle eût lu
nous lirons	nous aurons lu	que nous eussions lu
vous lirez	vous aurez lu	que vous eussiez lu
ils/elles liront	ils/elles auront lu	qu'ils/elles eussent lu

3e groupe	**LIRE**

CONDITIONNEL

PRÉSENT	PASSÉ 1RE FORME	PASSÉ 2^E FORME
je lirais	j'aurais lu	j'eusse lu
tu lirais	tu aurais lu	tu eusses lu
il/elle lirait	il/elle aurait lu	il/elle eût lu
nous lirions	nous aurions lu	nous eussions lu
vous liriez	vous auriez lu	vous eussiez lu
ils/elles liraient	ils/elles auraient lu	ils/elles eussent lu

IMPÉRATIF | INFINITIF

PRÉSENT	PASSÉ	PRÉSENT	PASSÉ
lis	aie lu	lire	avoir lu
lisons	ayons lu		
lisez	ayez lu		

PARTICIPE

PRÉSENT	PASSÉ	PASSÉ COMPOSÉ
lisant	lu/lue	ayant lu
	lus/lues	

....

REMARQUE

Cette série regroupe les composés de *lire*.

CROIRE

3e groupe

INDICATIF		SUBJONCTIF
PRÉSENT	**PASSÉ COMPOSÉ**	**PRÉSENT**
je crois	j'ai cru	que je croie
tu crois	tu as cru	que tu croies
il/elle croit	il/elle a cru	qu'il/elle croie
nous croyons	nous avons cru	que nous croyions
vous croyez	vous avez cru	que vous croyiez
ils/elles croient	ils/elles ont cru	qu'ils/elles croient
IMPARFAIT	**PLUS-QUE-PARFAIT**	**IMPARFAIT**
je croyais	j'avais cru	que je crusse
tu croyais	tu avais cru	que tu crusses
il/elle croyait	il/elle avait cru	qu'il/elle crût
nous croyions	nous avions cru	que nous crussions
vous croyiez	vous aviez cru	que vous crussiez
ils/elles croyaient	ils/elles avaient cru	qu'ils/elles crussent
PASSÉ SIMPLE	**PASSÉ ANTÉRIEUR**	**PASSÉ**
je crus	j'eus cru	que j'aie cru
tu crus	tu eus cru	que tu aies cru
il/elle crut	il/elle eut cru	qu'il/elle ait cru
nous crûmes	nous eûmes cru	que nous ayons cru
vous crûtes	vous eûtes cru	que vous ayez cru
ils/elles crurent	ils/elles eurent cru	qu'ils/elles aient cru
FUTUR SIMPLE	**FUTUR ANTÉRIEUR**	**PLUS-QUE-PARFAIT**
je croirai	j'aurai cru	que j'eusse cru
tu croiras	tu auras cru	que tu eusses cru
il/elle croira	il/elle aura cru	qu'il/elle eût cru
nous croirons	nous aurons cru	que nous eussions cru
vous croirez	vous aurez cru	que vous eussiez cru
ils/elles croiront	ils/elles auront cru	qu'ils/elles eussent cru

| 3e groupe | **CROIRE** |

CONDITIONNEL

PRÉSENT

je croirais
tu croirais
il/elle croirait
nous croirions
vous croiriez
ils/elles croiraient

PASSÉ 1RE FORME

j'aurais cru
tu aurais cru
il/elle aurait cru
nous aurions cru
vous auriez cru
ils/elles auraient cru

PASSÉ 2E FORME

j'eusse cru
tu eusses cru
il/elle eût cru
nous eussions cru
vous eussiez cru
ils/elles eussent cru

IMPÉRATIF

PRÉSENT

crois
croyons
croyez

PASSÉ

aie cru
ayons cru
ayez cru

INFINITIF

PRÉSENT

croire

PASSÉ

avoir cru

PARTICIPE

PRÉSENT

croyant

PASSÉ

cru/crue
crus/crues

PASSÉ COMPOSÉ

ayant cru

REMARQUE

Attention de ne pas oublier le **i** aux 1re et 2e personnes du pluriel de l'imparfait de l'indicatif et du présent du subjonctif *(nous croyions, vous croyiez)*.

45 CLORE — 3e groupe

INDICATIF

PRÉSENT
je clos
tu clos
il/elle clôt
—
—
ils/elles closent

PASSÉ COMPOSÉ
j'ai clos
tu as clos
il/elle a clos
nous avons clos
vous avez clos
ils/elles ont clos

IMPARFAIT

inusité

PLUS-QUE-PARFAIT
j'avais clos
tu avais clos
il/elle avait clos
nous avions clos
vous aviez clos
ils/elles avaient clos

PASSÉ SIMPLE

inusité

PASSÉ ANTÉRIEUR
j'eus clos
tu eus clos
il/elle eut clos
nous eûmes clos
vous eûtes clos
ils/elles eurent clos

FUTUR SIMPLE
je clorai
tu cloras
il/elle clora
nous clorons
vous clorez
ils/elles cloront

FUTUR ANTÉRIEUR
j'aurai clos
tu auras clos
il/elle aura clos
nous aurons clos
vous aurez clos
ils/elles auront clos

SUBJONCTIF

PRÉSENT
que je close
que tu closes
qu'il/elle close
que nous closions
que vous closiez
qu'ils/elles closent

IMPARFAIT

inusité

PASSÉ
que j'aie clos
que tu aies clos
qu'il/elle ait clos
que nous ayons clos
que vous ayez clos
qu'ils/elles aient clos

PLUS-QUE-PARFAIT
que j'eusse clos
que tu eusses clos
qu'il/elle eût clos
que nous eussions clos
que vous eussiez clos
qu'ils/elles eussent clos

| 3e groupe | **CLORE** |

CONDITIONNEL

PRÉSENT

je clorais
tu clorais
il/elle clorait
nous clorions
vous cloriez
ils/elles cloraient

PASSÉ 1ʳᵉ FORME

j'aurais clos
tu aurais clos
il/elle aurait clos
nous aurions clos
vous auriez clos
ils/elles auraient clos

PASSÉ 2ᵉ FORME

j'eusse clos
tu eusses clos
il/elle eût clos
nous eussions clos
vous eussiez clos
ils/elles eussent clos

IMPÉRATIF

PRÉSENT

clos
—
—

PASSÉ

aie clos
ayons clos
ayez clos

INFINITIF

PRÉSENT

clore

PASSÉ

avoir clos

PARTICIPE

PRÉSENT

closant

PASSÉ

clos/close
clos/closes

PASSÉ COMPOSÉ

ayant clos

REMARQUE

- Cette série comprend le verbe *clore* et ses composés *déclore*, *éclore*, *enclore*, *forclore*.
- *Éclore* s'emploie surtout à l'infinitif, au présent et au participe passé, *forclore* à l'infinitif et au participe passé.
- Au présent de l'indicatif on écrit : *il éclot*, *il enclot*, *il déclot* sans accent circonflexe ; par contre *il clôt* en prend un.

VIVRE

3e groupe

INDICATIF

PRÉSENT
je vis
tu vis
il/elle vit
nous vivons
vous vivez
ils/elles vivent

PASSÉ COMPOSÉ
j'ai vécu
tu as vécu
il/elle a vécu
nous avons vécu
vous avez vécu
ils/elles ont vécu

IMPARFAIT
je vivais
tu vivais
il/elle vivait
nous vivions
vous viviez
ils/elles vivaient

PLUS-QUE-PARFAIT
j'avais vécu
tu avais vécu
il/elle avait vécu
nous avions vécu
vous aviez vécu
ils/elles avaient vécu

PASSÉ SIMPLE
je vécus
tu vécus
il/elle vécut
nous vécûmes
vous vécûtes
ils/elles vécurent

PASSÉ ANTÉRIEUR
j'eus vécu
tu eus vécu
il/elle eut vécu
nous eûmes vécu
vous eûtes vécu
ils/elles eurent vécu

FUTUR SIMPLE
je vivrai
tu vivras
il/elle vivra
nous vivrons
vous vivrez
ils/elles vivront

FUTUR ANTÉRIEUR
j'aurai vécu
tu auras vécu
il/elle aura vécu
nous aurons vécu
vous aurez vécu
ils/elles auront vécu

SUBJONCTIF

PRÉSENT
que je vive
que tu vives
qu'il/elle vive
que nous vivions
que vous viviez
qu'ils/elles vivent

IMPARFAIT
que je vécusse
que tu vécusses
qu'il/elle vécût
que nous vécussions
que vous vécussiez
qu'ils/elles vécussent

PASSÉ
que j'aie vécu
que tu aies vécu
qu'il/elle ait vécu
que nous ayons vécu
que vous ayez vécu
qu'ils/elles aient vécu

PLUS-QUE-PARFAIT
que j'eusse vécu
que tu eusses vécu
qu'il/elle eût vécu
que nous eussions vécu
que vous eussiez vécu
qu'ils/elles eussent vécu

> 3e groupe

VIVRE

CONDITIONNEL

PRÉSENT

je vivrais
tu vivrais
il/elle vivrait
nous vivrions
vous vivriez
ils/elles vivraient

PASSÉ 1RE FORME

j'aurais vécu
tu aurais vécu
il/elle aurait vécu
nous aurions vécu
vous auriez vécu
ils/elles auraient vécu

PASSÉ 2^E FORME

j'eusse vécu
tu eusses vécu
il/elle eût vécu
nous eussions vécu
vous eussiez vécu
ils/elles eussent vécu

IMPÉRATIF

PRÉSENT

vis
vivons
vivez

PASSÉ

aie vécu
ayons vécu
ayez vécu

INFINITIF

PRÉSENT

vivre

PASSÉ

avoir vécu

PARTICIPE

PRÉSENT

vivant

PASSÉ

vécu/vécue
vécus/vécues

PASSÉ COMPOSÉ

ayant vécu

....

REMARQUE

- Cette série regroupe les composés de *vivre*.
- *Survivre* a un participe passé invariable *survécu*.

MOUDRE

3e groupe

INDICATIF		SUBJONCTIF
PRÉSENT	**PASSÉ COMPOSÉ**	**PRÉSENT**
je mouds	j'ai moulu	que je moule
tu mouds	tu as moulu	que tu moules
il/elle moud	il/elle a moulu	qu'il/elle moule
nous moulons	nous avons moulu	que nous moulions
vous moulez	vous avez moulu	que vous mouliez
ils/elles moulent	ils/elles ont moulu	qu'ils/elles moulent
IMPARFAIT	**PLUS-QUE-PARFAIT**	**IMPARFAIT**
je moulais	j'avais moulu	que je moulusse
tu moulais	tu avais moulu	que tu moulusses
il/elle moulait	il/elle avait moulu	qu'il/elle moulût
nous moulions	nous avions moulu	que nous moulussions
vous mouliez	vous aviez moulu	que vous moulussiez
ils/elles moulaient	ils/elles avaient moulu	qu'ils/elles moulussent
PASSÉ SIMPLE	**PASSÉ ANTÉRIEUR**	**PASSÉ**
je moulus	j'eus moulu	que j'aie moulu
tu moulus	tu eus moulu	que tu aies moulu
il/elle moulut	il/elle eut moulu	qu'il/elle ait moulu
nous moulûmes	nous eûmes moulu	que nous ayons moulu
vous moulûtes	vous eûtes moulu	que vous ayez moulu
ils/elles moulurent	ils/elles eurent moulu	qu'ils/elles aient moulu
FUTUR SIMPLE	**FUTUR ANTÉRIEUR**	**PLUS-QUE-PARFAIT**
je moudrai	j'aurai moulu	que j'eusse moulu
tu moudras	tu auras moulu	que tu eusses moulu
il/elle moudra	il/elle aura moulu	qu'il/elle eût moulu
nous moudrons	nous aurons moulu	que nous eussions moulu
vous moudrez	vous aurez moulu	que vous eussiez moulu
ils/elles moudront	ils/elles auront moulu	qu'ils/elles eussent moulu

3e groupe	**MOUDRE**

CONDITIONNEL

PRÉSENT	PASSÉ 1ʳᵉ FORME	PASSÉ 2ᵉ FORME
je moudrais	j'aurais moulu	j'eusse moulu
tu moudrais	tu aurais moulu	tu eusses moulu
il/elle moudrait	il/elle aurait moulu	il/elle eût moulu
nous moudrions	nous aurions moulu	nous eussions moulu
vous moudriez	vous auriez moulu	vous eussiez moulu
ils/elles moudraient	ils/elles auraient moulu	ils/elles eussent moulu

IMPÉRATIF

PRÉSENT	PASSÉ
mouds	aie moulu
moulons	ayons moulu
moulez	ayez moulu

INFINITIF

PRÉSENT	PASSÉ
moudre	avoir moulu

PARTICIPE

PRÉSENT	PASSÉ	PASSÉ COMPOSÉ
moulant	moulu/moulue	ayant moulu
	moulus/moulues	

REMARQUE

Les formes conjuguées de ce verbe sont rarement utilisées (sauf *moudrai(s)*, *moulu, ue*) par risque de confusion avec certaines formes du verbe *mouler*.

COUDRE

3e groupe

INDICATIF		SUBJONCTIF
PRÉSENT	**PASSÉ COMPOSÉ**	**PRÉSENT**
je couds	j'ai cousu	que je couse
tu couds	tu as cousu	que tu couses
il/elle coud	il/elle a cousu	qu'il/elle couse
nous cousons	nous avons cousu	que nous cousions
vous cousez	vous avez cousu	que vous cousiez
ils/elles cousent	ils/elles ont cousu	qu'ils/elles cousent
IMPARFAIT	**PLUS-QUE-PARFAIT**	**IMPARFAIT**
je cousais	j'avais cousu	que je cousisse
tu cousais	tu avais cousu	que tu cousisses
il/elle cousait	il/elle avait cousu	qu'il/elle cousît
nous cousions	nous avions cousu	que nous cousissions
vous cousiez	vous aviez cousu	que vous cousissiez
ils/elles cousaient	ils/elles avaient cousu	qu'ils/elles cousissent
PASSÉ SIMPLE	**PASSÉ ANTÉRIEUR**	**PASSÉ**
je cousis	j'eus cousu	que j'aie cousu
tu cousis	tu eus cousu	que tu aies cousu
il/elle cousit	il/elle eut cousu	qu'il/elle ait cousu
nous cousîmes	nous eûmes cousu	que nous ayons cousu
vous cousîtes	vous eûtes cousu	que vous ayez cousu
ils/elles cousirent	ils/elles eurent cousu	qu'ils/elles aient cousu
FUTUR SIMPLE	**FUTUR ANTÉRIEUR**	**PLUS-QUE-PARFAIT**
je coudrai	j'aurai cousu	que j'eusse cousu
tu coudras	tu auras cousu	que tu eusses cousu
il/elle coudra	il/elle aura cousu	qu'il/elle eût cousu
nous coudrons	nous aurons cousu	que nous eussions cousu
vous coudrez	vous aurez cousu	que vous eussiez cousu
ils/elles coudront	ils/elles auront cousu	qu'ils/elles eussent cousu

> 3e groupe

COUDRE

CONDITIONNEL

PRÉSENT

je coudrais
tu coudrais
il/elle coudrait
nous coudrions
vous coudriez
ils/elles coudraient

PASSÉ 1RE FORME

j'aurais cousu
tu aurais cousu
il/elle aurait cousu
nous aurions cousu
vous auriez cousu
ils/elles auraient cousu

PASSÉ 2E FORME

j'eusse cousu
tu eusses cousu
il/elle eût cousu
nous eussions cousu
vous eussiez cousu
ils/elles eussent cousu

IMPÉRATIF

PRÉSENT

couds
cousons
cousez

PASSÉ

aie cousu
ayons cousu
ayez cousu

INFINITIF

PRÉSENT

coudre

PASSÉ

avoir cousu

PARTICIPE

PRÉSENT

cousant

PASSÉ

cousu / cousue
cousus / cousues

PASSÉ COMPOSÉ

ayant cousu

49 — JOINDRE

3e groupe

INDICATIF

PRÉSENT
je joins
tu joins
il/elle joint
nous joignons
vous joignez
ils/elles joignent

PASSÉ COMPOSÉ
j'ai joint
tu as joint
il/elle a joint
nous avons joint
vous avez joint
ils/elles ont joint

IMPARFAIT
je joignais
tu joignais
il/elle joignait
nous joignions
vous joigniez
ils/elles joignaient

PLUS-QUE-PARFAIT
j'avais joint
tu avais joint
il/elle avait joint
nous avions joint
vous aviez joint
ils/elles avaient joint

PASSÉ SIMPLE
je joignis
tu joignis
il/elle joignit
nous joignîmes
vous joignîtes
ils/elles joignirent

PASSÉ ANTÉRIEUR
j'eus joint
tu eus joint
il/elle eut joint
nous eûmes joint
vous eûtes joint
ils/elles eurent joint

FUTUR SIMPLE
je joindrai
tu joindras
il/elle joindra
nous joindrons
vous joindrez
ils/elles joindront

FUTUR ANTÉRIEUR
j'aurai joint
tu auras joint
il/elle aura joint
nous aurons joint
vous aurez joint
ils/elles auront joint

SUBJONCTIF

PRÉSENT
que je joigne
que tu joignes
qu'il/elle joigne
que nous joignions
que vous joigniez
qu'ils/elles joignent

IMPARFAIT
que je joignisse
que tu joignisses
qu'il/elle joignît
que nous joignissions
que vous joignissiez
qu'ils/elles joignissent

PASSÉ
que j'aie joint
que tu aies joint
qu'il/elle ait joint
que nous ayons joint
que vous ayez joint
qu'ils/elles aient joint

PLUS-QUE-PARFAIT
que j'eusse joint
que tu eusses joint
qu'il/elle eût joint
que nous eussions joint
que vous eussiez joint
qu'ils/elles eussent joint

| 3e groupe | **JOINDRE** | 49 |

CONDITIONNEL

PRÉSENT

je joindrais
tu joindrais
il/elle joindrait
nous joindrions
vous joindriez
ils/elles joindraient

PASSÉ 1RE FORME

j'aurais joint
tu aurais joint
il/elle aurait joint
nous aurions joint
vous auriez joint
ils/elles auraient joint

PASSÉ 2E FORME

j'eusse joint
tu eusses joint
il/elle eût joint
nous eussions joint
vous eussiez joint
ils/elles eussent joint

IMPÉRATIF

PRÉSENT

joins
joignons
joignez

PASSÉ

aie joint
ayons joint
ayez joint

INFINITIF

PRÉSENT

joindre

PASSÉ

avoir joint

PARTICIPE

PRÉSENT

joignant

PASSÉ

joint/jointe
joints/jointes

PASSÉ COMPOSÉ

ayant joint

REMARQUE

- Attention de ne pas oublier le **i** aux 1re et 2e personnes du pluriel de l'imparfait de l'indicatif et du présent du subjonctif *(nous joignions, vous joigniez)*.

TRAIRE

50 — 3ᵉ groupe

INDICATIF

PRÉSENT
je trais
tu trais
il/elle trait
nous trayons
vous trayez
ils/elles traient

PASSÉ COMPOSÉ
j'ai trait
tu as trait
il/elle a trait
nous avons trait
vous avez trait
ils/elles ont trait

IMPARFAIT
je trayais
tu trayais
il/elle trayait
nous trayions
vous trayiez
ils/elles trayaient

PLUS-QUE-PARFAIT
j'avais trait
tu avais trait
il/elle avait trait
nous avions trait
vous aviez trait
ils/elles avaient trait

PASSÉ SIMPLE
inusité

PASSÉ ANTÉRIEUR
j'eus trait
tu eus trait
il/elle eut trait
nous eûmes trait
vous eûtes trait
ils/elles eurent trait

FUTUR SIMPLE
je trairai
tu trairas
il/elle traira
nous trairons
vous trairez
ils/elles trairont

FUTUR ANTÉRIEUR
j'aurai trait
tu auras trait
il/elle aura trait
nous aurons trait
vous aurez trait
ils/elles auront trait

SUBJONCTIF

PRÉSENT
que je traie
que tu traies
qu'il/elle traie
que nous trayions
que vous trayiez
qu'ils/elles traient

IMPARFAIT
inusité

PASSÉ
que j'aie trait
que tu aies trait
qu'il/elle ait trait
que nous ayons trait
que vous ayez trait
qu'ils/elles aient trait

PLUS-QUE-PARFAIT
que j'eusse trait
que tu eusses trait
qu'il/elle eût trait
que nous eussions trait
que vous eussiez trait
qu'ils/elles eussent trait

| 3e groupe | **TRAIRE** | 50 |

CONDITIONNEL

PRÉSENT

je trairais
tu trairais
il/elle trairait
nous trairions
vous trairiez
ils/elles trairaient

PASSÉ 1RE FORME

j'aurais trait
tu aurais trait
il/elle aurait trait
nous aurions trait
vous auriez trait
ils/elles auraient trait

PASSÉ 2E FORME

j'eusse trait
tu eusses trait
il/elle eût trait
nous eussions trait
vous eussiez trait
ils/elles eussent trait

IMPÉRATIF		INFINITIF	
PRÉSENT	**PASSÉ**	**PRÉSENT**	**PASSÉ**
trais	aie trait	traire	avoir trait
trayons	ayons trait		
trayez	ayez trait		

PARTICIPE

PRÉSENT

trayant

PASSÉ

trait / traite
traits / traites

PASSÉ COMPOSÉ

ayant trait

REMARQUE

• Les verbes de cette série (*attraire*, *distraire*, *soustraire*, etc.) sont inusités au passé simple et à l'imparfait du subjonctif.

• Attention de ne pas oublier le **i** aux 1re et 2e personnes du pluriel de l'imparfait de l'indicatif et du présent du subjonctif (*nous trayions, vous trayiez*).

51 ABSOUDRE — 3ᵉ groupe

INDICATIF

PRÉSENT
j'absous
tu absous
il/elle absout
nous absolvons
vous absolvez
ils/elles absolvent

PASSÉ COMPOSÉ
j'ai absous
tu as absous
il/elle a absous
nous avons absous
vous avez absous
ils/elles ont absous

IMPARFAIT
j'absolvais
tu absolvais
il/elle absolvait
nous absolvions
vous absolviez
ils/elles absolvaient

PLUS-QUE-PARFAIT
j'avais absous
tu avais absous
il/elle avait absous
nous avions absous
vous aviez absous
ils/elles avaient absous

PASSÉ SIMPLE
inusité

PASSÉ ANTÉRIEUR
j'eus absous
tu eus absous
il/elle eut absous
nous eûmes absous
vous eûtes absous
ils/elles eurent absous

FUTUR SIMPLE
j'absoudrai
tu absoudras
il/elle absoudra
nous absoudrons
vous absoudrez
ils/elles absoudront

FUTUR ANTÉRIEUR
j'aurai absous
tu auras absous
il/elle aura absous
nous aurons absous
vous aurez absous
ils/elles auront absous

SUBJONCTIF

PRÉSENT
que j'absolve
que tu absolves
qu'il/elle absolve
que nous absolvions
que vous absolviez
qu'ils/elles absolvent

IMPARFAIT
inusité

PASSÉ
que j'aie absous
que tu aies absous
qu'il/elle ait absous
que nous ayons absous
que vous ayez absous
qu'ils/elles aient absous

PLUS-QUE-PARFAIT
que j'eusse absous
que tu eusses absous
qu'il/elle eût absous
que nous eussions absous
que vous eussiez absous
qu'ils/elles eussent absous

ABSOUDRE

3ᵉ groupe — **51**

CONDITIONNEL

PRÉSENT

j'absoudrais
tu absoudrais
il/elle absoudrait
nous absoudrions
vous absoudriez
ils/elles absoudraient

PASSÉ 1ʳᵉ FORME

j'aurais absous
tu aurais absous
il/elle aurait absous
nous aurions absous
vous auriez absous
ils/elles auraient absous

PASSÉ 2ᵉ FORME

j'eusse absous
tu eusses absous
il/elle eût absous
nous eussions absous
vous eussiez absous
ils/elles eussent absous

IMPÉRATIF

PRÉSENT

absous
absolvons
absolvez

PASSÉ

aie absous
ayons absous
ayez absous

INFINITIF

PRÉSENT

absoudre

PASSÉ

avoir absous

PARTICIPE

PRÉSENT

absolvant

PASSÉ

absous/absoute
absous/absoutes

PASSÉ COMPOSÉ

ayant absous

....

REMARQUE

- Cette série comprend les verbes *absoudre*, *dissoudre* et *résoudre*.

- **La réforme de l'orthographe de 1990** préconise d'employer les participes passés *absout*, *dissout* avec un **t** final, sur le modèle des féminins *absoute*, *dissoute*. Ainsi on peut écrire indifféremment *j'ai absous* ou *j'ai absout*.

- *Résoudre* a deux participes passés : *résolu, ue* pour le sens « statuer, se déterminer » (ex. *problème résolu*) et *résous, oute* pour le sens « dissoudre » (ex. *brouillard résous en pluie*).

CRAINDRE

3e groupe

INDICATIF

PRÉSENT

je crains
tu crains
il/elle craint
nous craignons
vous craignez
ils/elles craignent

PASSÉ COMPOSÉ

j'ai craint
tu as craint
il/elle a craint
nous avons craint
vous avez craint
ils/elles ont craint

IMPARFAIT

je craignais
tu craignais
il/elle craignait
nous craignions
vous craigniez
ils/elles craignaient

PLUS-QUE-PARFAIT

j'avais craint
tu avais craint
il/elle avait craint
nous avions craint
vous aviez craint
ils/elles avaient craint

PASSÉ SIMPLE

je craignis
tu craignis
il/elle craignit
nous craignîmes
vous craignîtes
ils/elles craignirent

PASSÉ ANTÉRIEUR

j'eus craint
tu eus craint
il/elle eut craint
nous eûmes craint
vous eûtes craint
ils/elles eurent craint

FUTUR SIMPLE

je craindrai
tu craindras
il/elle craindra
nous craindrons
vous craindrez
ils/elles craindront

FUTUR ANTÉRIEUR

j'aurai craint
tu auras craint
il/elle aura craint
nous aurons craint
vous aurez craint
ils/elles auront craint

SUBJONCTIF

PRÉSENT

que je craigne
que tu craignes
qu'il/elle craigne
que nous craignions
que vous craigniez
qu'ils/elles craignent

IMPARFAIT

que je craignisse
que tu craignisses
qu'il/elle craignît
que nous craignissions
que vous craignissiez
qu'ils/elles craignissent

PASSÉ

que j'aie craint
que tu aies craint
qu'il/elle ait craint
que nous ayons craint
que vous ayez craint
qu'ils/elles aient craint

PLUS-QUE-PARFAIT

que j'eusse craint
que tu eusses craint
qu'il/elle eût craint
que nous eussions craint
que vous eussiez craint
qu'ils/elles eussent craint

| 3e groupe | **CRAINDRE** | 52a |

CONDITIONNEL

PRÉSENT

je craindrais
tu craindrais
il/elle craindrait
nous craindrions
vous craindriez
ils/elles craindraient

PASSÉ 1RE FORME

j'aurais craint
tu aurais craint
il/elle aurait craint
nous aurions craint
vous auriez craint
ils/elles auraient craint

PASSÉ 2^E FORME

j'eusse craint
tu eusses craint
il/elle eût craint
nous eussions craint
vous eussiez craint
ils/elles eussent craint

IMPÉRATIF

PRÉSENT

crains
craignons
craignez

PASSÉ

aie craint
ayons craint
ayez craint

INFINITIF

PRÉSENT

craindre

PASSÉ

avoir craint

PARTICIPE

PRÉSENT

craignant

PASSÉ

craint/crainte
craints/craintes

PASSÉ COMPOSÉ

ayant craint

REMARQUE

Attention de ne pas oublier le **i** aux 1re et 2e personnes du pluriel de l'imparfait de l'indicatif et du présent du subjonctif *(nous craignions, vous craigniez)*.

52b — PEINDRE — 3ᵉ groupe

INDICATIF

PRÉSENT
je peins
tu peins
il/elle peint
nous peignons
vous peignez
ils/elles peignent

PASSÉ COMPOSÉ
j'ai peint
tu as peint
il/elle a peint
nous avons peint
vous avez peint
ils/elles ont peint

IMPARFAIT
je peignais
tu peignais
il/elle peignait
nous peignions
vous peigniez
ils/elles peignaient

PLUS-QUE-PARFAIT
j'avais peint
tu avais peint
il/elle avait peint
nous avions peint
vous aviez peint
ils/elles avaient peint

PASSÉ SIMPLE
je peignis
tu peignis
il/elle peignit
nous peignîmes
vous peignîtes
ils/elles peignirent

PASSÉ ANTÉRIEUR
j'eus peint
tu eus peint
il/elle eut peint
nous eûmes peint
vous eûtes peint
ils/elles eurent peint

FUTUR SIMPLE
je peindrai
tu peindras
il/elle peindra
nous peindrons
vous peindrez
ils/elles peindront

FUTUR ANTÉRIEUR
j'aurai peint
tu auras peint
il/elle aura peint
nous aurons peint
vous aurez peint
ils/elles auront peint

SUBJONCTIF

PRÉSENT
que je peigne
que tu peignes
qu'il/elle peigne
que nous peignions
que vous peigniez
qu'ils/elles peignent

IMPARFAIT
que je peignisse
que tu peignisses
qu'il/elle peignît
que nous peignissions
que vous peignissiez
qu'ils/elles peignissent

PASSÉ
que j'aie peint
que tu aies peint
qu'il/elle ait peint
que nous ayons peint
que vous ayez peint
qu'ils/elles aient peint

PLUS-QUE-PARFAIT
que j'eusse peint
que tu eusses peint
qu'il/elle eût peint
que nous eussions peint
que vous eussiez peint
qu'ils/elles eussent peint

| 3e groupe | **PEINDRE** | **52b** |

CONDITIONNEL

PRÉSENT	PASSÉ 1RE FORME	PASSÉ 2E FORME
je peindrais	j'aurais peint	j'eusse peint
tu peindrais	tu aurais peint	tu eusses peint
il/elle peindrait	il/elle aurait peint	il/elle eût peint
nous peindrions	nous aurions peint	nous eussions peint
vous peindriez	vous auriez peint	vous eussiez peint
ils/elles peindraient	ils/elles auraient peint	ils/elles eussent peint

IMPÉRATIF

PRÉSENT	PASSÉ
peins	aie peint
peignons	ayons peint
peignez	ayez peint

INFINITIF

PRÉSENT	PASSÉ
peindre	avoir peint

PARTICIPE

PRÉSENT	PASSÉ	PASSÉ COMPOSÉ
peignant	peint/peinte peints/peintes	ayant peint

REMARQUE

- Attention de ne pas oublier le **i** aux 1re et 2e personnes du pluriel de l'imparfait de l'indicatif et du présent du subjonctif *(nous peignions, vous peigniez)*.
- De nombreuses formes du verbe *peindre* sont communes avec le verbe *peigner*.

BOIRE

3e groupe

INDICATIF

PRÉSENT

je bois
tu bois
il/elle boit
nous buvons
vous buvez
ils/elles boivent

PASSÉ COMPOSÉ

j'ai bu
tu as bu
il/elle a bu
nous avons bu
vous avez bu
ils/elles ont bu

IMPARFAIT

je buvais
tu buvais
il/elle buvait
nous buvions
vous buviez
ils/elles buvaient

PLUS-QUE-PARFAIT

j'avais bu
tu avais bu
il/elle avait bu
nous avions bu
vous aviez bu
ils/elles avaient bu

PASSÉ SIMPLE

je bus
tu bus
il/elle but
nous bûmes
vous bûtes
ils/elles burent

PASSÉ ANTÉRIEUR

j'eus bu
tu eus bu
il/elle eut bu
nous eûmes bu
vous eûtes bu
ils/elles eurent bu

FUTUR SIMPLE

je boirai
tu boiras
il/elle boira
nous boirons
vous boirez
ils/elles boiront

FUTUR ANTÉRIEUR

j'aurai bu
tu auras bu
il/elle aura bu
nous aurons bu
vous aurez bu
ils/elles auront bu

SUBJONCTIF

PRÉSENT

que je boive
que tu boives
qu'il/elle boive
que nous buvions
que vous buviez
qu'ils/elles boivent

IMPARFAIT

que je busse
que tu busses
qu'il/elle bût
que nous bussions
que vous bussiez
qu'ils/elles bussent

PASSÉ

que j'aie bu
que tu aies bu
qu'il/elle ait bu
que nous ayons bu
que vous ayez bu
qu'ils/elles aient bu

PLUS-QUE-PARFAIT

que j'eusse bu
que tu eusses bu
qu'il/elle eût bu
que nous eussions bu
que vous eussiez bu
qu'ils/elles eussent bu

3e groupe	**BOIRE**

CONDITIONNEL

PRÉSENT	**PASSÉ 1RE FORME**	**PASSÉ 2E FORME**
je boirais	j'aurais bu	j'eusse bu
tu boirais	tu aurais bu	tu eusses bu
il/elle boirait	il/elle aurait bu	il/elle eût bu
nous boirions	nous aurions bu	nous eussions bu
vous boiriez	vous auriez bu	vous eussiez bu
ils/elles boiraient	ils/elles auraient bu	ils/elles eussent bu

IMPÉRATIF

PRÉSENT	**PASSÉ**
bois	aie bu
buvons	ayons bu
buvez	ayez bu

INFINITIF

PRÉSENT	**PASSÉ**
boire	avoir bu

PARTICIPE

PRÉSENT	**PASSÉ**	**PASSÉ COMPOSÉ**
buvant	bu/bue	ayant bu
	bus/bues	

PLAIRE

3e groupe

INDICATIF

PRÉSENT
je plais
tu plais
il/elle plaît
nous plaisons
vous plaisez
ils/elles plaisent

PASSÉ COMPOSÉ
j'ai plu
tu as plu
il/elle a plu
nous avons plu
vous avez plu
ils/elles ont plu

IMPARFAIT
je plaisais
tu plaisais
il/elle plaisait
nous plaisions
vous plaisiez
ils/elles plaisaient

PLUS-QUE-PARFAIT
j'avais plu
tu avais plu
il/elle avait plu
nous avions plu
vous aviez plu
ils/elles avaient plu

PASSÉ SIMPLE
je plus
tu plus
il/elle plut
nous plûmes
vous plûtes
ils/elles plurent

PASSÉ ANTÉRIEUR
j'eus plu
tu eus plu
il/elle eut plu
nous eûmes plu
vous eûtes plu
ils/elles eurent plu

FUTUR SIMPLE
je plairai
tu plairas
il/elle plaira
nous plairons
vous plairez
ils/elles plairont

FUTUR ANTÉRIEUR
j'aurai plu
tu auras plu
il/elle aura plu
nous aurons plu
vous aurez plu
ils/elles auront plu

SUBJONCTIF

PRÉSENT
que je plaise
que tu plaises
qu'il/elle plaise
que nous plaisions
que vous plaisiez
qu'ils/elles plaisent

IMPARFAIT
que je plusse
que tu plusses
qu'il/elle plût
que nous plussions
que vous plussiez
qu'ils/elles plussent

PASSÉ
que j'aie plu
que tu aies plu
qu'il/elle ait plu
que nous ayons plu
que vous ayez plu
qu'ils/elles aient plu

PLUS-QUE-PARFAIT
que j'eusse plu
que tu eusses plu
qu'il/elle eût plu
que nous eussions plu
que vous eussiez plu
qu'ils/elles eussent plu

| 3e groupe | **PLAIRE** |

CONDITIONNEL

PRÉSENT　　　　　**PASSÉ 1ʳᴱ FORME**　　　　**PASSÉ 2ᴱ FORME**

je plairais　　　　　j'aurais plu　　　　　　j'eusse plu
tu plairais　　　　　tu aurais plu　　　　　　tu eusses plu
il/elle plairait　　　il/elle aurait plu　　　　il/elle eût plu
nous plairions　　　nous aurions plu　　　　nous eussions plu
vous plairiez　　　　vous auriez plu　　　　　vous eussiez plu
ils/elles plairaient　ils/elles auraient plu　　ils/elles eussent plu

IMPÉRATIF | INFINITIF

PRÉSENT　　**PASSÉ**　　　　　　**PRÉSENT**　　**PASSÉ**

plais　　　　　aie plu　　　　　　　plaire　　　　　avoir plu
plaisons　　　ayons plu
plaisez　　　　ayez plu

PARTICIPE

PRÉSENT　　　**PASSÉ**　　　　　　**PASSÉ COMPOSÉ**

plaisant　　　　plu　　　　　　　　　ayant plu

REMARQUE

- *Complaire*, *déplaire* et *plaire* prennent traditionnellement un accent circonflexe au présent de l'indicatif : *il plaît*. Cependant, **la réforme de l'orthographe de 1990** préconise l'abandon de ce circonflexe. Les formes *il plait*, *il complait*, *il déplait* ne sont donc plus considérées comme fautives.

- *Taire* se conjugue comme **plaire** sauf au présent *(il tait)* et au participe passé *(tu, tue)*.

TAIRE

3e groupe

INDICATIF

PRÉSENT

je tais
tu tais
il/elle tait
nous taisons
vous taisez
ils/elles taisent

PASSÉ COMPOSÉ

j'ai tu
tu as tu
il/elle a tu
nous avons tu
vous avez tu
ils/elles ont tu

IMPARFAIT

je taisais
tu taisais
il/elle taisait
nous taisions
vous taisiez
ils/elles taisaient

PLUS-QUE-PARFAIT

j'avais tu
tu avais tu
il/elle avait tu
nous avions tu
vous aviez tu
ils/elles avaient tu

PASSÉ SIMPLE

je tus
tu tus
il/elle tut
nous tûmes
vous tûtes
ils/elles turent

PASSÉ ANTÉRIEUR

j'eus tu
tu eus tu
il/elle eut tu
nous eûmes tu
vous eûtes tu
ils/elles eurent tu

FUTUR SIMPLE

je tairai
tu tairas
il/elle taira
nous tairons
vous tairez
ils/elles tairont

FUTUR ANTÉRIEUR

j'aurai tu
tu auras tu
il/elle aura tu
nous aurons tu
vous aurez tu
ils/elles auront tu

SUBJONCTIF

PRÉSENT

que je taise
que tu taises
qu'il/elle taise
que nous taisions
que vous taisiez
qu'ils/elles taisent

IMPARFAIT

que je tusse
que tu tusses
qu'il/elle tût
que nous tussions
que vous tussiez
qu'ils/elles tussent

PASSÉ

que j'aie tu
que tu aies tu
qu'il/elle ait tu
que nous ayons tu
que vous ayez tu
qu'ils/elles aient tu

PLUS-QUE-PARFAIT

que j'eusse tu
que tu eusses tu
qu'il/elle eût tu
que nous eussions tu
que vous eussiez tu
qu'ils/elles eussent tu

| 3e groupe | **TAIRE** | 54 |

CONDITIONNEL

PRÉSENT

je tairais
tu tairais
il/elle tairait
nous tairions
vous tairiez
ils/elles tairaient

PASSÉ 1RE FORME

j'aurais tu
tu aurais tu
il/elle aurait tu
nous aurions tu
vous auriez tu
ils/elles auraient tu

PASSÉ 2E FORME

j'eusse tu
tu eusses tu
il/elle eût tu
nous eussions tu
vous eussiez tu
ils/elles eussent tu

IMPÉRATIF

PRÉSENT

tais
taisons
taisez

PASSÉ

aie tu
ayons tu
ayez tu

INFINITIF

PRÉSENT

taire

PASSÉ

avoir tu

PARTICIPE

PRÉSENT

taisant

PASSÉ

tu/tue
tus/tues

PASSÉ COMPOSÉ

ayant tu

CROÎTRE

3e groupe

INDICATIF		SUBJONCTIF
PRÉSENT	**PASSÉ COMPOSÉ**	**PRÉSENT**
je croîs	j'ai crû	que je croisse
tu croîs	tu as crû	que tu croisses
il/elle croît	il/elle a crû	qu'il/elle croisse
nous croissons	nous avons crû	que nous croissions
vous croissez	vous avez crû	que vous croissiez
ils/elles croissent	ils/elles ont crû	qu'ils/elles croissent
IMPARFAIT	**PLUS-QUE-PARFAIT**	**IMPARFAIT**
je croissais	j'avais crû	que je crûsse
tu croissais	tu avais crû	que tu crûsses
il/elle croissait	il/elle avait crû	qu'il/elle crût
nous croissions	nous avions crû	que nous crûssions
vous croissiez	vous aviez crû	que vous crûssiez
ils/elles croissaient	ils/elles avaient crû	qu'ils/elles crûssent
PASSÉ SIMPLE	**PASSÉ ANTÉRIEUR**	**PASSÉ**
je crûs	j'eus crû	que j'aie crû
tu crûs	tu eus crû	que tu aies crû
il/elle crût	il/elle eut crû	qu'il/elle ait crû
nous crûmes	nous eûmes crû	que nous ayons crû
vous crûtes	vous eûtes crû	que vous ayez crû
ils/elles crûrent	ils/elles eurent crû	qu'ils/elles aient crû
FUTUR SIMPLE	**FUTUR ANTÉRIEUR**	**PLUS-QUE-PARFAIT**
je croîtrai	j'aurai crû	que j'eusse crû
tu croîtras	tu auras crû	que tu eusses crû
il/elle croîtra	il/elle aura crû	qu'il/elle eût crû
nous croîtrons	nous aurons crû	que nous eussions crû
vous croîtrez	vous aurez crû	que vous eussiez crû
ils/elles croîtront	ils/elles auront crû	qu'ils/elles eussent crû

3e groupe — CROÎTRE — 55a

CONDITIONNEL

PRÉSENT

je croîtrais
tu croîtrais
il/elle croîtrait
nous croîtrions
vous croîtriez
ils/elles croîtraient

PASSÉ 1ʳᵉ FORME

j'aurais crû
tu aurais crû
il/elle aurait crû
nous aurions crû
vous auriez crû
ils/elles auraient crû

PASSÉ 2ᴱ FORME

j'eusse crû
tu eusses crû
il/elle eût crû
nous eussions crû
vous eussiez crû
ils/elles eussent crû

IMPÉRATIF

PRÉSENT

croîs
croissons
croissez

PASSÉ

aies crû
ayons crû
ayez crû

INFINITIF

PRÉSENT

croître

PASSÉ

avoir crû

PARTICIPE

PRÉSENT

croissant

PASSÉ

crû / crue
crus / crues

PASSÉ COMPOSÉ

ayant crû

REMARQUE

Ce verbe prend traditionnellement un accent circonflexe sur le **i** devant le **t**.

Cependant, **la réforme de l'orthographe de 1990** préconise l'abandon de ce circonflexe au futur et au conditionnel, temps auxquels la confusion entre les verbes *croître* et *croire* n'est pas possible. Ainsi les graphies *je croitrai, tu croitras, il croitra, nous croitrons, vous croitrez, ils croitront* et *je croitrais, tu croitrais, il croitrait, nous croitrions, vous croitriez, ils croitraient* ne sont plus considérées comme fautives.

➤ *LE VERBE, FORMES ET EMPLOIS.*

ACCROÎTRE

3e groupe

INDICATIF		SUBJONCTIF

PRÉSENT

j'accrois
tu accrois
il/elle accroît
nous accroissons
vous accroissez
ils/elles accroissent

PASSÉ COMPOSÉ

j'ai accru
tu as accru
il/elle a accru
nous avons accru
vous avez accru
ils/elles ont accru

PRÉSENT

que j'accroisse
que tu accroisses
qu'il/elle accroisse
que nous accroissions
que vous accroissiez
qu'ils/elles accroissent

IMPARFAIT

j'accroissais
tu accroissais
il/elle accroissait
nous accroissions
vous accroissiez
ils/elles accroissaient

PLUS-QUE-PARFAIT

j'avais accru
tu avais accru
il/elle avait accru
nous avions accru
vous aviez accru
ils/elles avaient accru

IMPARFAIT

que j'accrusse
que tu accrusses
qu'il/elle accrût
que nous accrussions
que vous accrussiez
qu'ils/elles accrussent

PASSÉ SIMPLE

j'accrus
tu accrus
il/elle accrut
nous accrûmes
vous accrûtes
ils/elles accrurent

PASSÉ ANTÉRIEUR

j'eus accru
tu eus accru
il/elle eut accru
nous eûmes accru
vous eûtes accru
ils/elles eurent accru

PASSÉ

que j'aie accru
que tu aies accru
qu'il/elle ait accru
que nous ayons accru
que vous ayez accru
qu'ils/elles aient accru

FUTUR SIMPLE

j'accroîtrai
tu accroîtras
il/elle accroîtra
nous accroîtrons
vous accroîtrez
ils/elles accroîtron

FUTUR ANTÉRIEUR

j'aurai accru
tu auras accru
il/elle aura accru
nous aurons accru
vous aurez accru
ils/elles auront accru

PLUS-QUE-PARFAIT

que j'eusse accru
que tu eusses accru
qu'il/elle eût accru
que nous eussions accru
que vous eussiez accru
qu'ils/elles eussent accru

| 3e groupe | **ACCROÎTRE** | 55b |

CONDITIONNEL

PRÉSENT	PASSÉ 1RE FORME	PASSÉ 2E FORME
j'accroîtrais	j'aurais accru	j'eusse accru
tu accroîtrais	tu aurais accru	tu eusses accru
il/elle accroîtrait	il/elle aurait accru	il/elle eût accru
nous accroîtrions	nous aurions accru	nous eussions accru
vous accroîtriez	vous auriez accru	vous eussiez accru
ils/elles accroîtraient	ils/elles auraient accru	ils/elles eussent accru

IMPÉRATIF

PRÉSENT	PASSÉ
accrois	aie accru
accroissons	ayons accru
accroissez	ayez accru

INFINITIF

PRÉSENT	PASSÉ
accroître	avoir accru

PARTICIPE

PRÉSENT	PASSÉ	PASSÉ COMPOSÉ
accroissant	accru/accrue	ayant accru
	accrus/accrues	

REMARQUE

Ce verbe prend traditionnellement un accent circonflexe sur le **i** devant le **t**.

Cependant, **la réforme de l'orthographe de 1990** préconise l'abandon de ce circonflexe. Ainsi les graphies *j'accroitrai, tu accroitras, il accroitra, nous accroitrons, vous accroitrez, ils accroitront* et *j'accroitrais, tu accroitrais, il accroitrait, nous accroitrions, vous accroitriez, ils accroitraient* ne sont plus considérées comme fautives.

➤ *LE VERBE, FORMES ET EMPLOIS.*

METTRE

3e groupe

INDICATIF		SUBJONCTIF
PRÉSENT	**PASSÉ COMPOSÉ**	**PRÉSENT**
je mets	j'ai mis	que je mette
tu mets	tu as mis	que tu mettes
il/elle met	il/elle a mis	qu'il/elle mette
nous mettons	nous avons mis	que nous mettions
vous mettez	vous avez mis	que vous mettiez
ils/elles mettent	ils/elles ont mis	qu'ils/elles mettent
IMPARFAIT	**PLUS-QUE-PARFAIT**	**IMPARFAIT**
je mettais	j'avais mis	que je misse
tu mettais	tu avais mis	que tu misses
il/elle mettait	il/elle avait mis	qu'il/elle mît
nous mettions	nous avions mis	que nous missions
vous mettiez	vous aviez mis	que vous missiez
ils/elles mettaient	ils/elles avaient mis	qu'ils/elles missent
PASSÉ SIMPLE	**PASSÉ ANTÉRIEUR**	**PASSÉ**
je mis	j'eus mis	que j'aie mis
tu mis	tu eus mis	que tu aies mis
il/elle mit	il/elle eut mis	qu'il/elle ait mis
nous mîmes	nous eûmes mis	que nous ayons mis
vous mîtes	vous eûtes mis	que vous ayez mis
ils/elles mirent	ils/elles eurent mis	qu'ils/elles aient mis
FUTUR SIMPLE	**FUTUR ANTÉRIEUR**	**PLUS-QUE-PARFAIT**
je mettrai	j'aurai mis	que j'eusse mis
tu mettras	tu auras mis	que tu eusses mis
il/elle mettra	il/elle aura mis	qu'il/elle eût mis
nous mettrons	nous aurons mis	que nous eussions mis
vous mettrez	vous aurez mis	que vous eussiez mis
ils/elles mettront	ils/elles auront mis	qu'ils/elles eussent mis

| 3e groupe | **METTRE** |

CONDITIONNEL

PRÉSENT

je mettrais
tu mettrais
il/elle mettrait
nous mettrions
vous mettriez
ils/elles mettraient

PASSÉ 1RE FORME

j'aurais mis
tu aurais mis
il/elle aurait mis
nous aurions mis
vous auriez mis
ils/elles auraient mis

PASSÉ 2E FORME

j'eusse mis
tu eusses mis
il/elle eût mis
nous eussions mis
vous eussiez mis
ils/elles eussent mis

IMPÉRATIF

PRÉSENT

mets
mettons
mettez

PASSÉ

aie mis
ayons mis
ayez mis

INFINITIF

PRÉSENT

mettre

PASSÉ

avoir mis

PARTICIPE

PRÉSENT

mettant

PASSÉ

mis/mise
mis/mises

PASSÉ COMPOSÉ

ayant mis

REMARQUE

Cette série regroupe les composés de *mettre*.

CONNAÎTRE

3e groupe

INDICATIF		SUBJONCTIF
PRÉSENT	**PASSÉ COMPOSÉ**	**PRÉSENT**
je connais	j'ai connu	que je connaisse
tu connais	tu as connu	que tu connaisses
il/elle connaît	il/elle a connu	qu'il/elle connaisse
nous connaissons	nous avons connu	que nous connaissions
vous connaissez	vous avez connu	que vous connaissiez
ils/elles connaissent	ils/elles ont connu	qu'ils/elles connaissent
IMPARFAIT	**PLUS-QUE-PARFAIT**	**IMPARFAIT**
je connaissais	j'avais connu	que je connusse
tu connaissais	tu avais connu	que tu connusses
il/elle connaissait	il/elle avait connu	qu'il/elle connût
nous connaissions	nous avions connu	que nous connussions
vous connaissiez	vous aviez connu	que vous connussiez
ils/elles connaissaient	ils/elles avaient connu	qu'ils/elles connussent
PASSÉ SIMPLE	**PASSÉ ANTÉRIEUR**	**PASSÉ**
je connus	j'eus connu	que j'aie connu
tu connus	tu eus connu	que tu aies connu
il/elle connut	il/elle eut connu	qu'il/elle ait connu
nous connûmes	nous eûmes connu	que nous ayons connu
vous connûtes	vous eûtes connu	que vous ayez connu
ils/elles connurent	ils/elles eurent connu	qu'ils/elles aient connu
FUTUR SIMPLE	**FUTUR ANTÉRIEUR**	**PLUS-QUE-PARFAIT**
je connaîtrai	j'aurai connu	que j'eusse connu
tu connaîtras	tu auras connu	que tu eusses connu
il/elle connaîtra	il/elle aura connu	qu'il/elle eût connu
nous connaîtrons	nous aurons connu	que nous eussions connu
vous connaîtrez	vous aurez connu	que vous eussiez connu
ils/elles connaîtront	ils/elles auront connu	qu'ils/elles eussent connu

| 3e groupe | **CONNAÎTRE** | 57 |

CONDITIONNEL

PRÉSENT

je connaîtrais
tu connaîtrais
il/elle connaîtrait
nous connaîtrions
vous connaîtriez
ils/elles connaîtraient

PASSÉ 1RE FORME

j'aurais connu
tu aurais connu
il/elle aurait connu
nous aurions connu
vous auriez connu
ils/elles auraient connu

PASSÉ 2E FORME

j'eusse connu
tu eusses connu
il/elle eût connu
nous eussions connu
vous eussiez connu
ils/elles eussent connu

IMPÉRATIF

PRÉSENT

connais
connaissons
connaissez

PASSÉ

aie connu
ayons connu
ayez connu

INFINITIF

PRÉSENT

connaître

PASSÉ

avoir connu

PARTICIPE

PRÉSENT

connaissant

PASSÉ

connu/connue
connus/connues

PASSÉ COMPOSÉ

ayant connu

REMARQUE

• Le **i** prend traditionnellement un accent circonflexe devant un **t**. Cependant, **la réforme de l'orthographe de 1990** préconise l'abandon de ce circonflexe. Ainsi les graphies *connaitre, il connait, je connaitrai, tu connaitras, il connaitra, nous connaitrons, vous connaitrez, ils connaitront* et *je connaitrais, tu connaitrais, il connaitrait, nous connaitrions, vous connaitriez, ils connaitraient*, ne sont plus considérées comme fautives.

• *Paître* n'a ni temps composés ni participe passé, ni passé simple, ni subjonctif imparfait. Mais ces formes existent pour *repaître (repu, ue ; je repus)*.

PRENDRE

3e groupe

INDICATIF		SUBJONCTIF
PRÉSENT	**PASSÉ COMPOSÉ**	**PRÉSENT**
je prends	j'ai pris	que je prenne
tu prends	tu as pris	que tu prennes
il/elle prend	il/elle a pris	qu'il/elle prenne
nous prenons	nous avons pris	que nous prenions
vous prenez	vous avez pris	que vous preniez
ils/elles prennent	ils/elles ont pris	qu'ils/elles prennent
IMPARFAIT	**PLUS-QUE-PARFAIT**	**IMPARFAIT**
je prenais	j'avais pris	que je prisse
tu prenais	tu avais pris	que tu prisses
il/elle prenait	il/elle avait pris	qu'il/elle prît
nous prenions	nous avions pris	que nous prissions
vous preniez	vous aviez pris	que vous prissiez
ils/elles prenaient	ils/elles avaient pris	qu'ils/elles prissent
PASSÉ SIMPLE	**PASSÉ ANTÉRIEUR**	**PASSÉ**
je pris	j'eus pris	que j'aie pris
tu pris	tu eus pris	que tu aies pris
il/elle prit	il/elle eut pris	qu'il/elle ait pris
nous prîmes	nous eûmes pris	que nous ayons pris
vous prîtes	vous eûtes pris	que vous ayez pris
ils/elles prirent	ils/elles eurent pris	qu'ils/elles aient pris
FUTUR SIMPLE	**FUTUR ANTÉRIEUR**	**PLUS-QUE-PARFAIT**
je prendrai	j'aurai pris	que j'eusse pris
tu prendras	tu auras pris	que tu eusses pris
il/elle prendra	il/elle aura pris	qu'il/elle eût pris
nous prendrons	nous aurons pris	que nous eussions pris
vous prendrez	vous aurez pris	que vous eussiez pris
ils/elles prendront	ils/elles auront pris	qu'ils/elles eussent pris

| 3e groupe | **PRENDRE** |

CONDITIONNEL

PRÉSENT	PASSÉ 1RE FORME	PASSÉ 2^E FORME
je prendrais	j'aurais pris	j'eusse pris
tu prendrais	tu aurais pris	tu eusses pris
il/elle prendrait	il/elle aurait pris	il/elle eût pris
nous prendrions	nous aurions pris	nous eussions pris
vous prendriez	vous auriez pris	vous eussiez pris
ils/elles prendraient	ils/elles auraient pris	ils/elles eussent pris

IMPÉRATIF

PRÉSENT	PASSÉ
prends	aie pris
prenons	ayons pris
prenez	ayez pris

INFINITIF

PRÉSENT	PASSÉ
prendre	avoir pris

PARTICIPE

PRÉSENT	PASSÉ	PASSÉ COMPOSÉ
prenant	pris/prise	ayant pris
	pris/prises	

REMARQUE

Cette série regroupe les composés de *prendre*.

NAÎTRE

3e groupe

INDICATIF		SUBJONCTIF

PRÉSENT   **PASSÉ COMPOSÉ**   **PRÉSENT**

je nais   je suis né/née   que je naisse
tu nais   tu es né/née   que tu naisses
il/elle naît   il/elle est né/née   qu'il/elle naisse
nous naissons   nous sommes nés/nées   que nous naissions
vous naissez   vous êtes nés/nées   que vous naissiez
ils/elles naissent   ils/elles sont nés/nées   qu'ils/elles naissent

IMPARFAIT   **PLUS-QUE-PARFAIT**   **IMPARFAIT**

je naissais   j'étais né/née   que je naquisse
tu naissais   tu étais né/née   que tu naquisses
il/elle naissait   il/elle était né/née   qu'il/elle naquît
nous naissions   nous étions nés/nées   que nous naquissions
vous naissiez   vous étiez nés/nées   que vous naquissiez
ils/elles naissaient   ils/elles étaient nés/nées qu'ils/elles naquissent

PASSÉ SIMPLE   **PASSÉ ANTÉRIEUR**   **PASSÉ**

je naquis   je fus né/née   que je sois né/née
tu naquis   tu fus né/née   que tu sois né/née
il/elle naquit   il/elle fut né/née   qu'il/elle soit né/née
nous naquîmes   nous fûmes nés/nées   que nous soyons nés/nées
vous naquîtes   vous fûtes nés/nées   que vous soyez nés/nées
ils/elles naquirent   ils/elles furent nés/nées qu'ils/elles soient nés/nées

FUTUR SIMPLE   **FUTUR ANTÉRIEUR**   **PLUS-QUE-PARFAIT**

je naîtrai   je serai né/née   que je fusse né/née
tu naîtras   tu seras né/née   que tu fusses né/née
il/elle naîtra   il/elle sera né/née   qu'il/elle fût né/née
nous naîtrons   nous serons nés/nées   que nous fussions nés/nées
vous naîtrez   vous serez nés/nées   que vous fussiez nés/nées
ils/elles naîtront   ils/elles seront nés/nées qu'ils/elles fussent nés/nées

3ᵉ groupe	**NAÎTRE**

CONDITIONNEL

PRÉSENT	PASSÉ 1ᴿᴱ FORME	PASSÉ 2ᴱ FORME
je naîtrais	je serais né/née	je fusse né/née
tu naîtrais	tu serais né/née	tu fusses né/née
il/elle naîtrait	il/elle serait né/née	il/elle fût né/née
nous naîtrions	nous serions nés/nées	nous fussions nés/nées
vous naîtriez	vous seriez nés/nées	vous fussiez nés/nées
ils/elles naîtraient	ils/elles seraient nés/nées	ils/elles fussent nés/nées

IMPÉRATIF		INFINITIF	
PRÉSENT	**PASSÉ**	**PRÉSENT**	**PASSÉ**
nais	sois né/née	naître	être né/née
naissons	soyons nés/nées		être nés/nées
naissez	soyez nés/nées		

PARTICIPE

PRÉSENT	PASSÉ	PASSÉ COMPOSÉ
naissant	né/née	étant né/née
	nés/nées	étant nés/nées

REMARQUE

Le **i** prend traditionnellement un accent circonflexe devant un **t**. Cependant, **la réforme de l'orthographe de 1990** préconise l'abandon de ce circonflexe. Ainsi les graphies *naitre, il nait, je naitrai, tu naitras, il naitra, nous naitrons, vous naitrez, ils naitront* et *je naitrais, tu naitrais, il naitrait, nous naitrions, vous naitriez, ils naitraient* ne sont plus considérées comme fautives.

FAIRE

3e groupe

INDICATIF

PRÉSENT

je fais
tu fais
il/elle fait
nous faisons
vous **faites**
ils/elles font

PASSÉ COMPOSÉ

j'ai fait
tu as fait
il/elle a fait
nous avons fait
vous avez fait
ils/elles ont fait

IMPARFAIT

je faisais
tu faisais
il/elle faisait
nous faisions
vous faisiez
ils/elles faisaient

PLUS-QUE-PARFAIT

j'avais fait
tu avais fait
il/elle avait fait
nous avions fait
vous aviez fait
ils/elles avaient fait

PASSÉ SIMPLE

je fis
tu fis
il/elle fit
nous fîmes
vous fîtes
ils/elles firent

PASSÉ ANTÉRIEUR

j'eus fait
tu eus fait
il/elle eut fait
nous eûmes fait
vous eûtes fait
ils/elles eurent fait

FUTUR SIMPLE

je ferai
tu feras
il/elle fera
nous ferons
vous ferez
ils/elles feront

FUTUR ANTÉRIEUR

j'aurai fait
tu auras fait
il/elle aura fait
nous aurons fait
vous aurez fait
ils/elles auront fait

SUBJONCTIF

PRÉSENT

que je fasse
que tu fasses
qu'il/elle fasse
que nous fassions
que vous fassiez
qu'ils/elles fassent

IMPARFAIT

que je fisse
que tu fisses
qu'il/elle fît
que nous fissions
que vous fissiez
qu'ils/elles fissent

PASSÉ

que j'aie fait
que tu aies fait
qu'il/elle ait fait
que nous ayons fait
que vous ayez fait
qu'ils/elles aient fait

PLUS-QUE-PARFAIT

que j'eusse fait
que tu eusses fait
qu'il/elle eût fait
que nous eussions fait
que vous eussiez fait
qu'ils/elles eussent fait

3e groupe	**FAIRE**

CONDITIONNEL

PRÉSENT	PASSÉ 1RE FORME	PASSÉ 2E FORME
je ferais	j'aurais fait	j'eusse fait
tu ferais	tu aurais fait	tu eusses fait
il/elle ferait	il/elle aurait fait	il/elle eût fait
nous ferions	nous aurions fait	nous eussions fait
vous feriez	vous auriez fait	vous eussiez fait
ils/elles feraient	ils/elles auraient fait	ils/elles eussent fait

IMPÉRATIF		INFINITIF	
PRÉSENT	**PASSÉ**	**PRÉSENT**	**PASSÉ**
fais	aie fait	faire	avoir fait
faisons	ayons fait		
faites	ayez fait		

PARTICIPE

PRÉSENT	PASSÉ	PASSÉ COMPOSÉ
faisant	fait/faite	ayant fait
	faits/faites	

ÊTRE

3e groupe

INDICATIF

PRÉSENT
je suis
tu es
il/elle est
nous sommes
vous êtes
ils/elles sont

PASSÉ COMPOSÉ
j'ai été
tu as été
il/elle a été
nous avons été
vous avez été
ils/elles ont été

IMPARFAIT
j'étais
tu étais
il/elle était
nous étions
vous étiez
ils/elles étaient

PLUS-QUE-PARFAIT
j'avais été
tu avais été
il/elle avait été
nous avions été
vous aviez été
ils/elles avaient été

PASSÉ SIMPLE
je fus
tu fus
il/elle fut
nous fûmes
vous fûtes
ils/elles furent

PASSÉ ANTÉRIEUR
j'eus été
tu eus été
il/elle eut été
nous eûmes été
vous eûtes été
ils/elles eurent été

FUTUR SIMPLE
je serai
tu seras
il/elle sera
nous serons
vous serez
ils/elles seront

FUTUR ANTÉRIEUR
j'aurai été
tu auras été
il/elle aura été
nous aurons été
vous aurez été
ils/elles auront été

SUBJONCTIF

PRÉSENT
que je sois
que tu sois
qu'il/elle soit
que nous soyons
que vous soyez
qu'ils/elles soient

IMPARFAIT
que je fusse
que tu fusses
qu'il/elle fût
que nous fussions
que vous fussiez
qu'ils/elles fussent

PASSÉ
que j'aie été
que tu aies été
qu'il/elle ait été
que nous ayons été
que vous ayez été
qu'ils/elles aient été

PLUS-QUE-PARFAIT
que j'eusse été
que tu eusses été
qu'il/elle eût été
que nous eussions été
que vous eussiez été
qu'ils/elles eussent été

3e groupe	**ÊTRE**

CONDITIONNEL

PRÉSENT

je serais
tu serais
il/elle serait
nous serions
vous seriez
ils/elles seraient

PASSÉ 1RE FORME

j'aurais été
tu aurais été
il/elle aurait été
nous aurions été
vous auriez été
ils/elles auraient été

PASSÉ 2E FORME

j'eusse été
tu eusses été
il/elle eût été
nous eussions été
vous eussiez été
ils/elles eussent été

IMPÉRATIF

PRÉSENT

sois
soyons
soyez

PASSÉ

aie été
ayons été
ayez été

INFINITIF

PRÉSENT

être

PASSÉ

avoir été

PARTICIPE

PRÉSENT

étant

PASSÉ

été

PASSÉ COMPOSÉ

ayant été

....

REMARQUE

- Aux temps composés, **être** se conjugue avec *avoir*.
- Le passé composé sert à former le passé surcomposé d'autres verbes (ex. *quand j'ai été parti*).

L'INDEX
DES VERBES

- Les verbes modèles sont en gras :
    ex. : acheminer ‹1›
    acheter ‹5›
    achever ‹5›

- Le chiffre indiqué entre chevrons est le numéro du tableau de conjugaison du verbe modèle :

    ex. : **acquérir** ‹21› renvoie au tableau 21
    empiéger ‹3 et 6› renvoie aux tableaux 3 et 6

- La marque **déf.** signale un verbe défectif, c'est-à-dire un verbe pour lequel il manque certaines formes conjuguées ou dont toutes les formes conjuguées ne sont pas usitées. Les formes usitées sont données à la suite de cette marque. Reportez-vous également à la partie *Le verbe, formes et emplois* pour plus d'informations.

- Certains verbes peuvent se conjuguer aux temps passés soit avec l'auxiliaire *avoir*, soit avec l'auxiliaire *être*. Cela vous est rappelé derrière la marque **aux.**

    ex . : absenter (s') **(aux.** être)
    descendre **(aux.** avoir, être)

Conjuguez sans fautes   **abaisser - administrer**

- abaisser ‹1›
- abalourdir ‹2›
- abandonner ‹1›
- abasourdir ‹2›
- abâtardir ‹2›
- abattre ‹41›
- abcéder ‹6›
- abdiquer ‹1›
- abécher ‹6›
- abecquer ‹1›
- abêtir ‹2›
- abhorrer ‹1›
- abîmer
  ou abimer* ‹1›
- abjurer ‹1›
- ablater ‹1›
- abloquer ‹1›
- ablutionner ‹1›
- abolir ‹2›
- abominer ‹1›
- abonder ‹1›
- abonner ‹1›
- abonnir ‹2›
- aborder ‹1›
- aboucher ‹1›
- abouler ‹1›
- abouter ‹1›
- aboutir ‹2›
- aboyer ‹8›
- abraser ‹1›
- abréagir ‹2›
- abréger ‹3 et 6›
- abreuver ‹1›
- abrier ‹7›
- abriter ‹1›
- abroger ‹3›
- abrutir ‹2›
- absenter (s') ‹1›
  (aux. être)
- absorber ‹1›
- **absoudre** ‹51 p. p.
  absous, absoute ou *absout*, absoute*›
- abstenir (s') ‹22›
  (aux. être)
- absterger ‹3›
- abstraire ‹50›
- abuser ‹1›
- acagnarder ‹1›
- accabler ‹1›
- accalmir (s') ‹2›
  (aux. être)
- accaparer ‹1›
- accastiller ‹1›
- accéder ‹6›
- accélérer ‹6›
- accentuer ‹1›
- accepter ‹1›
- accessoiriser ‹1›
- accidenter ‹1›
- acclamer ‹1›
- acclimater ‹1›
- accoler ‹1›
- accommoder ‹1›
- accompagner ‹1›
- accomplir ‹2›
- accorder ‹1›
- accoster ‹1›
- accoter ‹1›
- accouardir ‹2›
- accoucher ‹1›
- accouder (s') ‹1›
  (aux. être)
- accoupler ‹1›
- accourcir ‹2›
- accourir ‹11›
  (aux. avoir, être)
- accoutrer ‹1›
- accoutumer ‹1›
- accréditer ‹1›
- accrocher ‹1›
- accroire ‹déf. seult à l'infinitif›
- accroître
  ou accroitre* ‹55
  p. p. *accru, accrue, accrus, accrues*›
- accroupir (s') ‹2›
  (aux. être)
- accueillir ‹12›
- acculer ‹1›
- acculturer ‹1›
- accumuler ‹1›
- accuser ‹1›
- acérer ‹6›
- acétifier ‹7›
- achalander ‹1›
- achaler ‹1›
- acharner ‹1›
- acheminer ‹1›
- **acheter** ‹5›
- achever ‹5›
- achopper ‹1›
- achromatiser ‹1›
- acidifier ‹7›
- aciduler ‹1›
- aciérer ‹6›
- acliquer (s') ‹1›
  (aux. être)
- acoquiner (s') ‹1›
  (aux. être)
- acquérir ‹21›
- acquiescer ‹3›
- acquitter ‹1›
- acter ‹1›
- actionner ‹1›
- activer ‹1›
- actualiser ‹1›
- adapter ‹1›
- additionner ‹1›
- adhérer ‹6›
- adirer ‹déf. seult à l'infinitif›
- adjectiver ‹1›
- adjoindre ‹49›
- adjuger ‹3›
- adjurer ‹1›
- adjuver ‹1›
- admettre ‹56›
- administrer ‹1›

admirer - alper

admirer ‹1›
admonester ‹1›
adonner ‹1›
adopter ‹1›
adorer ‹1›
adorner ‹1›
adosser ‹1›
adouber ‹1›
adoucir ‹2›
adresser ‹1›
adsorber ‹1›
aduler ‹1›
adultérer ‹6›
advenir ‹**déf. 22** seult à l'infinitif et à la 3e pers.› **(aux. être)**
adverbialiser ‹1›
aérer ‹6›
aérolarguer ‹1›
affabuler ‹1›
affadir ‹2›
affaiblir ‹2›
affairer (s') ‹1› **(aux. être)**
affaisser ‹1›
affaiter ‹1›
affaler ‹1›
affamer ‹1›
affecter ‹1›
affectionner ‹1›
affermer ‹1›
affermir ‹2›
afficher ‹1›
affider (s') ‹1› **(aux. être)**
affiler ‹1›
affilier ‹7›
affiner ‹1›
affirmer ‹1›
affleurer ‹1›
affliger ‹3›
afflouer ‹1›
affluer ‹1›

affoler ‹1›
affouager ‹3›
affouiller ‹1›
affourager ‹3›
affourcher ‹1›
affourrager ‹3›
affranchir ‹2›
affréter ‹6›
affriander ‹1›
affrioler ‹1›
affronter ‹1›
affubler ‹1›
affûter ou **affuter*** ‹1›
africaniser ‹1›
agacer ‹3›
agencer ‹3›
agenouiller (s') ‹1› **(aux. être)**
agglomérer ‹6›
agglutiner ‹1›
aggraver ‹1›
agioter ‹1›
agir ‹2›
agiter ‹1›
agneler ‹5›
agonir ‹2›
agoniser ‹1›
agrafer ‹1›
agrandir ‹2›
agréer ‹1›
agréger ‹3 et 6›
agrémenter ‹1›
agresser ‹1›
agripper ‹1›
aguerrir ‹2›
aguicher ‹1›
ahaner ‹1›
aheurter ‹1›
ahurir ‹2›
aider ‹1›
aigrir ‹2›
aiguer ‹1›

Conjuguez sans fautes

aiguiller ‹1›
aiguilleter ‹4›
aiguillonner ‹1›
aiguiser ‹1›
ailler ‹1›
aimanter ‹1›
aimer ‹1›
airer ‹1›
ajointer ‹1›
ajourer ‹1›
ajourner ‹1›
ajouter ‹1›
ajuster ‹1›
alanguir ‹2›
alarguer ‹1›
alarmer ‹1›
alcaliniser ‹1›
alcooliser ‹1›
alerter ‹1›
aléser ‹6›
aleviner ‹1›
algébriser ‹1›
aliéner ‹6›
aligner ‹1›
alimenter ‹1›
alinéatiser ‹1›
aliter ‹1›
allaiter ‹1›
allécher ‹6›
alléger ‹6›
alléguer ‹6›
aller ‹9› **(aux. être)**
allier ‹7›
allonger ‹3›
allotir ‹2›
allouer ‹1›
allumer ‹1›
allusionner ‹1›
alluvionner ‹1›
alourdir ‹2›
alpaguer ‹1›
alper ‹1›

Conjuguez sans fautes   **alphabétiser - approprier**

alphabétiser ‹1›
altérer ‹6›
alterner ‹1›
aluminer ‹1›
aluner ‹1›
alunir ‹2›
amabiliser ‹1›
amadouer ‹1›
amaigrir ‹2›
amalgamer ‹1›
amariner ‹1›
amarrer ‹1›
amasser ‹1›
amateloter ‹1›
amatir ‹2›
ambiancer ‹3›
ambitionner ‹1›
ambler ‹1›
ambrer ‹1›
ambuler ‹1›
améliorer ‹1›
aménager ‹3›
amender ‹1›
amener ‹5›
amenuiser ‹1›
américaniser ‹1›
amerrir ‹2›
ameublir ‹2›
ameuter ‹1›
amidonner ‹1›
amincir ‹2›
amnistier ‹7›
amocher ‹1›
amodier ‹7›
amoindrir ‹2›
amollir ‹2›
amonceler ‹4›
amorcer ‹3›
amortir ‹2›
amouracher (s') ‹1›
(aux. être)
amplifier ‹7›
amputer ‹1›

amuïr (s') ‹2›
(aux. être)
amunitionner ‹1›
amurer ‹1›
amuser ‹1›
anagrammatiser ‹1›
anagrammer ‹1›
analyser ‹1›
anastomoser ‹1›
anathématiser ‹1›
ancrer ‹1›
anéantir ‹2›
anémier ‹7›
anesthésier ‹7›
anglaiser ‹1›
angliciser ‹1›
angoisser ‹1›
anhéler ‹6›
animaliser ‹1›
animer ‹1›
aniser ‹1›
ankyloser ‹1›
anneler ‹4›
annexer ‹1›
annihiler ‹1›
annoncer ‹3›
annoter ‹1›
annualiser ‹1›
annuler ‹1›
anoblir ‹2›
anodiser ‹1›
ânonner ‹1›
anonymiser ‹1›
anordir ‹2›
antagoniser ‹1›
antéposer ‹1›
anthropomorphiser ‹1›
anticiper ‹1›
antidater ‹1›
antiparasiter ‹1›
apaiser ‹1›
apercevoir ‹28›

apetisser ‹1›
apeurer ‹1›
apiquer ‹1›
apitoyer ‹8›
aplanir ‹2›
aplatir ‹2›
apostasier ‹7›
apostiller ‹1›
apostropher ‹1›
apparaître
ou apparaitre* ‹57›
(aux. avoir, être)
appareiller ‹1›
apparenter ‹1›
apparier ‹7›
apparoir ‹déf. seult à l'infinitif et à la 3e pers. du singulier de l'indicatif présent›
appartenir ‹22›
appâter ‹1›
appauvrir ‹2›
appeler ‹4›
appendre ‹41›
appertiser ‹1›
appesantir ‹2›
applaudir ‹2›
appliquer ‹1›
appoggiaturer ‹1›
appointer ‹1›
appointir ‹2›
appondre ‹41›
apponter ‹1›
apporter ‹1›
apposer ‹1›
apprécier ‹7›
appréhender ‹1›
apprendre ‹58›
apprêter ‹1›
apprivoiser ‹1›
approcher ‹1›
approfondir ‹2›
approprier ‹7›

approuver - attribuer

approuver ‹1›
approvisionner ‹1›
appuyer ‹8›
apurer ‹1›
aquareller ‹1›
arabiser ‹1›
araser ‹1›
arbitrer ‹1›
arborer ‹1›
arcbouter ‹1›
architecturer ‹1›
archiver ‹1›
arçonner ‹1›
ardoiser ‹1›
argenter ‹1›
arguer
  ou argüer* ‹1›
argumenter ‹1›
arianiser ‹1›
ariser ‹1›
armaturer ‹1›
armer ‹1›
armorier ‹7›
arnaquer ‹1›
aromatiser ‹1›
arpéger ‹3 et 6›
arpenter ‹1›
arquer ‹1›
arracher ‹1›
arraisonner ‹1›
arranger ‹3›
arrenter ‹1›
arrérager ‹3›
arrêter ‹1›
arriérer ‹6›
arrimer ‹1›
ariser ‹1›
arriver ‹1› (aux. être)
arroger (s') ‹3›
  (aux. être)
arrondir ‹2›
arroser ‹1›
arsouiller ‹1›

arsouiller (s') ‹1›
  (aux. être)
articuler ‹1›
artificialiser ‹1›
ascendre ‹41›
ascensionner ‹1›
aseptiser ‹1›
asiler ‹1›
aspecter ‹1›
asperger ‹3›
asphalter ‹1›
asphyxier ‹7›
aspirer ‹1›
assabler ‹1›
assagir ‹2›
assaillir ‹13›
assainir ‹2›
assaisonner ‹1›
assarmenter ‹1›
assassiner ‹1›
assauvagir ‹2›
assavoir ‹déf. seult à l'infinitif et après le verbe faire›
assécher ‹6›
assembler ‹1›
assener ‹5›
  ou asséner ‹6›
assentir ‹16›
asseoir
  ou assoir* ‹26›
assermenter ‹1›
asserter ‹1›
asservir ‹2›
assibiler ‹1›
assiéger ‹3 et 6›
assigner ‹1›
assimiler ‹1›
assister ‹1›
associer ‹7›
assoiffer ‹1›
assoler ‹1›
assombrir ‹2›
assommer ‹1›

assonancer ‹3›
assortir ‹2›
assoupir ‹2›
assouplir ‹2›
assourdir ‹2›
assouvir ‹2›
assujettir ‹2›
assumer ‹1›
assurer ‹1›
asticoter ‹1›
astiquer ‹1›
astreindre ‹52›
atermoyer ‹8›
athéiser ‹1›
atomiser ‹1›
atrophier ‹7›
attabler ‹1›
attacher ‹1›
attaquer ‹1›
attarder ‹1›
atteindre ‹52›
atteler ‹4›
attendre ‹41›
attendrir ‹2›
attenir ‹22›
attenter ‹1›
attentionner (s') ‹1›
  (aux. être)
atténuer ‹1›
atterrer ‹1›
atterrir ‹2›
attester ‹1›
attiédir ‹2›
attifer ‹1›
attiger ‹3›
attirer ‹1›
attiser ‹1›
attitrer ‹1›
attoucher ‹1›
attraire ‹déf. 50 usité surtout à l'infinitif›
attraper ‹1›
attribuer ‹1›

Conjuguez sans fautes   **attrister - bâillonner**

attrister ‹1›
attrouper ‹1›
aubader ‹1›
audiencer ‹1›
auditer ‹1›
auditionner ‹1›
augmenter ‹1›
augurer ‹1›
auner ‹1›
auréoler ‹1›
aurifier ‹7›
ausculter ‹1›
authentifier ‹7›
authentiquer ‹1›
autoaccuser (s') ‹1› (aux. être)
auto-administrer (s') ‹1› (aux. être)
autocensurer (s') ‹1› (aux. être)
autocongratuler (s') ‹1› (aux. être)
autocontrôler (s') ‹1› (aux. être)
autocorriger (s') ‹3› (aux. être)
autocratiser ‹1›
autocritiquer (s') ‹1› (aux. être)
autodéfendre (s') ‹41› (aux. être)
autodéfinir (s') ‹2› (aux. être)
autodégrader (s') ‹1› (aux. être)
autodéterminer (s') ‹1› (aux. être)
autodétruire (s') ‹38› (aux. être)
autodiscipliner (s') ‹1› (aux. être)
autoéditer ‹1›
autoévaluer (s') ‹1› (aux. être)

autoféconder (s') ‹1› (aux. être)
autofinancer ‹3›
autoflageller (s') ‹1› (aux. être)
autoformer (s') ‹1› (aux. être)
autogérer (s') ‹6› (aux. être)
autographier ‹7›
autolyser (s') ‹1› (aux. être)
automatiser ‹1›
automutiler (s') ‹1› (aux. être)
autonomiser (s') ‹1› (aux. être)
autoparodier ‹7›
autoproclamer (s') ‹1› (aux. être)
autoproduire (s') ‹38› (aux. être)
autopsier ‹7›
autoréguler ‹1›
autoréparer (s') ‹1› (aux. être)
autorépliquer (s') ‹1› (aux. être)
autoriser ‹1›
autosuggestionner (s') ‹1› (aux. être)
autotomiser (s') ‹1› (aux. être)
avachir ‹2›
avalancher ‹1›
avaler ‹1›
avaliser ‹1›
avancer ‹3›
avantager ‹3›
avarier ‹7›
aventurer ‹1›
avérer ‹déf. 6› le v. tr. n'existe qu'à l'infinitif et au **p. p.** avéré ; le v. pr. n'est usité qu'aux 3ᵉ pers. et au p. présent s'avérant
avertir ‹2›
aveugler ‹1›
aveulir ‹2›
avilir ‹2›
aviner ‹1›
avironner ‹1›
aviser ‹1›
avitailler ‹1›
aviver ‹1›
avoiner ‹1›
avoir ‹34›
avoisiner ‹1›
avorter ‹1›
avouer ‹1›
avoyer ‹8›
axer ‹1›
axiomatiser ‹1›
azimuter ‹1›
azurer ‹1›
babiller ‹1›
bâcher ‹1›
bachoter ‹1›
bâcler ‹1›
badauder ‹1›
bader ‹1›
badger ‹3›
badigeonner ‹1›
badiner ‹1›
baffer ‹1›
bafouer ‹1›
bafouiller ‹1›
bâfrer ‹1›
bagarrer ‹1›
baguenauder ‹1›
baguer ‹1›
baigner ‹1›
bailler ‹1›
bâiller ‹1›
bâillonner ‹1›

221

baiser - biscuiter

baiser ‹1›
baisoter ‹1›
baisser ‹1›
bakéliser ‹1›
balader ‹1›
balafrer ‹1›
balancer ‹3›
balayer ‹8›
balbutier ‹7›
baliser ‹1›
balkaniser ‹1›
ballaster ‹1›
baller ‹1›
ballonner ‹1›
ballotter
  ou balloter* ‹1›
balustrer ‹1›
bambocher ‹1›
banaliser ‹1›
bananer ‹1›
bancher ‹1›
bander ‹1›
bannir ‹2›
banquer ‹1›
banqueter ‹4›
baptiser ‹1›
baqueter ‹4›
baragouiner ‹1›
baraquer ‹1›
baratiner ‹1›
baratter ‹1›
barbariser ‹1›
barber ‹1›
barbifier ‹7›
barboter ‹1›
barbouiller ‹1›
barder ‹1›
baréter ‹6›
barguigner ‹1›
barioler ‹1›
barjaquer ‹1›
baronifier ‹7›

baronner ‹1›
baroquiser (se) ‹1›
  (aux. être)
barrer ‹1›
barricader ‹1›
barrir ‹2›
bartériser ‹1›
barytonner ‹1›
basaner ‹1›
basculer ‹1›
baser ‹1›
bassiner ‹1›
baster ‹1›
bastinguer ‹1›
bastonner ‹1›
batailler ‹1›
bateler ‹4›
bâter ‹1›
batifoler ‹1›
bâtir ‹2›
bâtonner ‹1›
battre ‹41›
bauger (se) ‹3›
  (aux. être)
bavarder ‹1›
bavasser ‹1›
baver ‹1›
bavoter ‹1›
bayer ‹déf. seult à l'infinitif›
bazarder ‹1›
béatifier ‹7›
bêcher ‹1›
bécheveter ‹4›
bécoter ‹1›
becquer ‹1›
becqueter ‹4›
becter ‹1›
bedonner ‹1›
béer ‹1›
bégayer ‹8›
bégueter ‹5›
bêler ‹1›

bémoliser ‹1›
bénéficier ‹7›
bénir ‹2 p. p. béni, ie et
  bénit, ite›
béqueter ‹4›
béquiller ‹1›
bercer ‹3›
berner ‹1›
bertillonner ‹1›
besogner ‹1›
bestialiser ‹1›
bêtifier ‹7›
bétonner ‹1›
beugler ‹1›
beurrer ‹1›
biaiser ‹1›
bibeloter ‹1›
biberonner ‹1›
bibliographier ‹7›
bicher ‹1›
bichonner ‹1›
bidonner ‹1›
bidouiller ‹1›
bienvenir ‹déf. seult à
  l'infinitif›
biffer ‹1›
biffetonner ‹1›
bifurquer ‹1›
bigarrer ‹1›
bigler ‹1›
bigner (se) ‹1›
  (aux. être)
bigophoner ‹1›
bigorner ‹1›
biler (se) ‹1› (aux. être)
bilinguiser ‹1›
billarder ‹1›
biner ‹1›
biographier ‹7›
biologiser ‹1›
biopsier ‹7›
biper ‹1›
biscuiter ‹1›

Conjuguez sans fautes — **biseauter - bramer**

- biseauter ‹1›
- biser ‹1›
- bisouter ‹1›
- bisquer ‹1›
- bissecter ‹1›
- bisser ‹1›
- bistouriser ‹1›
- bistourner ‹1›
- bistrer ‹1›
- biter ‹1›
- bitumer ‹1›
- biturer (se) ‹1› (aux. être)
- bivouaquer ‹1›
- bizuter ‹1›
- blablater ‹1›
- blackbouler ‹1›
- blaguer ‹1›
- blaireauter ‹1›
- blairer ‹1›
- blâmer ‹1›
- blanchir ‹2›
- blanchoyer ‹8›
- blaser ‹1›
- blasonner ‹1›
- blasphémer ‹6›
- blatérer ‹6›
- blêmir ‹2›
- bléser ‹6›
- blesser ‹1›
- blettir ‹2›
- bleuir ‹2›
- bleuter ‹1›
- blinder ‹1›
- blinquer ‹1›
- blistériser ‹1›
- bloguer ‹1›
- blondir ‹2›
- blondoyer ‹8›
- bloquer ‹1›
- blottir (se) ‹2› (aux. être)
- blouser ‹1›
- bluetter ‹1›
- bluffer ‹1›
- bluter ‹1›
- bobiner ‹1›
- bocarder ‹1›
- bœufer ‹1›
- boguer ‹1›
- **boire** ‹53›
- boiser ‹1›
- boitailler ‹1›
- boiter ‹1›
- boitiller ‹1›
- bolcheviser ‹1›
- bombarder ‹1›
- bomber ‹1›
- bombiner ‹1›
- bondir ‹2›
- bonifier ‹7›
- bonimenter ‹1›
- booker ‹1›
- booster ‹1›
- booter ‹1›
- bordéliser ‹1›
- border ‹1›
- bordurer ‹1›
- borner ‹1›
- bornoyer ‹8›
- bosseler ‹4›
- bosser ‹1›
- bossuer ‹1›
- bostonner ‹1›
- botaniser ‹1›
- botteler ‹4›
- botter ‹1›
- boubouler ‹1›
- boucaner ‹1›
- boucharder ‹1›
- boucher ‹1›
- bouchonner ‹1›
- boucler ‹1›
- bouder ‹1›
- boudiner ‹1›
- bouffarder ‹1›
- bouffer ‹1›
- bouffir ‹2›
- bouffonner ‹1›
- **bouger** ‹3›
- bougonner ‹1›
- **bouillir** ‹15›
- bouillonner ‹1›
- bouillotter
  ou bouilloter* ‹1›
- boulanger ‹3›
- bouler ‹1›
- bouleverser ‹1›
- boulocher ‹1›
- boulonner ‹1›
- boulotter ‹1›
- boumer ‹1›
- bouquiner ‹1›
- bourdonner ‹1›
- bourgeonner ‹1›
- bourlinguer ‹1›
- bourreler ‹4›
- bourrer ‹1›
- boursicoter ‹1›
- boursoufler
  ou boursouffler ‹1›
- bousculer ‹1›
- bousiller ‹1›
- boustifailler ‹1›
- bouter ‹1›
- boutonner ‹1›
- bouturer ‹1›
- bouveter ‹4›
- boxer ‹1›
- boyauter (se) ‹1› (aux. être)
- boycotter ‹1›
- braconner ‹1›
- brader ‹1›
- brailler ‹1›
- braire ‹50›
- braiser ‹1›
- braisiller ‹1›
- bramer ‹1›

brancarder - calaminer (se)

Conjuguez sans fautes

brancarder ‹1›
brancher ‹1›
brandir ‹2›
brandonner ‹1›
brandouiller ‹1›
branler ‹1›
braquer ‹1›
braser ‹1›
brasiller ‹1›
brasquer ‹1›
brasser ‹1›
brasseyer ‹1›
braver ‹1›
brayer ‹8›
breaker ‹1›
bredouiller ‹1›
brêler ‹1›
brésiller ‹1›
brétailler ‹1›
bretteler ‹4›
bretter ‹1›
breveter ‹4›
brichetonner ‹1›
bricoler ‹1›
brider ‹1›
bridger ‹3›
briefer ‹1›
brier ‹7›
brifer
ou briffer ‹1›
brigander ‹1›
briguer ‹1›
brillanter ‹1›
brillantiner ‹1›
briller ‹1›
brimbaler ‹1›
brimer ‹1›
bringuebaler ‹1›
bringuer ‹1›
briquer ‹1›
briqueter ‹4›
briser ‹1›
britanniser ‹1›

brocanter ‹1›
brocarder ‹1›
brocher ‹1›
brocheter ‹4›
broder ‹1›
broncher ‹1›
bronzer ‹1›
brosser ‹1›
brouetter ‹1›
brouillarder ‹1›
brouillasser ‹1›
brouiller ‹1›
brouillonner ‹1›
broussailler ‹1›
brousser ‹1›
brouter ‹1›
broyer ‹8›
bruiner ‹1›
bruire ‹**déf. 2** seult à l'infinitif, à la 3ᵉ pers. et au p. présent›
bruisser ‹1›
bruiter ‹1›
brûler
ou bruler* ‹1›
brumasser ‹1›
brumer ‹1›
brumiser ‹1›
brunir ‹2›
brusquer ‹1›
brutaliser ‹1›
bûcher
ou bucher* ‹1›
bûcheronner
ou bucheronner* ‹1›
budgéter ‹6›
budgétiser ‹1›
buissonner ‹1›
buller ‹1›
bunkeriser ‹1›
bureaucratiser ‹1›
buriner ‹1›
buser ‹1›

busquer ‹1›
buter ‹1›
butiner ‹1›
butter ‹1›
buvoter ‹1›
cabaler ‹1›
cabaner ‹1›
câbler ‹1›
cabosser ‹1›
caboter ‹1›
cabotiner ‹1›
cabrer ‹1›
cabrioler ‹1›
cacaber ‹1›
cacarder ‹1›
cacher ‹1›
cacheter ‹4›
cachetonner ‹1›
cachotter ‹1›
cacographier ‹7›
cadastrer ‹1›
cadavériser (se) ‹1› **(aux. être)**
cadeauter ‹1›
cadenasser ‹1›
cadencer ‹3›
cadmier ‹7›
cadrer ‹1›
cafarder ‹1›
cafeter ‹5›
cafouiller ‹1›
cafter ‹1›
cagnarder ‹1›
caguer ‹1›
cahoter ‹1›
caillasser ‹1›
caillebotter ‹1›
cailler ‹1›
cailleter ‹4›
caillouter ‹1›
cajoler ‹1›
calaminer (se) ‹1› **(aux. être)**

Conjuguez sans fautes — **calamistrer - céder**

- calamistrer ‹1›
- calancher ‹1›
- calandrer ‹1›
- calciner ‹1›
- calculer ‹1›
- calencher ‹1›
- caler ‹1›
- caleter ‹5›
- calfater ‹1›
- calfeutrer ‹1›
- calibrer ‹1›
- câliner ‹1›
- calligraphier ‹7›
- calmer ‹1›
- calmir ‹2›
- calomnier ‹7›
- calorifuger ‹3›
- caloriser ‹1›
- calotter ‹1›
- calquer ‹1›
- calter ‹1›
- cambrer ‹1›
- cambrioler ‹1›
- cameloter ‹1›
- camer (se) ‹1› (aux. être)
- camionner ‹1›
- camoufler ‹1›
- camper ‹1›
- camphrer ‹1›
- canaliser ‹1›
- canarder ‹1›
- cancaner ‹1›
- cancériser ‹1›
- candir (se) ‹2› (aux. être)
- caner ‹1›
- canevasser ‹1›
- canneler ‹4›
- canner ‹1›
- canneter ‹4›
- cannibaliser ‹1›
- canoniser ‹1›
- canonner ‹1›
- canoter ‹1›
- cantiner ‹1›
- cantonaliser ‹1›
- cantonner ‹1›
- canuler ‹1›
- caoutchouter ‹1›
- caparaçonner ‹1›
- capéer ‹1›
- capeler ‹4›
- capeyer ‹1›
- capitaliser ‹1›
- capitonner ‹1›
- capituler ‹1›
- caponner ‹1›
- caporaliser ‹1›
- capoter ‹1›
- capsuler ‹1›
- capter ‹1›
- captiver ‹1›
- capturer ‹1›
- capuchonner ‹1›
- caquer ‹1›
- caqueter ‹5›
- caracoler ‹1›
- caractériser ‹1›
- caramboler ‹1›
- carambouiller ‹1›
- caraméliser ‹1›
- carapater (se) ‹1› (aux. être)
- carbonater ‹1›
- carboniser ‹1›
- carburer ‹1›
- carcailler ‹1›
- carder ‹1›
- cardinaliser ‹1›
- carencer ‹3›
- caréner ‹6›
- caresser ‹1›
- carguer ‹1›
- caricaturer ‹1›
- carier ‹7›
- carillonner ‹1›
- carminer ‹1›
- carnifier (se) ‹7› (aux. être)
- carotter ‹1›
- carreler ‹4›
- carrer ‹1›
- carrosser ‹1›
- carroyer ‹8›
- carter ‹1›
- cartographier ‹7›
- cartonner ‹1›
- carver ‹1›
- cascader ‹1›
- caséifier ‹7›
- casemater ‹1›
- caser ‹1›
- caserner ‹1›
- casquer ‹1›
- casse-croûter ou cassecrouter* ‹1›
- casser ‹1›
- castagner ‹1›
- castrer ‹1›
- cataboliser ‹1›
- cataloguer ‹1›
- catalyser ‹1›
- catapulter ‹1›
- catastropher ‹1›
- catcher ‹1›
- catéchiser ‹1›
- catégoriser ‹1›
- catholiciser ‹1›
- catir ‹2›
- cauchemarder ‹1›
- causer ‹1›
- cautériser ‹1›
- cautionner ‹1›
- cavalcader ‹1›
- cavaler ‹1›
- caver ‹1›
- caviarder ‹1›
- céder ‹6›

ceindre - chorégraphier

ceindre ‹52›
ceinturer ‹1›
célébrer ‹6›
celer ‹5›
cémenter ‹1›
cendrer ‹1›
censurer ‹1›
centraliser ‹1›
centrer ‹1›
centrifuger ‹3›
centupler ‹1›
cercler ‹1›
cerner ‹1›
certifier ‹7›
césariser ‹1›
cesser ‹1›
chabler ‹1›
chagriner ‹1›
chahuter ‹1›
chaîner
 ou chainer* ‹1›
challenger ‹3›
chaloir ‹**déf.** rarissime, sauf à la 3ᵉ pers. du présent de l'indicatif *chaut*›
chalouper ‹1›
chaluter ‹1›
chamailler ‹1›
chamarrer ‹1›
chambarder ‹1›
chambouler ‹1›
chambranler ‹1›
chambrer ‹1›
chamoiser ‹1›
champagniser ‹1›
champignonner ‹1›
champlever ‹5›
chanceler ‹4›
chancir ‹2›
chanfreiner ‹1›
changer ‹3›
chansonner ‹1›
chanter ‹1›

chantonner ‹1›
chantourner ‹1›
chaparder ‹1›
chapeauter ‹1›
chapeler ‹4›
chaperonner ‹1›
chapitrer ‹1›
chaponner ‹1›
chaptaliser ‹1›
charbonner ‹1›
charcler ‹1›
charcuter ‹1›
charger ‹3›
chariboter ‹1›
charioter
 ou charrioter ‹1›
charlataniser ‹1›
charmer ‹1›
charpenter ‹1›
charrier ‹7›
charronner ‹1›
charroyer ‹8›
charruer ‹1›
chartériser ‹1›
chasser ‹1›
châtaigner ‹1›
châtier ‹7›
chatonner ‹1›
chatouiller ‹1›
chatoyer ‹8›
châtrer ‹1›
chatter ‹1›
chauffer ‹1›
chauler ‹1›
chaumer ‹1›
chausser ‹1›
chauvir ‹**16** sauf aux pers. du singulier du présent de l'indicatif et de l'impératif : **2**›
chavirer ‹1›
checker ‹1›
cheminer ‹1›

chemiser ‹1›
chercher ‹1›
chérir ‹2›
chevaler ‹1›
chevaucher ‹1›
cheviller ‹1›
chevronner ‹1›
chevroter ‹1›
chiader ‹1›
chialer ‹1›
chicaner ‹1›
chicorer (se) ‹1›
 (**aux.** être)
chicoter ‹1›
chier ‹7›
chiffonner ‹1›
chiffrer ‹1›
chigner ‹1›
chiner ‹1›
chinoiser ‹1›
chiper ‹1›
chipoter ‹1›
chiquenauder ‹1›
chiquer ‹1›
chlinguer ‹1›
chlorer ‹1›
chloroformer ‹1›
chlorurer ‹1›
choir ‹**déf.** *je chois, tu chois, il choit, ils choient* (les autres personnes manquent au présent) ; *je chus, nous chûmes. Chu, chue* au **p. p.** — Formes vieillies : *je choirai* ou *cherrai, nous choirons* ou *cherrons*›
choisir ‹2›
chômer ‹1›
choper ‹1›
chopiner ‹1›
chopper ‹1›
choquer ‹1›
chorégraphier ‹7›

Conjuguez sans fautes   **chosifier - collaborer**

chosifier ‹7›
chouchouter ‹1›
chouiner ‹1›
chouraver ‹1›
chourer ‹1›
choyer ‹8›
christianiser ‹1›
chromatiser ‹1›
chromer ‹1›
chroniciser (se) ‹1›
  (aux. être)
chroniquer ‹1›
chronométrer ‹6›
chronoprogrammer ‹1›
chuchoter ‹1›
chuinter ‹1›
chuter ‹1›
cibler ‹1›
cicatriser ‹1›
ciller ‹1›
cimenter ‹1›
cinématographier ‹7›
cingler ‹1›
cintrer ‹1›
circoncire ‹37 sauf p. p. *circoncis, ise*›
circonscrire ‹39›
circonstancier ‹7›
circonvenir ‹22›
circonvoisiner ‹1›
circuler ‹1›
cirer ‹1›
cisailler ‹1›
ciseler ‹5›
citer ‹1›
citronner ‹1›
civiliser ‹1›
clabauder ‹1›
claboter ‹1›
claironner ‹1›
clamecer ‹5›
clamer ‹1›

clamper ‹1›
clamser ‹1›
clapir ‹2›
clapir (se) ‹2›
  (aux. être)
clapoter ‹1›
clapper ‹1›
claquemurer ‹1›
claquer ‹1›
claqueter ‹4›
clarifier ‹7›
classer ‹1›
classifier ‹7›
claudiquer ‹1›
claustrer ‹1›
clavarder ‹1›
claveliser ‹1›
claveter ‹4›
clayonner ‹1›
cléricaliser ‹1›
clicher ‹1›
cligner ‹1›
clignoter ‹1›
climatiser ‹1›
clinquer ‹1›
cliper ‹1›
cliquer ‹1›
cliqueter ‹4›
clisser ‹1›
cliver ‹1›
clochardiser ‹1›
clocher ‹1›
clocheter ‹4›
cloisonner ‹1›
cloîtrer
  ou cloitrer* ‹1›
cloner ‹1›
cloper ‹1›
clopiner ‹1›
cloquer ‹1›
clore ‹déf. **45** inusité au passé simple et à l'imparfait de l'indicatif et du subjonctif›

clôturer ‹1›
clouer ‹1›
clouter ‹1›
clustériser ‹1›
coacher ‹1›
coaguler ‹1›
coaliser ‹1›
coasser ‹1›
cocarder (se) ‹1›
  (aux. être)
cocheniller ‹1›
cocher ‹1›
côcher ‹1›
cochonner ‹1›
cocooner ‹1›
cocoter ‹1›
cocotter ‹1›
cocufier ‹7›
codécider ‹1›
coder ‹1›
codifier ‹7›
codiriger ‹3›
coécrire ‹39›
coéditer ‹1›
coexister ‹1›
coffiner ‹1›
coffrer ‹1›
cofinancer ‹3›
cofonder ‹1›
cogérer ‹6›
cogiter ‹1›
cogner ‹1›
cohabiter ‹1›
cohériter ‹1›
coiffer ‹1›
coincer ‹3›
coincher ‹1›
coïncider ‹1›
coïter ‹1›
cokéfier ‹7›
colérer ‹6›
coliser ‹1›
collaborer ‹1›

collapser - conjoindre

collapser ‹1›
collationner ‹1›
collecter ‹1›
collectionner ‹1›
collectiviser ‹1›
coller ‹1›
colleter ‹4›
colliger ‹3›
collisionner ‹1›
colloquer ‹1›
colmater ‹1›
coloniser ‹1›
colophaner ‹1›
colorer ‹1›
colorier ‹7›
coloriser ‹1›
colporter ‹1›
coltiner ‹1›
combattre ‹41›
combiner ‹1›
combler ‹1›
comburer ‹1›
commander ‹1›
commanditer ‹1›
commémorer ‹1›
commencer ‹3›
commenter ‹1›
commercer ‹3›
commercialiser ‹1›
commérer ‹6›
commettre ‹56›
comminer ‹1›
commissionner ‹1›
commotionner ‹1›
commuer ‹1›
communaliser ‹1›
communautariser ‹1›
communier ‹7›
communiquer ‹1›
commuter ‹1›
compacter ‹1›
comparaître

ou comparaitre* ‹57›
comparer ‹1›
comparoir ‹déf. seult à l'infinitif et au p. présent *comparant*›
compartimenter ‹1›
compasser ‹1›
compatir ‹2›
compénétrer ‹6›
compenser ‹1›
compiler ‹1›
compisser ‹1›
complaindre ‹52›
complaire ‹54›
complanter ‹1›
complémenter ‹1›
compléter ‹6›
complexer ‹1›
complexifier ‹7›
complimenter ‹1›
compliquer ‹1›
comploter ‹1›
comporter ‹1›
composer ‹1›
composter ‹1›
compoter ‹1›
comprendre ‹58›
compresser ‹1›
comprimer ‹1›
compromettre ‹56›
comptabiliser ‹1›
compter ‹1›
compulser ‹1›
computer ‹1›
concasser ‹1›
concaténer ‹6›
concéder ‹6›
concélébrer ‹6›
concentrer ‹1›
conceptualiser ‹1›
concerner ‹1›
concerter ‹1›

concevoir ‹28›
chier ‹7›
concilier ‹7›
conclure ‹35›
concocter ‹1›
concorder ‹1›
concourir ‹11›
concréter ‹6›
concrétiser ‹1›
concubiner ‹1›
concurrencer ‹3›
condamner ‹1›
condenser ‹1›
condescendre ‹41›
condimenter ‹1›
conditionner ‹1›
conduire ‹38›
confabuler ‹1›
confectionner ‹1›
confédérer ‹6›
conférer ‹6›
confesser ‹1›
confier ‹7›
configurer ‹1›
confiner ‹1›
confire ‹37›
confirmer ‹1›
confisquer ‹1›
confluer ‹1›
confondre ‹41›
conformer ‹1›
conforter ‹1›
confronter ‹1›
congédier ‹7›
congeler ‹5›
congestionner ‹1›
conglomérer ‹6›
congluten ‹1›
congratuler ‹1›
congréer ‹5›
conjecturer ‹1›
conjoindre ‹49›

Conjuguez sans fautes   conjointer (se) - corder

conjointer (se) ‹1›
  (aux. être)
conjuguer ‹1›
conjurer ‹1›
connaître
  ou connaitre* ‹57›
connecter ‹1›
connoter ‹1›
conquérir ‹21›
consacrer ‹1›
conscientiser ‹1›
conseiller ‹1›
consentir ‹16›
conserver ‹1›
considérer ‹6›
consigner ‹1›
consister ‹1›
consoler ‹1›
consolider ‹1›
consommer ‹1›
consoner ‹1›
conspirer ‹1›
conspuer ‹1›
constater ‹1›
consteller ‹1›
consterner ‹1›
constiper ‹1›
constituer ‹1›
constitutionnaliser ‹1›
construire ‹38›
consulter ‹1›
consumer ‹1›
contacter ‹1›
contagionner ‹1›
containeriser ‹1›
contaminer ‹1›
contempler ‹1›
conteneuriser ‹1›
contenir ‹22›
contenter ‹1›
conter ‹1›
contester ‹1›

contextualiser ‹1›
contingenter ‹1›
continuer ‹1›
contorsionner (se) ‹1›
  (aux. être)
contourner ‹1›
contracter ‹1›
contractualiser ‹1›
contracturer ‹1›
contraindre ‹52›
contrarier ‹7›
contraster ‹1›
contre-attaquer
  ou contrattaquer*
  ‹1›
contrebalancer ‹3›
contrebalancer (s'en)
  ‹3› (aux. être)
contrebattre ‹41›
contrebraquer ‹1›
contrebuter ‹1›
contrecarrer ‹1›
contrecoller ‹1›
contredire ‹37 sauf
  vous contredisez›
contrefaire ‹60›
contrefiche (se) ‹1›
  (aux. être)
contrefoutre (se) ‹déf.
  se conjugue comme
  foutre ; inusité aux passés simple et antérieur de
  l'indicatif, aux passé et
  plus-que-parfait du subjonctif› (aux. être)
contre-indiquer
  ou contrindiquer*
  ‹1›
contremander ‹1›
contre-manifester
  ou contremanifes-
  ter* ‹1›
contremarquer ‹1›
contre-passer
  ou contrepasser* ‹1›

contrer ‹1›
contresigner ‹1›
contre-tirer
  ou contretirer* ‹1›
contretyper ‹1›
contrevenir ‹22›
contribuer ‹1›
contrister ‹1›
contrôler ‹1›
controverser ‹1›
contusionner ‹1›
convaincre ‹42›
convenir ‹22›
  (aux. avoir, être)
conventionner ‹1›
converger ‹3›
conversationner ‹1›
converser ‹1›
convertir ‹2›
convier ‹7›
convivialiser ‹1›
convoiter ‹1›
convoler ‹1›
convoquer ‹1›
convoyer ‹8›
convulser ‹1›
convulsionner ‹1›
coopérer ‹6›
coopter ‹1›
coordonner ‹1›
copartager ‹3›
copermuter ‹1›
copier ‹7›
copiloter ‹1›
copiner ‹1›
coposséder ‹6›
coprésider ‹1›
coproduire ‹38›
copuler ‹1›
coqueter ‹4›
coquiller ‹1›
cordeler ‹4›
corder ‹1›

229

cordonner - croquer

cordonner ‹1›
coréaliser ‹1›
cornaquer ‹1›
cornemuser ‹1›
corner ‹1›
correctionnaliser ‹1›
corréler ‹6›
correspondre ‹41›
corriger ‹3›
corroborer ‹1›
corroder ‹1›
corrompre ‹41›
corroyer ‹8›
corser ‹1›
corseter ‹5›
cosigner ‹1›
cosmétiquer ‹1›
cosser ‹1›
costumer ‹1›
coter ‹1›
cotillonner ‹1›
cotir ‹2›
cotiser ‹1›
cotonner (se) ‹1›
 (aux. être)
côtoyer ‹8›
couchailler ‹1›
coucher ‹1›
couder ‹1›
coudoyer ‹8›
coudre ‹48›
couillonner ‹1›
couiner ‹1›
couler ‹1›
coulisser ‹1›
coupailler ‹1›
couper ‹1›
couperoser ‹1›
coupler ‹1›
courailler ‹1›
courbaturer ‹1›
courber ‹1›
courcailler ‹1›

courir ‹11›
couronner ‹1›
courre (**déf.** seult à l'infinitif présent)
courroucer ‹3›
courser ‹1›
courtauder ‹1›
court-bouillonner ‹1›
court-circuiter ‹1›
courtiser ‹1›
cousiner ‹1›
couteler ‹4›
coûter
 ou couter* ‹1›
couturer ‹1›
couver ‹1›
couvrir ‹18›
cracher ‹1›
crachiner ‹1›
crachoter ‹1›
crachouiller ‹1›
cracker ‹1›
crailler ‹1›
craindre ‹52›
cramer ‹1›
cramoisir ‹2›
cramponner ‹1›
crâner ‹1›
crânoter ‹1›
cranter ‹1›
crapahuter ‹1›
crapoter ‹1›
crapuler ‹1›
craqueler ‹4›
craquer ‹1›
craqueter ‹4›
crasher (se) ‹1›
 (aux. être)
crasser ‹1›
cravacher ‹1›
cravater ‹1›
crawler ‹1›
crayonner ‹1›

crécher ‹6›
crédibiliser ‹1›
créditer ‹1›
créer ‹1›
crémer ‹6›
créneler
 ou crèneler* ‹4›
créner ‹6›
créoliser ‹1›
créosoter ‹1›
crêpeler (se) ‹5›
 (aux. être)
crêper ‹1›
crépir ‹2›
crépiter ‹1›
crételer ‹4›
crêter ‹1›
crétiniser ‹1›
creuser ‹1›
crevasser ‹1›
crever ‹5›
criailler ‹1›
cribler ‹1›
crier ‹7›
criminaliser ‹1›
criquer ‹1›
criser ‹1›
crisper ‹1›
crisser ‹1›
cristalliser ‹1›
criticailler ‹1›
critiquer ‹1›
croasser ‹1›
crocher ‹1›
crocheter ‹5›
croire ‹44›
croiser ‹1›
croître
 ou croitre* ‹55 p. p.
 crû, crue, crus, crues›
croller ‹1›
cronir ‹2›
croquer ‹1›

Conjuguez sans fautes   crosser - débringuer

crosser ‹1›
crotter ‹1›
crouler ‹1›
croupir ‹2›
croustiller ‹1›
croûter
  ou crouter* ‹1›
croûtonner
  ou croutonner* ‹1›
crucifier ‹7›
cryogéniser ‹1›
cryoniser ‹1›
crypter ‹1›
cryptographier ‹7›
cuber ‹1›
cueillir ‹12›
cuirasser ‹1›
cuire ‹38›
cuisiner ‹1›
cuiter (se) ‹1›
  (aux. être)
cuivrer ‹1›
culasser ‹1›
culbuter ‹1›
culer ‹1›
culminer ‹1›
culotter ‹1›
culpabiliser ‹1›
cultiver ‹1›
culturaliser ‹1›
cumuler ‹1›
curariser ‹1›
curer ‹1›
cureter ‹4›
customiser ‹1›
cuveler ‹4›
cuver ‹1›
cyanoser ‹1›
cyanurer ‹1›
cybernétiser ‹1›
cycliser ‹1›
cylindrer ‹1›
dactylographier ‹7›

daguer ‹1›
daguerréotyper ‹1›
daigner ‹1›
daller ‹1›
damasquiner ‹1›
damasser ‹1›
damer ‹1›
damner ‹1›
dandiner ‹1›
dandyfier ‹7›
danser ‹1›
dansoter ‹1›
darder ‹1›
dater ‹1›
dauber ‹1›
dealer ‹1›
déambuler ‹1›
débâcher ‹1›
débâcler ‹1›
débagouler ‹1›
débaguer ‹1›
débâillonner ‹1›
déballaster ‹1›
déballer ‹1›
déballonner (se) ‹1›
  (aux. être)
débalourder ‹1›
débanaliser ‹1›
débander ‹1›
débanquer ‹1›
débaptiser ‹1›
débarbouiller ‹1›
débarder ‹1›
débarouler ‹1›
débarquer ‹1›
débarrasser ‹1›
débarrer ‹1›
débarricader ‹1›
débâter ‹1›
débâtir ‹2›
débattre ‹41›
débaucher ‹1›
débecter ‹1›

débenzoler ‹1›
débéqueter ‹4›
débéquiller ‹1›
débiffer ‹1›
débiliter ‹1›
débillarder ‹1›
débiner ‹1›
débiper ‹1›
débiter ‹1›
déblatérer ‹6›
déblayer ‹8›
débloquer ‹1›
débobiner ‹1›
déboguer ‹1›
déboiser ‹1›
déboîter
  ou déboiter* ‹1›
débonder ‹1›
débondonner ‹1›
déborder ‹1›
débosseler ‹4›
débotteler ‹4›
débotter ‹1›
déboucher ‹1›
déboucler ‹1›
débouillir ‹15›
débouler ‹1›
déboulonner ‹1›
débouquer ‹1›
débourber ‹1›
débourrer ‹1›
débourser ‹1›
déboussoler ‹1›
débouter ‹1›
déboutonner ‹1›
débraguetter ‹1›
débrailler (se) ‹1›
  (aux. être)
débrancher ‹1›
débrayer ‹8›
débrider ‹1›
débriefer ‹1›
débringuer ‹1›

débringuer (se) - décomposer

débringuer (se) ‹1›
 (aux. être)
débrocher ‹1›
débronzer ‹1›
débrouiller ‹1›
débroussailler ‹1›
débrousser ‹1›
débrutir ‹2›
débucher ‹1›
débudgétiser ‹1›
débureaucratiser ‹1›
débusquer ‹1›
débuter ‹1›
décabosser ‹1›
décacheter ‹4›
décadenasser ‹1›
décadrer ‹1›
décaféiner ‹1›
décaisser ‹1›
décalaminer ‹1›
décalcifier ‹7›
décaler ‹1›
décalotter ‹1›
décalquer ‹1›
décamper ‹1›
décaniller ‹1›
décanter ‹1›
décantonner ‹1›
décapeler ‹4›
décaper ‹1›
décapitaliser ‹1›
décapiter ‹1›
décapoter ‹1›
décapsider (se) ‹1›
 (aux. être)
décapsuler ‹1›
décapuchonner ‹1›
décarbonater ‹1›
décarboniser ‹1›
décarboxyler ‹1›
décarburer ‹1›
décarcasser (se) ‹1›
 (aux. être)

décarreler ‹4›
décarrer ‹1›
décartonner ‹1›
décaser ‹1›
décatir ‹2›
décauser ‹1›
décavaillonner ‹1›
décaver ‹1›
décéder ‹6›
déceindre ‹52›
déceler ‹5›
décélérer ‹6›
décentraliser ‹1›
décentrer ‹1›
décercler ‹1›
décérébrer ‹6›
décerner ‹1›
décerveler ‹4›
décesser ‹1›
décevoir ‹28›
déchaîner
 ou déchainer* ‹1›
déchaler ‹1›
déchanter ‹1›
déchaperonner ‹1›
décharger ‹3›
décharner ‹1›
déchauler ‹1›
déchaumer ‹1›
déchausser ‹1›
déchevêtrer ‹1›
décheviller ‹1›
déchiffonner ‹1›
déchiffrer ‹1›
déchiqueter ‹4›
déchirer ‹1›
déchlorurer ‹1›
déchoir ‹déf. 25 futur
 je déchoirai ou vx je
 décherrai ; pas d'impé-
 ratif ni de p. présent›
 (aux. avoir, être)
déchristianiser ‹1›

décider ‹1›
déciller ‹1›
décimaliser ‹1›
décimer ‹1›
décintrer ‹1›
déciviliser ‹1›
déclamer ‹1›
déclancher ‹1›
déclarer ‹1›
déclasser ‹1›
déclassifier ‹7›
déclaveter ‹4›
déclencher ‹1›
déclérialiser ‹1›
déclimater ‹1›
décliner ‹1›
décliquer ‹1›
décliqueter ‹4›
décloisonner ‹1›
décloîtrer
 ou décloitrer* ‹1›
déclore ‹45›
déclouer ‹1›
décocher ‹1›
décoder ‹1›
décoffrer ‹1›
décoiffer ‹1›
décoincer ‹3›
décolérer ‹6›
décoller ‹1›
décolleter ‹4›
décoloniser ‹1›
décolorer ‹1›
décombrer ‹1›
décommander ‹1›
décommettre ‹56›
décommuniser ‹1›
décompacter ‹1›
décompenser ‹1›
décompiler ‹1›
décompléter ‹6›
décomplexer ‹1›
décomposer ‹1›

Conjuguez sans fautes — **décompresser - défiscaliser**

décompresser ‹1›
décomprimer ‹1›
décompter ‹1›
déconcentrer ‹1›
déconcerter ‹1›
déconditionner ‹1›
déconfire ‹37›
décongeler ‹5›
décongestionner ‹1›
déconnecter ‹1›
déconner ‹1›
déconseiller ‹1›
déconsidérer ‹6›
déconsigner ‹1›
déconsolider ‹1›
déconstitutionnaliser ‹1›
déconstruire ‹38›
décontaminer ‹1›
décontenancer ‹3›
décontracter ‹1›
déconventionner ‹1›
décoquiller ‹1›
décorder ‹1›
décorer ‹1›
décorner ‹1›
décorréler ‹6›
décortiquer ‹1›
décoter ‹1›
découcher ‹1›
découdre ‹48›
découler ‹1›
découper ‹1›
découpler ‹1›
décourager ‹3›
découronner ‹1›
découvrir ‹18›
décramponner ‹1›
décrapouiller (se) ‹1›
(aux. être)
décrasser ‹1›
décrédibiliser ‹1›
décréditer ‹1›

décréoliser ‹1›
décrêpeler ‹5›
décrêper ‹1›
décrépir ‹2›
décréter ‹6›
décreuser ‹1›
décrier ‹7›
décriminaliser ‹1›
décrire ‹39›
décrisper ‹1›
décristalliser (se) ‹1›
(aux. être)
décrocher ‹1›
décroiser ‹1›
décroître
ou décroitre* ‹55›
p. p. *décru, décrue,
décrus, décrues*›
décrotter ‹1›
décroûter
ou décrouter* ‹1›
décruer ‹1›
décrypter ‹1›
décuirasser ‹1›
décuire ‹38›
décuiter ‹1›
décuivrer ‹1›
déculasser ‹1›
déculotter ‹1›
déculpabiliser ‹1›
décupler ‹1›
décuver ‹1›
dédaigner ‹1›
dédicacer ‹3›
dédier ‹7›
dédifférencier (se) ‹7›
(aux. être)
dédire ‹37 sauf *vous
dédisez*›
dédiviniser ‹1›
dédommager ‹3›
dédorer ‹1›
dédouaner ‹1›

dédoubler ‹1›
dédoublonner ‹1›
dédramatiser ‹1›
déduire ‹38›
défâcher (se) ‹1›
(aux. être)
défaçonner ‹1›
défaillir ‹13 futur *je
défaillirai* ou vx *je défaudrai*›
défaire ‹60›
défalquer ‹1›
défarder ‹1›
défarguer (se) ‹1›
(aux. être)
défatiguer ‹1›
défaufiler ‹1›
défausser ‹1›
défausser (se) ‹1›
(aux. être)
défavoriser ‹1›
déféminiser ‹1›
défendre ‹41›
défenestrer ‹1›
déféquer ‹6›
déférer ‹6›
déferler ‹1›
déferrer ‹1›
défeuiller ‹1›
défeutrer ‹1›
défibrer ‹1›
défibriller ‹1›
défibriner ‹1›
déficeler ‹4›
défier ‹7›
défier (se) ‹7›
(aux. être)
défiger ‹3›
défigurer ‹1›
défiler ‹1›
défilocher ‹1›
définir ‹2›
défiscaliser ‹1›

déflagrer - délier

- déflagrer ‹1›
- défléchir ‹2›
- défleurir ‹2›
- défloquer ‹1›
- déflorer ‹1›
- défluer ‹1›
- défocaliser ‹1›
- défolier ‹7›
- défoncer ‹3›
- déforcer ‹2›
- déforester ‹1›
- déformer ‹1›
- défouler ‹1›
- défourailler ‹1›
- défourner ‹1›
- défourrer ‹1›
- défragmenter ‹1›
- défraîchir
  ou défraichir* ‹2›
- défranchir ‹2›
- défrayer ‹8›
- défricher ‹1›
- défringuer ‹1›
- défriper ‹1›
- défriser ‹1›
- défroisser ‹1›
- défroncer ‹3›
- défroquer ‹1›
- défruiter ‹1›
- défubler ‹1›
- dégager ‹3›
- dégainer ‹1›
- dégalonner ‹1›
- déganter ‹1›
- dégarnir ‹2›
- dégarouler ‹1›
- dégauchir ‹2›
- dégazer ‹1›
- dégazoliner ‹1›
- dégazonner ‹1›
- dégeler ‹5›
- dégêner ‹1›
- dégénérer ‹6›

- dégermer ‹1›
- dégingander (se) ‹1› (aux. être)
- dégîter
  ou dégiter* ‹1›
- dégivrer ‹1›
- déglacer ‹3›
- déglinguer ‹1›
- dégluer ‹1›
- déglutir ‹2›
- dégobiller ‹1›
- dégoiser ‹1›
- dégommer ‹1›
- dégonder ‹1›
- dégonfler ‹1›
- dégorger ‹3›
- dégoter ‹1›
- dégoudronner ‹1›
- dégouliner ‹1›
- dégoupiller ‹1›
- dégourdir ‹2›
- dégoûter
  ou dégouter* ‹1›
- dégoutter ‹1›
- dégrader ‹1›
- dégrafer ‹1›
- dégrainer ‹1›
- dégraisser ‹1›
- dégraveler ‹4›
- dégravoyer ‹8›
- dégréer ‹1›
- dégrever ‹5›
- dégriffer ‹1›
- dégringoler ‹1›
- dégripper ‹1›
- dégriser ‹1›
- dégrosser ‹1›
- dégrossir ‹2›
- dégrouiller (se) ‹1› (aux. être)
- dégrouper ‹1›
- déguerpir ‹2›
- dégueulasser ‹1›

- dégueuler ‹1›
- déguiser ‹1›
- dégurgiter ‹1›
- déguster ‹1›
- déhaler ‹1›
- déhâler ‹1›
- déhancher (se) ‹1› (aux. être)
- déharnacher ‹1›
- déhotter ‹1›
- déhouiller ‹1›
- déifier ‹7›
- déjanter ‹1›
- déjauger ‹3›
- déjaunir ‹2›
- déjeter ‹4›
- déjeuner ‹1›
- déjoindre ‹49›
- déjouer ‹1›
- déjucher ‹1›
- déjudaïser ‹1›
- déjuger (se) ‹3› (aux. être)
- délabialiser ‹1›
- délabrer ‹1›
- délabyrinther ‹1›
- délacer ‹3›
- délainer ‹1›
- délaisser ‹1›
- délaiter ‹1›
- délarder ‹1›
- délasser ‹1›
- délatter ‹1›
- délaver ‹1›
- délayer ‹8›
- déléaturer ‹1›
- délecter ‹1›
- délégitimer ‹1›
- déléguer ‹6›
- délester ‹1›
- délibérer ‹6›
- délicoter ‹1›
- délier ‹7›

Conjuguez sans fautes   délignifier - déparler

délignifier ‹7›
déligoter ‹1›
délimiter ‹1›
délinéamenter ‹1›
délinéer ‹1›
délirer ‹1›
délisser ‹1›
déliter ‹1›
délivrer ‹1›
délocaliser ‹1›
déloger ‹3›
déloguer (se) ‹1›
  (aux. être)
délouquer ‹1›
délover ‹1›
délurer ‹1›
délustrer ‹1›
déluter ‹1›
démacler ‹1›
démagnétiser ‹1›
démaigrir ‹2›
démailler ‹1›
démailloter ‹1›
démancher ‹1›
demander ‹1›
démanger ‹3›
démanteler ‹5›
démantibuler ‹1›
démaquiller ‹1›
démarcher ‹1›
démarier ‹7›
démarquer ‹1›
démarrer ‹1›
démascler ‹1›
démasculiniser ‹1›
démasquer ‹1›
démastiquer ‹1›
démâter ‹1›
dématérialiser ‹1›
démazouter ‹1›
démédicaliser ‹1›
démêler ‹1›
démembrer ‹1›

déménager ‹3›
démener (se) ‹5›
  (aux. être)
démentir ‹16›
démerder (se) ‹1›
  (aux. être)
démériter ‹1›
déméthaniser ‹1›
démettre ‹56›
démeubler ‹1›
demeurer ‹1›
  (aux. avoir, être)
démieller ‹1›
démilitariser ‹1›
déminer ‹1›
déminéraliser ‹1›
démissionner ‹1›
démobiliser ‹1›
démocratiser ‹1›
démoder ‹1›
démoduler ‹1›
démolir ‹2›
démonétiser ‹1›
démoniser ‹1›
démonter ‹1›
démontrer ‹1›
démoraliser ‹1›
démordre ‹41›
démotiver ‹1›
démoucheter ‹4›
démouler ‹1›
démoustiquer ‹1›
démultiplier ‹7›
démunir ‹2›
démurer ‹1›
démuseler ‹4›
démutiser ‹1›
démyéliniser ‹1›
démystifier ‹7›
démythifier ‹7›
dénantir ‹2›
dénasaliser ‹1›
dénationaliser ‹1›

dénatter ‹1›
dénaturaliser ‹1›
dénaturer ‹1›
dénazifier ‹7›
dénébuler ‹1›
dénébuliser ‹1›
déneiger ‹3›
dénerver ‹1›
déniaiser ‹1›
dénicher ‹1›
dénickeler ‹4›
dénicotiniser ‹1›
dénier ‹7›
dénigrer ‹1›
dénitrater ‹1›
dénitrifier ‹7›
déniveler ‹4›
dénoircir ‹2›
dénombrer ‹1›
dénommer ‹1›
dénoncer ‹3›
dénoter ‹1›
dénouer ‹1›
dénoyauter ‹1›
dénoyer ‹8›
densifier ‹7›
denteler ‹4›
dénucléariser ‹1›
dénuder ‹1›
dénuer (se) ‹1›
  (aux. être)
dépailler ‹1›
dépalisser ‹1›
dépanneauter ‹1›
dépanner ‹1›
dépapilloter ‹1›
dépaqueter ‹4›
déparaffiner ‹1›
déparasiter ‹1›
dépareiller ‹1›
déparer ‹1›
déparier ‹7›
déparler ‹1›

déparquer - désaccoutumer

déparquer ‹1›
départager ‹3›
départementaliser ‹1›
départiculariser ‹1›
1. départir ‹16›
(aux. avoir) (distribuer)
2. départir (se) ‹16›
(aux. être) (renoncer à)
dépasser ‹1›
dépassionner ‹1›
dépatouiller (se) ‹1›
(aux. être)
dépatrier ‹7›
dépaver ‹1›
dépayser ‹1›
dépecer ‹3 et 5›
dépêcher ‹1›
dépeigner ‹1›
dépeindre ‹52›
dépelotonner ‹1›
dépénaliser ‹1›
dépendre ‹41›
dépenser ‹1›
dépérir ‹2›
dépersonnaliser ‹1›
dépêtrer ‹1›
dépeupler ‹1›
déphaser ‹1›
déphosphorer ‹1›
dépiauter ‹1›
dépierrer ‹1›
dépigmenter (se) ‹1›
(aux. être)
dépiler ‹1›
dépiquer ‹1›
dépister ‹1›
dépiter ‹1›
dépitonner ‹1›
déplacer ‹3›
déplafonner ‹1›
déplaire ‹54›
déplanter ‹1›

déplâtrer ‹1›
déplier ‹7›
déplisser ‹1›
déplomber ‹1›
déplorer ‹1›
déployer ‹8›
déplumer ‹1›
dépocher ‹1›
dépoétiser ‹1›
dépointer ‹1›
dépoitrailler (se) ‹1›
(aux. être)
dépolariser ‹1›
dépolir ‹2›
dépolitiser ‹1›
dépolluer ‹1›
dépolymériser ‹1›
dépopulariser ‹1›
déporter ‹1›
déposer ‹1›
déposséder ‹6›
dépoter ‹1›
dépoudrer ‹1›
dépouiller ‹1›
dépourvoir ‹déf. 25
usité seult à l'infinitif et
aux temps composés›
dépoussiérer ‹6›
dépraver ‹1›
déprécier ‹7›
déprendre (se) ‹58›
(aux. être)
dépressuriser ‹1›
déprimer ‹1›
dépriser ‹1›
déprogrammer ‹1›
déprolétariser ‹1›
déprotéger ‹6 et 3›
dépsychiatriser ‹1›
dépuceler ‹4›
dépulper ‹1›
dépurer ‹1›
députer ‹1›

déqualifier ‹7›
déraciner ‹1›
dérader ‹1›
dérager ‹3›
déraidir ‹2›
dérailler ‹1›
déraisonner ‹1›
déramer ‹1›
déranger ‹3›
déraper ‹1›
déraser ‹1›
dérater ‹1›
dérationaliser ‹1›
dératiser ‹1›
dérayer ‹8›
déréaliser ‹1›
déréférencer ‹3›
déréglementer
ou dérèglementer*
‹1›
dérégler ‹6›
dérelier ‹7›
dérembourser ‹1›
déresponsabiliser ‹1›
dérider ‹1›
dériver ‹1›
dériveter ‹4›
dérober ‹1›
dérocher ‹1›
déroder ‹1›
déroger ‹3›
déroquer ‹1›
dérouiller ‹2›
dérouiller ‹1›
dérouler ‹1›
dérouter ‹1›
désabonner ‹1›
désabuser ‹1›
désaccentuer ‹1›
désacclimater ‹1›
désaccorder ‹1›
désaccoupler ‹1›
désaccoutumer ‹1›

Conjuguez sans fautes — **désachalander - désenrouer**

désachalander ‹1›
désacidifier ‹7›
désaciérer ‹6›
désacraliser ‹1›
désactiver ‹1›
désadapter ‹1›
désaérer ‹6›
désaffecter ‹1›
désaffectionner (se) ‹1› (aux. être)
désaffilier ‹7›
désaffleurer ‹1›
désaffubler ‹1›
désagrafer ‹1›
désagréer ‹1›
désagréger ‹3 et 6›
désaimanter ‹1›
désaisonnaliser ‹1›
désajuster ‹1›
désaliéner ‹6›
désaligner ‹1›
désaliniser ‹1›
désalper ‹1›
désaltérer ‹6›
désamarrer ‹1›
désambiguïser
 ou désambigüiser* ‹1›
désamianter ‹1›
désamidonner ‹1›
désaminer ‹1›
désamorcer ‹3›
désancrer ‹1›
désangler ‹1›
désangoisser ‹1›
désankyloser ‹1›
désannexer ‹1›
désannoncer ‹3›
désaper ‹1›
désapeurer ‹1›
désappareiller ‹1›
désapparier ‹7›
désappointer ‹1›

désapprendre ‹58›
désapproprier ‹7›
désapprouver ‹1›
désapprovisionner ‹1›
désarçonner ‹1›
désargenter ‹1›
désarmer ‹1›
désarrimer ‹1›
désarticuler ‹1›
désassembler ‹1›
désassimiler ‹1›
désassortir ‹2›
désatomiser ‹1›
désattrister ‹1›
désavantager ‹3›
désavouer ‹1›
désaxer ‹1›
desceller ‹1›
descendre ‹41› (aux. avoir, être)
déscolariser ‹1›
descotcher ‹1›
déséchouer ‹1›
désectoriser ‹1›
déséduquer ‹1›
déségrégationner ‹1›
désélectionner ‹1›
désélectriser ‹1›
désemballer ‹1›
désembobiner ‹1›
désembourber ‹1›
désembourgeoiser ‹1›
désembouteiller ‹1›
désembrouiller ‹1›
désembroussailler ‹1›
désembrunir (se) ‹2› (aux. être)
désembuer ‹1›
désemmailloter ‹1›
désemmancher ‹1›
désempaler ‹1›

désemparer ‹1›
désempeser ‹5›
désempêtrer ‹1›
désempierrer ‹1›
désempiler ‹1›
désemplir ‹2›
désemprisonner ‹1›
désencadrer ‹1›
désencanailler ‹1›
désencarter ‹1›
désenchaîner
 ou désenchainer* ‹1›
désenchanter ‹1›
désenclaver ‹1›
désenclouer ‹1›
désencombrer ‹1›
désencrasser ‹1›
désencroûter
 ou désencrouter* ‹1›
désendetter (se) ‹1› (aux. être)
désénerver ‹1›
désenfiler ‹1›
désenflammer ‹1›
désenfler ‹1›
désenfourner ‹1›
désenfumer ‹1›
désengager ‹3›
désengluer ‹1›
désengorger ‹3›
désengouer (se) ‹1› (aux. être)
désengourdir ‹2›
désengrener ‹5›
désenivrer ‹1›
désenlacer ‹3›
désenlaidir ‹2›
désenneiger ‹3›
désennuyer ‹8›
désenrayer ‹8›
désenrouer ‹1›

désensabler - détimbrer

Conjuguez sans fautes

désensabler ‹1›
désensevelir ‹2›
désensibiliser ‹1›
désensorceler ‹4›
désentoiler ‹1›
désentortiller ‹1›
désentraver ‹1›
désentrelacer ‹3›
désenvaser ‹1›
désenvelopper ‹1›
désenvenimer ‹1›
désenverguer ‹1›
désenvoûter
 ou désenvouter* ‹1›
désépaissir ‹2›
désépargner ‹1›
désépingler ‹1›
déséquilibrer ‹1›
déséquiper ‹1›
déserter ‹1›
désertifier (se) ‹7›
 (aux. être)
désespérer ‹6›
désétatiser ‹1›
désexciter ‹1›
désexualiser ‹1›
déshabiller ‹1›
déshabituer ‹1›
désherber ‹1›
déshériter ‹1›
déshonorer ‹1›
déshuiler ‹1›
déshumaniser ‹1›
déshumidifier ‹7›
déshydrater ‹1›
déshydrogéner ‹6›
déshypothéquer ‹6›
désigner ‹1›
désillusionner ‹1›
désincarcérer ‹6›
désincarner ‹1›
désincruster ‹1›
désindexer ‹1›

désindividualiser ‹1›
désindustrialiser ‹1›
désinfecter ‹1›
désinformer ‹1›
désinhiber ‹1›
désinscrire (se) ‹39›
 (aux. être)
désinsectiser ‹1›
désinsérer ‹6›
désinstaller ‹1›
désintégrer ‹6›
désintellectualiser ‹1›
désintéresser ‹1›
désintoxiquer ‹1›
désinvestir ‹2›
désinviter ‹1›
désirer ‹1›
désister (se) ‹1›
 (aux. être)
désobéir ‹2›
désobliger ‹3›
désobstruer ‹1›
désoccuper ‹1›
désocialiser ‹1›
désodoriser ‹1›
désoler ‹1›
désolidariser ‹1›
désoperculer ‹1›
désopiler ‹1›
désorbiter ‹1›
désorganiser ‹1›
désorienter ‹1›
désosser ‹1›
désoxygéner ‹6›
desquamer ‹1›
dessabler ‹1›
dessaisir ‹2›
dessaisonaliser ‹1›
dessaisonner ‹1›
dessaler ‹1›
dessangler ‹1›
dessaouler ‹1›
dessaper ‹1›

dessécher ‹6›
desseller ‹1›
desserrer ‹1›
dessertir ‹2›
desservir ‹14›
dessiller ‹1›
dessiner ‹1›
dessoler ‹1›
dessoucher ‹1›
dessouder ‹1›
dessoûler
 ou dessouler* ‹1›
dessuinter ‹1›
déstabiliser ‹1›
déstaliniser ‹1›
destiner ‹1›
destituer ‹1›
déstocker ‹1›
déstresser ‹1›
déstructurer ‹1›
désubjectiviser ‹1›
désulfiter ‹1›
désulfurer ‹1›
désunir ‹2›
désurbaniser ‹1›
désynchroniser ‹1›
désyndicaliser ‹1›
détacher ‹1›
détailler ‹1›
détaler ‹1›
détartrer ‹1›
détaxer ‹1›
détecter ‹1›
déteindre ‹52›
dételer ‹4›
détendre ‹41›
détenir ‹22›
déterger ‹3›
détériorer ‹1›
déterminer ‹1›
déterrer ‹1›
détester ‹1›
détimbrer ‹1›

Conjuguez sans fautes   **détirer - dispenser**

détirer ‹1›
détisser ‹1›
détoner ‹1›
détonner ‹1›
détordre ‹41›
détortiller ‹1›
détourer ‹1›
détourner ‹1›
détoxifier ‹7›
détoxiner ‹1›
détoxiquer ‹1›
détracter ‹1›
détraquer ‹1›
détremper ‹1›
détresser ‹1›
détribaliser ‹1›
détricoter ‹1›
détromper ‹1›
détroncher (se) ‹1› (aux. être)
détrôner ‹1›
détroquer ‹1›
détrousser ‹1›
détruire ‹38›
dévaler ‹1›
dévaliser ‹1›
dévaloriser ‹1›
dévaluer ‹1›
devancer ‹3›
dévaser ‹1›
dévaster ‹1›
développer ‹1›
devenir ‹22› (aux. être)
déventer ‹1›
déverglacer ‹3›
dévergonder (se) ‹1› (aux. être)
déverguer ‹1›
dévernir ‹2›
déverrouiller ‹1›
déverser ‹1›
dévêtir ‹20›

dévider ‹1›
dévier ‹7›
deviner ‹1›
dévirer ‹1›
dévirginiser ‹1›
déviriliser ‹1›
déviroler ‹1›
dévisager ‹3›
deviser ‹1›
dévisser ‹1›
dévitaliser ‹1›
dévitaminiser ‹1›
dévitrifier ‹7›
dévoiler ‹1›
devoir ‹28 au p. p. dû, due, dus, dues›
dévolter ‹1›
dévorer ‹1›
dévouer ‹1›
dévoyer ‹8›
dévriller ‹1›
dézinguer ‹1›
dézipper ‹1›
dézoner ‹1›
diaboliser ‹1›
diagnostiquer ‹1›
dialectiser ‹1›
dialoguer ‹1›
dialyser ‹1›
diamanter ‹1›
diaphanéiser ‹1›
diaphragmer ‹1›
diaprer ‹1›
dichotomiser ‹1›
dicter ‹1›
diéseliser ‹1›
diéser ‹6›
diffamer ‹1›
différencier ‹7›
différentier ‹7›
différer ‹6›
difformer ‹1›
diffracter ‹1›

diffuser ‹1›
digérer ‹6›
digitaliser ‹1›
digresser ‹1›
diguer ‹1›
dilacérer ‹6›
dilapider ‹1›
dilater ‹1›
diligenter ‹1›
diluer ‹1›
dimensionner ‹1›
diminuer ‹1›
dindonner ‹1›
dîner
  ou diner* ‹1›
dinguer ‹1›
diphtonguer ‹1›
diplômer ‹1›
dire ‹37›
diriger ‹3›
discerner ‹1›
discipliner ‹1›
discontinuer ‹1›
disconvenir ‹22› (aux. être)
discorder ‹1›
discounter ‹1›
discourir ‹11›
discréditer ‹1›
discrétiser ‹1›
discriminer ‹1›
disculper ‹1›
discutailler ‹1›
discuter ‹1›
disgracier ‹7›
disjoindre ‹49›
disjoncter ‹1›
disloquer ‹1›
disparaître
  ou disparaitre* ‹57› (aux. avoir, être)
dispatcher ‹1›
dispenser ‹1›

239

disperser - écarter

- disperser ‹1›
- disposer ‹1›
- disputailler ‹1›
- disputer ‹1›
- disqualifier ‹7›
- disséminer ‹1›
- disséquer ‹6›
- disserter ‹1›
- dissimuler ‹1›
- dissiper ‹1›
- dissocier ‹7›
- dissoner ‹1›
- dissoudre ‹51 p. p. dissous, dissoute ou dissout*, dissoute›
- dissuader ‹1›
- distancer ‹3›
- distancier ‹7›
- distendre ‹41›
- distiller ‹1›
- distinguer ‹1›
- distordre ‹41›
- distraire ‹50›
- distribuer ‹1›
- divaguer ‹1›
- diverger ‹3›
- diversifier ‹7›
- divertir ‹2›
- diviniser ‹1›
- diviser ‹1›
- divorcer ‹3›
- divulguer ‹1›
- documenter ‹1›
- dodeliner ‹1›
- dogmatiser ‹1›
- doigter ‹1›
- doler ‹1›
- domanialiser ‹1›
- domestiquer ‹1›
- domicilier ‹7›
- dominer ‹1›
- domotiser ‹1›
- dompter ‹1›
- donjuaniser ‹1›
- donner ‹1›
- doper ‹1›
- dorer ‹1›
- dorloter ‹1›
- dormir ‹16›
- doser ‹1›
- doter ‹1›
- double-cliquer ou doublecliquer* ‹1›
- doubler ‹1›
- doublonner ‹1›
- doucher ‹1›
- doucir ‹2›
- douer ‹seult p. p. et temps composés›
- douiller ‹1›
- douter ‹1›
- dracher ‹1›
- dragéifier ‹7›
- drageonner ‹1›
- dragonner ‹1›
- draguer ‹1›
- drainer ‹1›
- dramatiser ‹1›
- draper ‹1›
- draver ‹1›
- drayer ‹8›
- dresser ‹1›
- dribbler ‹1›
- driller ‹1›
- driver ‹1›
- droguer ‹1›
- droitiser ‹1›
- droper ou dropper ‹1›
- drosser ‹1›
- duper ‹1›
- duplexer ‹1›
- dupliquer ‹1›
- durcir ‹2›
- durer ‹1›

Conjuguez sans fautes

- duveter (se) ‹5› (aux. être)
- dynamiser ‹1›
- dynamiter ‹1›
- dysfonctionner ‹1›
- ébahir ‹2›
- ébarber ‹1›
- ébattre (s') ‹41› (aux. être)
- ébaubir ‹2›
- ébaucher ‹1›
- ébaudir ‹2›
- ébavurer ‹1›
- éberluer ‹1›
- ébiseler ‹4›
- éblouir ‹2›
- éborgner ‹1›
- ébouer ‹1›
- ébouillanter ‹1›
- ébouillir ‹15›
- ébouler ‹1›
- ébouqueter ‹4›
- ébourgeonner ‹1›
- ébouriffer ‹1›
- ébourrer ‹1›
- ébouter ‹1›
- ébouturer ‹1›
- ébraiser ‹1›
- ébrancher ‹1›
- ébranler ‹1›
- ébraser ‹1›
- ébrécher ‹6›
- ébrouer (s') ‹1› (aux. être)
- ébruiter ‹1›
- ébruter ‹1›
- écacher ‹1›
- écailler ‹1›
- écaler ‹1›
- écanguer ‹1›
- écarquiller ‹1›
- écarteler ‹5›
- écarter ‹1›

Conjuguez sans fautes **écarver - égrapper**

écarver ⟨1⟩
écatir ⟨2⟩
ecchymoser ⟨1⟩
écéper ⟨6⟩
échafauder ⟨1⟩
échalasser ⟨1⟩
échampir ⟨2⟩
échancrer ⟨1⟩
échanger ⟨3⟩
échantillonner ⟨1⟩
échanvrer ⟨1⟩
échapper ⟨1⟩
échardonner ⟨1⟩
écharner ⟨1⟩
écharper ⟨1⟩
écharpiller ⟨1⟩
échauder ⟨1⟩
échauffer ⟨1⟩
échauler ⟨1⟩
échaumer ⟨1⟩
écheler ⟨4⟩
échelonner ⟨1⟩
écheniller ⟨1⟩
écher ⟨6⟩
écheveler ⟨4⟩
échiner ⟨1⟩
échoir ⟨**déf.** *il échoit* (vx *échet*), *ils échoient*; *il échut*; *il échoira* (vx *écherra*); *il échoirait*; *échéant*, *échu*⟩
échopper ⟨1⟩
échouer ⟨1⟩
écimer ⟨1⟩
éclabousser ⟨1⟩
éclaircir ⟨2⟩
éclairer ⟨1⟩
éclater ⟨1⟩
éclipser ⟨1⟩
éclisser ⟨1⟩
écloper ⟨1⟩
éclore ⟨**déf. 45** rare sauf au présent, infinitif et **p. p.**⟩ (aux. avoir, être)
écluser ⟨1⟩
écobuer ⟨1⟩
écœurer ⟨1⟩
éconduire ⟨38⟩
économiser ⟨1⟩
écoper ⟨1⟩
écorcer ⟨3⟩
écorcher ⟨1⟩
écorer ⟨1⟩
écorner ⟨1⟩
écornifler ⟨1⟩
écosser ⟨1⟩
écouler ⟨1⟩
écourter ⟨1⟩
écouter ⟨1⟩
écouvillonner ⟨1⟩
écrabouiller ⟨1⟩
écraser ⟨1⟩
écrémer ⟨6⟩
écrêter ⟨1⟩
écrier (s') ⟨7⟩ (aux. être)
écrire ⟨39⟩
écrivailler ⟨1⟩
écrivasser ⟨1⟩
écrouer ⟨1⟩
écrouir ⟨2⟩
écrouler (s') ⟨1⟩ (aux. être)
écroûter ou écrouter* ⟨1⟩
ectomiser ⟨1⟩
écuisser ⟨1⟩
éculer ⟨1⟩
écumer ⟨1⟩
écurer ⟨1⟩
écussonner ⟨1⟩
édéniser ⟨1⟩
édenter ⟨1⟩
édicter ⟨1⟩
édifier ⟨7⟩
éditer ⟨1⟩
éditionner ⟨1⟩
édulcorer ⟨1⟩
éduquer ⟨1⟩
éfaufiler ⟨1⟩
effacer ⟨3⟩
effaner ⟨1⟩
effarer ⟨1⟩
effaroucher ⟨1⟩
effectuer ⟨1⟩
efféminer ⟨1⟩
effeuiller ⟨1⟩
effiler ⟨1⟩
effilocher ⟨1⟩
effiloquer (s') ⟨1⟩ (aux. être)
efflanquer ⟨1⟩
effleurer ⟨1⟩
effleurir ⟨2⟩
efflorer (s') ⟨1⟩ (aux. être)
effluer ⟨1⟩
effluver (s') ⟨1⟩ (aux. être)
effondrer ⟨1⟩
efforcer (s') ⟨3⟩ (aux. être)
effranger ⟨3⟩
effrayer ⟨8⟩
effriter ⟨1⟩
effruiter ⟨1⟩
effuser ⟨1⟩
égailler (s') ⟨1⟩ (aux. être)
égaler ⟨1⟩
égaliser ⟨1⟩
égarer ⟨1⟩
égayer ⟨8⟩
égorger ⟨3⟩
égosiller (s') ⟨1⟩ (aux. être)
égoutter ⟨1⟩
égrainer ⟨1⟩
égrapper ⟨1⟩

égratigner - émousser

Conjuguez sans fautes

égratigner ‹1›
égravillonner ‹1›
égrener ‹5›
égréser ‹6›
égriser ‹1›
égruger ‹3›
égueuler ‹1›
égyptianiser ‹1›
éjaculer ‹1›
éjarrer ‹1›
éjecter ‹3›
éjointer ‹1›
élaborer ‹1›
élaguer ‹1›
élancer ‹3›
élargir ‹2›
électrifier ‹7›
électriser ‹1›
électrocuter ‹1›
électrolyser ‹1›
électroniser ‹1›
élégir ‹2›
élever ‹5›
élider ‹1›
élimer ‹1›
éliminer ‹1›
élinguer ‹1›
élire ‹43›
éloigner ‹1›
élonger ‹3›
élucider ‹1›
élucubrer ‹1›
éluder ‹1›
éluer ‹1›
émacier ‹7›
émailler ‹1›
émanciper ‹1›
émaner ‹1›
émarger ‹3›
émasculer ‹1›
embabouiner ‹1›
emballer ‹1›
embalustrer ‹1›

embarbouiller ‹1›
embarder ‹1›
embariller ‹1›
embarquer ‹1›
embarrasser ‹1›
embarrer ‹1›
embastiller ‹1›
embastionner ‹1›
embattre ‹41›
embaucher ‹1›
embaumer ‹1›
embecquer ‹1›
embéguiner ‹1›
embellir ‹2›
emberlificoter ‹1›
embêter ‹1›
emblaver ‹1›
embobeliner ‹1›
embobiner ‹1›
emboire ‹53›
emboîter
  ou emboiter* ‹1›
embosser ‹1›
embotteler ‹4›
emboucaner ‹1›
emboucher ‹1›
embouer ‹1›
embouquer ‹1›
embourber ‹1›
embourgeoiser ‹1›
embourrer ‹1›
embouteiller ‹1›
embouter ‹1›
emboutir ‹2›
embrancher ‹1›
embraquer ‹1›
embraser ‹1›
embrasser ‹1›
embrayer ‹8›
embrever ‹5›
embrigader ‹1›
embringuer ‹1›
embrocher ‹1›

embroncher ‹1›
embrouillarder ‹1›
embrouiller ‹1›
embroussailler ‹1›
embrumer ‹1›
embrunir ‹2›
embûcher
  ou embucher* ‹1›
embuer ‹1›
embusquer ‹1›
émécher ‹6›
émender ‹1›
émerger ‹3›
émerillonner ‹1›
émeriser ‹1›
émerveiller ‹1›
émétiser ‹1›
émettre ‹56›
émietter ‹1›
émigrer ‹1›
émincer ‹3›
emmagasiner ‹1›
emmailler ‹1›
emmailloter ‹1›
emmancher ‹1›
emmêler ‹1›
emménager ‹3›
emmener ‹5›
emmerder ‹1›
emmétrer ‹6›
emmieller ‹1›
emmitoufler ‹1›
emmortaiser ‹1›
emmotter ‹1›
emmouscailler ‹1›
emmurer ‹1›
émonder ‹1›
émorfiler ‹1›
émotionner ‹1›
émotter ‹1›
émoucher ‹1›
émoucheter ‹4›
émousser ‹1›

Conjuguez sans fautes   **émoustiller - encuver**

émoustiller ‹1›
émouvoir ‹27 p. p.
  ému, émue›
empailler ‹1›
empaler ‹1›
empalmer ‹1›
empanacher ‹1›
empanner ‹1›
empaqueter ‹4›
emparer (s') ‹1›
  (aux. être)
empâter ‹1›
empatter ‹1›
empaumer ‹1›
empêcher ‹1›
empeigner ‹1›
empeloter ‹1›
empêner ‹1›
empenneler ‹4›
empenner ‹1›
emperler ‹1›
empeser ‹5›
empester ‹1›
empêtrer ‹1›
empiéger ‹3 et 6›
empierrer ‹1›
empiéter ‹6›
empiffrer (s') ‹1›
  (aux. être)
empiler ‹1›
empirer ‹1›
emplafonner ‹1›
emplâtrer ‹1›
emplir ‹2›
employer ‹8›
emplumer ‹1›
empocher ‹1›
empoigner ‹1›
empointer ‹1›
empoisonner ‹1›
empoisser ‹1›
empoissonner ‹1›
emporter ‹1›

empoter ‹1›
empourprer ‹1›
empoussiérer ‹6›
empreindre ‹52›
empresser (s') ‹1›
  (aux. être)
emprésurer ‹1›
emprisonner ‹1›
emprunter ‹1›
empuantir ‹2›
émuler ‹1›
émulsifier ‹7›
émulsionner ‹1›
enamourer (s') ‹1›
  (aux. être)
encabaner ‹1›
encadrer ‹1›
encager ‹3›
encagouler ‹1›
encaisser ‹1›
encalminer (s') ‹1›
  (aux. être)
encanailler (s') ‹1›
  (aux. être)
encanter ‹1›
encaper ‹1›
encapsuler ‹1›
encapuchonner ‹1›
encaquer ‹1›
encarter ‹1›
encartonner ‹1›
encaserner ‹1›
encastrer ‹1›
encaustiquer ‹1›
encaver ‹1›
enceindre ‹52›
enceinter ‹1›
encelluler ‹1›
encenser ‹1›
encercler ‹1›
enchaîner
  ou enchainer* ‹1›
enchanter ‹1›

enchaperonner ‹1›
encharger ‹3›
enchâsser ‹1›
enchatonner ‹1›
enchausser ‹1›
enchemiser ‹1›
enchérir ‹2›
enchevaucher ‹1›
enchevêtrer ‹1›
encheviller ‹1›
enchifrener ‹5›
enclaver ‹1›
enclencher ‹1›
encliqueter ‹4›
encloîtrer
  ou encloitrer* ‹1›
enclore ‹45 p. présent
  enclosant›
enclouer ‹1›
encocher ‹1›
encoder ‹1›
encoffrer ‹1›
encogner ‹1›
encoigner ‹1›
encoller ‹1›
encombrer ‹1›
encorbeller ‹1›
encorder (s') ‹1›
  (aux. être)
encorder ‹1›
encorner ‹1›
encoubler ‹1›
encourager ‹3›
encourir ‹11›
encrasser ‹1›
encrêper ‹1›
encrer ‹1›
encroiser ‹1›
encroûter
  ou encrouter* ‹1›
encrypter ‹1›
enculer ‹1›
encuver ‹1›

endauber - ensabler

Conjuguez sans fautes

endauber ‹1›
endenter ‹1›
endetter ‹1›
endeuiller ‹1›
endêver ‹1›
endiabler ‹1›
endiguer ‹1›
endimancher (s') ‹1›
(aux. être)
endivisionner ‹1›
endoctriner ‹1›
endolorir ‹2›
endommager ‹3›
endormir ‹16›
endosser ‹1›
enduire ‹38›
endurcir ‹2›
endurer ‹1›
énerver ‹1›
enfaîter
ou enfaiter* ‹1›
enfanter ‹1›
enfarger ‹3›
enfariner ‹1›
enfermer ‹1›
enferrer ‹1›
enficher ‹1›
enfieller ‹1›
enfiévrer ‹6›
enfiler ‹1›
enflammer ‹1›
enfler ‹1›
enfleurer ‹1›
enfoncer ‹3›
enforcir ‹2›
enformer ‹1›
enfouir ‹2›
enfourcher ‹1›
enfourner ‹1›
enfreindre ‹52›
enfuir (s') ‹17›
(aux. être)
enfumer ‹1›

enfutailler ‹1›
enfûter
ou enfuter* ‹1›
engager ‹3›
engainer ‹1›
enganter ‹1›
engaver ‹1›
engazonner ‹1›
engendrer ‹1›
englober ‹1›
engloutir ‹2›
engluer ‹1›
engober ‹1›
engommer ‹1›
engoncer ‹3›
engorger ‹3›
engouer (s') ‹1›
(aux. être)
engouffrer ‹1›
engourdir ‹2›
engrainer ‹1›
engraisser ‹1›
engranger ‹3›
engraver ‹1›
engrêler ‹1›
engrener ‹5›
engrisailler ‹1›
engrosser ‹1›
engrumeler ‹4›
engueuler ‹1›
enguirlander ‹1›
enhardir ‹2›
enharnacher ‹1›
enherber ‹1›
enivrer ‹1›
enjamber ‹1›
enjaveler ‹4›
enjoindre ‹49›
enjôler ‹1›
enjoliver ‹1›
enjoncer ‹3›
enjuguer ‹1›
enjuiver ‹1›

enjuponner ‹1›
enkyster (s') ‹1›
(aux. être)
enlacer ‹3›
enlaidir ‹2›
enlever ‹5›
enliasser ‹1›
enlier ‹7›
enligner ‹1›
enliser ‹1›
enluminer ‹1›
enneiger ‹3›
enniaiser ‹1›
ennoblir ‹2›
ennuager ‹3›
ennuyer ‹8›
énoncer ‹3›
enorgueillir ‹2›
énouer ‹1›
énoyauter ‹1›
enquérir (s') ‹21›
(aux. être)
enquêter ‹1›
enquiller ‹1›
enquiquiner ‹1›
enraciner ‹1›
enrager ‹3›
enrailler ‹1›
enrayer ‹8›
enrégimenter ‹1›
enregistrer ‹1›
enrêner ‹1›
enrésiner ‹1›
enrhumer ‹1›
enrichir ‹2›
enrober ‹1›
enrocher ‹1›
enrôler ‹1›
enrouer ‹1›
enrouiller ‹1›
enrouler ‹1›
enrubanner ‹1›
ensabler ‹1›

Conjuguez sans fautes   ensacher - énucléer

ensacher ‹1›
ensaisiner ‹1›
ensanglanter ‹1›
ensaquer ‹1›
ensauvager ‹3›
ensauver (s') ‹1› (aux. être)
enseigner ‹1›
ensemencer ‹3›
enserrer ‹1›
ensevelir ‹2›
ensiler ‹1›
ensoleiller ‹1›
ensommeiller ‹1›
ensorceler ‹4›
ensoufrer ‹1›
ensouiller ‹1›
ensoutaner ‹1›
enstérer ‹6›
ensuifer ‹1›
ensuivre (s') ‹déf. 40 seult à l'infinitif et à la 3ᵉ pers.› (aux. être)
entabler ‹1›
entacher ‹1›
entailler ‹1›
entamer ‹1›
entarter ‹1›
entartrer ‹1›
entasser ‹1›
entendre ‹41›
enténébrer ‹6›
enter ‹1›
entériner ‹1›
enterrer ‹1›
entêter ‹1›
enthousiasmer ‹1›
enticher ‹1›
entoiler ‹1›
entôler ‹1›
entonner ‹1›
entortiller ‹1›
entourer ‹1›

entourlouper ‹1›
entraccorder (s') ‹1› (aux. être)
entraccuser (s') ‹1› (aux. être)
entradmirer (s') ‹1› (aux. être)
entraider (s') ‹1› (aux. être)
entr'aimer (s') ‹1› (aux. être)
entraîner
 ou entrainer* ‹1›
entrapercevoir ‹28›
entr'apparaître
 ou entrapparaitre* ‹57›
entraver ‹1›
entrebâiller ‹1›
entrebattre (s') ‹41 battre› (aux. être)
entrechoquer ‹1›
entrecouper ‹1›
entrecroiser ‹1›
entrecueillir ‹12›
entredéchirer (s') ‹1› (aux. être)
entredétruire (s') ‹38› (aux. être)
entredévorer (s') ‹1› (aux. être)
entredonner (s') ‹1› (aux. être)
entre-égorger (s') ‹3› (aux. être)
entrefermer ‹1›
entrefrapper (s') ‹1› (aux. être)
entr'égorger
 ou entrégorger (s') ‹3› (aux. être)
entregreffer (s') ‹1› (aux. être)
entrehaïr (s') ‹10› (aux. être)

entreheurter (s') ‹1› (aux. être)
entrelacer ‹3›
entrelarder ‹1›
entremanger (s') ‹3› (aux. être)
entremêler ‹1›
entremettre (s') ‹56› (aux. être)
entrenuire (s') ‹38› (aux. être)
entrepardonner (s') ‹1› (aux. être)
entrepénétrer (s') ‹6› (aux. être)
entrepercer (s') ‹3› (aux. être)
entreposer ‹1›
entrepousser (s') ‹1› (aux. être)
entreprendre ‹58›
entrequereller (s') ‹1› (aux. être)
entrer ‹1›
entreregarder (s') ‹1› (aux. être)
entretailler (s') ‹1› (aux. être)
entretenir ‹22›
entretisser ‹1›
entretoiser ‹1›
entretuer (s') ‹1› (aux. être)
entrevoir ‹30›
entrevoûter
 ou entrevouter* ‹1›
entrexaminer (s') ‹1› (aux. être)
entrobliger (s') ‹3› (aux. être)
entrouvrir ‹18›
entuber ‹1›
enturbanner ‹1›
énucléer ‹1›

énumérer - essayer

énumérer ‹6›
envahir ‹2›
envaser ‹1›
envelopper ‹1›
envenimer ‹1›
enverger ‹3›
enverguer ‹1›
envider ‹1›
envieillir ‹2›
envier ‹7›
environner ‹1›
envisager ‹3›
envoiler (s') ‹1› **(aux. être)**
envoisiner ‹1›
envoler (s') ‹1› **(aux. être)**
envoûter
ou envouter* ‹1›
envoyer ‹8 futur j'enverrai, tu enverras, etc.›
épailler ‹1›
épaissir ‹2›
épaler ‹1›
épamprer ‹1›
épancher ‹1›
épandre ‹41›
épanneler ‹4›
épanner ‹1›
épanouir ‹2›
épargner ‹1›
éparpiller ‹1›
épartir ‹16›
épater ‹1›
épaufrer ‹1›
épauler ‹1›
épeler ‹4›
épépiner ‹1›
éperdre ‹41›
éperonner ‹1›
épeurer ‹1›
épicer ‹3›
épier ‹7›

épierrer ‹1›
épiler ‹1›
épiloguer ‹1›
épinceler ‹4›
épincer ‹3›
épinceter ‹4›
épiner ‹1›
épingler ‹1›
épisser ‹1›
épivarder (s') ‹1› **(aux. être)**
éployer ‹8›
éplucher ‹1›
époinçonner ‹1›
époindre ‹49›
épointer ‹1›
éponger ‹3›
épontiller ‹1›
épouiller ‹1›
époumoner (s') ‹1› **(aux. être)**
épouser ‹1›
épousseter ‹4›
époustoufler ‹1›
époutir ‹2›
épouvanter ‹1›
épreindre ‹52›
éprendre (s') ‹58› **(aux. être)**
éprouver ‹1›
épucer ‹3›
épuiser ‹1›
épurer ‹1›
équarrir ‹2›
équerrer ‹1›
équeuter ‹1›
équilibrer ‹1›
équiper ‹1›
équipoller ‹1›
équivaloir ‹29 rare à l'infinitif›
équivoquer ‹1›
éradiquer ‹1›

érafler ‹1›
érailler ‹1›
éreinter ‹1›
ergoter ‹1›
ériger ‹3›
éroder ‹1›
érotiser ‹1›
errer ‹1›
éructer ‹1›
esbaudir (s') ‹2› **(aux. être)**
esbigner (s') ‹1› **(aux. être)**
esbroufer ‹1›
escadronner ‹1›
escagasser ‹1›
escalader ‹1›
escaloper ‹1›
escamoter ‹1›
escarrifier ‹7›
escher ‹1›
esclaffer (s') ‹1› **(aux. être)**
esclavager ‹3›
escobarder ‹1›
escompter ‹1›
escorter ‹1›
escrimer (s') ‹1› **(aux. être)**
escroquer ‹1›
esgourder ‹1›
espacer ‹3›
espagnoliser ‹1›
espérer ‹6›
espionner ‹1›
esquicher ‹1›
esquinter ‹1›
esquisser ‹1›
esquiver ‹1›
essaimer ‹1›
essanger ‹3›
essarder ‹1›
essarter ‹1›
essayer ‹8›

Conjuguez sans fautes

Conjuguez sans fautes   **essentialiser - exhaler**

essentialiser ‹1›	éternuer ‹1›	évaporer ‹1›
esseuler ‹1›	étêter ‹1›	évaser ‹1›
essorer ‹1›	éthérifier ‹7›	éveiller ‹1›
essoriller ‹1›	éthériser ‹1›	éventer ‹1›
essoucher ‹1›	ethniciser ‹1›	éventrer ‹1›
essouffler ‹1›	étinceler ‹4›	évertuer (s') ‹1› (aux. être)
essuyer ‹8›	étioler ‹1›	évider ‹1›
estafilader ‹1›	étiqueter ‹4›	évincer ‹3›
estamper ‹1›	étirer ‹1›	éviscérer ‹6›
estampiller ‹1›	étoffer ‹1›	éviter ‹1›
ester ‹déf. seult à l'infinitif›	étoiler ‹1›	évoluer ‹1›
estérifier ‹7›	étonner ‹1›	évoquer ‹1›
esthétiser ‹1›	étouffer ‹1›	exacerber ‹1›
estimer ‹1›	étouper ‹1›	exagérer ‹6›
estiver ‹1›	étoupiller ‹1›	exalter ‹1›
estocader ‹1›	étourdir ‹2›	examiner ‹1›
estomaquer ‹1›	étramper ‹1›	exaspérer ‹6›
estomper ‹1›	étrangler ‹1›	exaucer ‹3›
estoquer ‹1›	étraper ‹1›	excaver ‹1›
estourbir ‹2›	être ‹61› (aux. avoir)	excéder ‹6›
estrapader ‹1›	étrécir ‹2›	exceller ‹1›
estrapasser ‹1›	étreindre ‹52›	excentrer ‹1›
estropier ‹7›	étremper ‹1›	excepter ‹1›
établer ‹1›	étrenner ‹1›	exciper ‹1›
établir ‹2›	étrésillonner ‹1›	exciser ‹1›
étager ‹3›	étriller ‹1›	exciter ‹1›
étalager ‹3›	étripailler ‹1›	exclamer (s') ‹1› (aux. être)
étaler ‹1›	étriper ‹1›	exclure ‹35›
étalinguer ‹1›	étriquer ‹1›	excommunier ‹7›
étalonner ‹1›	étronçonner ‹1›	excorier ‹7›
étamer ‹1›	étudier ‹7›	excréter ‹6›
étamper ‹1›	étuver ‹1›	excursionner ‹1›
étancher ‹1›	étymologiser ‹1›	excuser ‹1›
étançonner ‹1›	euphoriser ‹1›	exécrer ‹6›
étarquer ‹1›	européaniser ‹1›	exécuter ‹1›
étatifier ‹7›	euthanasier ‹7›	exemplifier ‹7›
étatiser ‹1›	évacuer ‹1›	exempter ‹1›
étaupiner ‹1›	évader (s') ‹1› (aux. être)	exercer ‹3›
étayer ‹8›	évaluer ‹1›	exfiltrer ‹1›
éteindre ‹52›	évangéliser ‹1›	exfolier ‹7›
étendre ‹41›	évanouir (s') ‹2› (aux. être)	exhaler ‹1›
éterniser ‹1›		

exhausser - festoyer

Conjuguez sans fautes

exhausser ‹1›
exhéréder ‹6›
exhiber ‹1›
exhorter ‹1›
exhumer ‹1›
exiger ‹3›
exiler ‹1›
exister ‹1›
exonder (s') ‹1› (aux. être)
exonérer ‹6›
exorbiter ‹1›
exorciser ‹1›
expatrier ‹7›
expectorer ‹1›
expédier ‹7›
expérimenter ‹1›
expertiser ‹1›
expier ‹7›
expirer ‹1›
expliciter ‹1›
expliquer ‹1›
exploiter ‹1›
explorer ‹1›
exploser ‹1›
exporter ‹1›
exposer ‹1›
exprimer ‹1›
exproprier ‹7›
expulser ‹1›
expurger ‹3›
exsuder ‹1›
extasier (s') ‹7› (aux. être)
exténuer ‹1›
extérioriser ‹1›
exterminer ‹1›
externaliser ‹1›
extirper ‹1›
extorquer ‹1›
extrader ‹1›
extradosser ‹1›
extraire ‹50›

extrapoler ‹1›
extravaguer ‹1›
extravaser (s') ‹1› (aux. être)
extrémiser ‹1›
exulcérer ‹6›
exulter ‹1›
fabricoter ‹1›
fabriquer ‹1›
fabuler ‹1›
facetter ‹1›
fâcher ‹1›
faciliter ‹1›
façonner ‹1›
factoriser ‹1›
facturer ‹1›
fader (se) ‹1› (aux. être)
fagoter ‹1›
faiblir ‹2›
failler (se) ‹1› (aux. être)
faillir ‹**déf. 2** surtout usité à l'infinitif, au passé simple et aux temps composés›
fainéanter ‹1›
faire ‹60›
faisander ‹1›
falloir ‹29›
falsifier ‹7›
faluner ‹1›
familiariser ‹1›
fanatiser ‹1›
faner ‹1›
fanfaronner ‹1›
fanfrelucher ‹1›
fantasmer ‹1›
farcer ‹3›
farcir ‹2›
farder ‹1›
farfouiller ‹1›
farguer ‹1›

fariboler ‹1›
fariner ‹1›
farter ‹1›
fasciner ‹1›
fasciser ‹1›
faseyer ‹1›
fatiguer ‹1›
fatrasser ‹1›
faucarder ‹1›
faucher ‹1›
faufiler ‹1›
fausser ‹1›
fauter ‹1›
favoriser ‹1›
faxer ‹1›
fayoter ‹1›
fébriliser ‹1›
féconder ‹1›
féculer ‹1›
fédéraliser ‹1›
fédérer ‹6›
féeriser ‹1›
feindre ‹52›
feinter ‹1›
fêler ‹1›
féliciter ‹1›
féminiser ‹1›
fendiller ‹1›
fendre ‹41›
fenêtrer ‹1›
féodaliser ‹1›
férir ‹**déf.** seult à l'infinitif›
ferler ‹1›
fermenter ‹1›
fermer ‹1›
ferrailler ‹1›
ferrer ‹1›
ferrouter ‹1›
fertiliser ‹1›
fesser ‹1›
festonner ‹1›
festoyer ‹8›

Conjuguez sans fautes — **fêter - fouiner**

fêter ‹1›
fétichiser ‹1›
feuiller ‹1›
feuilleter ‹4›
feuilletonner ‹1›
feuler ‹1›
feutrer ‹1›
fiabiliser ‹1›
fiancer ‹3›
ficeler ‹4›
1. ficher ‹1› (planter, mettre sur fiche)
2. ficher
ou fiche ‹1› ; **p. p.** *fichu, fichue* › (faire)
fictionnaliser ‹1›
fidéliser ‹1›
fienter ‹1›
fier (se) ‹7› **(aux.** être)
fifrer ‹1›
figer ‹3›
fignoler ‹1›
figurer ‹1›
filer ‹1›
fileter ‹5›
filialiser ‹1›
filigraner ‹1›
filmer ‹1›
filocher ‹1›
filonner ‹1›
filouter ‹1›
filtrer ‹1›
finaliser ‹1›
financer ‹3›
financiariser ‹1›
finasser ‹1›
finir ‹2›
finlandiser ‹1›
fiscaliser ‹1›
fissionner ‹1›
fissurer ‹1›
fixer ‹1›
flageller ‹1›

flageoler ‹1›
flagorner ‹1›
flairer ‹1›
flamber ‹1›
flamboyer ‹8›
flancher ‹1›
flâner ‹1›
flanquer ‹1›
flasher ‹1›
flatter ‹1›
flécher ‹6›
fléchir ‹2›
flemmarder ‹1›
flemmasser ‹1›
flétrir ‹2›
fleurdeliser ‹1›
fleurer ‹1›
fleureter ‹4›
fleurir ‹2›
fleuronner ‹1›
flexibiliser ‹1›
flinguer ‹1›
flipper ‹1›
fliquer ‹1›
flirter ‹1›
floconner ‹1›
floculer ‹1›
flotter ‹1›
flouer ‹1›
flouter ‹1›
fluctuer ‹1›
fluer ‹1›
fluidifier ‹7›
fluorer ‹1›
fluorescer ‹3›
flûter
ou fluter* ‹1›
fluxer ‹1›
focaliser ‹1›
foehner ‹1›
foéner ‹6›
foirer ‹1›
foisonner ‹1›

folâtrer ‹1›
folioter ‹1›
folkloriser ‹1›
fomenter ‹1›
foncer ‹3›
fonctionnaliser ‹1›
fonctionnariser ‹1›
fonctionner ‹1›
fonder ‹1›
fondre ‹41›
forbannir ‹2›
forcer ‹3›
forcir ‹2›
forclore ‹**déf. 45** surtout infinitif et **p. p.**›
forer ‹1›
forfaire ‹**déf. 60** seult à l'infinitif, au singulier à l'indicatif présent, et aux temps composés›
forfaitiser ‹1›
forger ‹3›
forjeter ‹4›
forlancer ‹3›
forligner ‹1›
forlonger ‹3›
formaliser ‹1›
formaliser (se) ‹1›
(aux. être)
formater ‹1›
former ‹1›
formoler ‹1›
formuler ‹1›
forniquer ‹1›
fortifier ‹7›
fossiliser ‹1›
fossoyer ‹8›
fouailler ‹1›
foudroyer ‹8›
fouetter ‹1›
fouger ‹3›
fouiller ‹1›
fouiner ‹1›

fouir - gambader

fouir ‹2›
fouler ‹1›
fourbir ‹2›
fourcher ‹1›
fourchicoter ‹1›
fourgonner ‹1›
fourguer ‹1›
fourmiller ‹1›
fournir ‹2›
fourrager ‹3›
fourrer ‹1›
fourvoyer ‹8›
foutre ‹**déf.** *je fous, nous foutons ; je foutais ; je foutrai ; que je foute, que nous foutions ; foutant ; foutu* ; inusité aux passés simple et antérieur de l'indicatif, aux passé et plus-que-parfait du subjonctif›
fox-trotter
 ou foxtrotter* ‹1›
fracasser ‹1›
fractionner ‹1›
fracturer ‹1›
fragiliser ‹1›
fragmenter ‹1›
fraîchir
 ou fraichir* ‹2›
fraiser ‹1›
framboiser ‹1›
franchir ‹2›
franchiser ‹1›
franciser ‹1›
franger ‹3›
fransquillonner ‹1›
frapper ‹1›
fraterniser ‹1›
frauder ‹1›
frayer ‹8›
fredonner ‹1›
frégater ‹1›
freiner ‹1›

frelater ‹1›
frémir ‹2›
fréquenter ‹1›
fréter ‹6›
frétiller ‹1›
fretter ‹1›
fricasser ‹1›
fricoter ‹1›
frictionner ‹1›
frigorifier ‹7›
frimer ‹1›
fringuer ‹1›
friper ‹1›
friponner ‹1›
frire ‹**déf.** inusité au passé simple et à l'imparfait de l'indicatif, au subjonctif présent et imparfait ; présent *je fris, tu fris, il frit ;* futur *je frirai, tu friras, il frira, nous frirons, vous frirez, ils friront ;* conditionnel présent *je frirais, tu frirais, ils friraient,* etc. ; impératif *fris ;* p. p. *frit, frite*›
friseler ‹5›
friser ‹1›
frisotter
 ou frisoter* ‹1›
frissonner ‹1›
friter (se)
 ou fritter (se) ‹1›
 (**aux.** être)
fritter ‹1›
froidir ‹2›
froisser ‹1›
frôler ‹1›
froncer ‹3›
fronder ‹1›
frottailler ‹1›
frotter ‹1›
frouer ‹1›
froufrouter ‹1›

fructifier ‹7›
fruiter ‹1›
frusquer ‹1›
frustrer ‹1›
fuguer ‹1›
fuir ‹17›
fuiter ‹1›
fulgurer ‹1›
fulminer ‹1›
fumailler ‹1›
fumasser ‹1›
fumer ‹1›
fumeronner ‹1›
fumiger ‹3›
fureter ‹5›
fuseler ‹4›
fuser ‹1›
fusiller ‹1›
fusiner ‹1›
fusionner ‹1›
fustiger ‹3›
gabarier ‹7›
gabionner ‹1›
gâcher ‹1›
gadgétiser ‹1›
gaffer ‹1›
gager ‹3›
gagner ‹1›
gainer ‹1›
galantiser ‹1›
galber ‹1›
galéjer ‹6›
galer ‹1›
galérer ‹6›
galeter ‹4›
galipoter ‹1›
galler ‹1›
galonner ‹1›
galoper ‹1›
galvaniser ‹1›
galvauder ‹1›
gambader ‹1›

Conjuguez sans fautes

Conjuguez sans fautes — **gamberger - goudronner**

- gamberger ‹3›
- gambeyer ‹1›
- gambiller ‹1›
- gaminer ‹1›
- gangrener ‹5›
  ou gangréner ‹6›
- ganser ‹1›
- ganteler ‹4›
- ganter ‹1›
- garancer ‹3›
- garantir ‹2›
- garder ‹1›
- garer ‹1›
- gargariser (se) ‹1› (aux. être)
- gargoter ‹1›
- gargouiller ‹1›
- garnir ‹2›
- garnisonner ‹1›
- garrocher ‹1›
- garrotter
  ou garroter* ‹1›
- gasconner ‹1›
- gaspiller ‹1›
- gastrectomiser ‹1›
- gâter ‹1›
- gâtifier ‹7›
- gauchir ‹2›
- gauchiser (se) ‹1› (aux. être)
- gauchiser ‹1›
- gaufrer ‹1›
- gauler ‹1›
- gausser (se) ‹1› (aux. être)
- gaver ‹1›
- gazéifier ‹7›
- gazer ‹1›
- gazonner ‹1›
- gazouiller ‹1›
- geindre ‹52›
- gélatiner ‹1›
- **geler** ‹5›
- gélifier ‹7›
- gémeller ‹1›
- géminer ‹1›
- gémir ‹2›
- gemmer ‹1›
- gendarmer (se) ‹1› (aux. être)
- gêner ‹1›
- généraliser ‹1›
- générer ‹6›
- génériquer ‹1›
- génétiser ‹1›
- génotyper ‹1›
- géographier ‹7›
- géométriser ‹1›
- gerber ‹1›
- gercer ‹3›
- gérer ‹6›
- germaniser ‹1›
- germer ‹1›
- gésir ‹**déf.** seult présent *je gis, tu gis, il gît* ou *gît*, nous gisons, vous gisez, ils gisent* ; imparfait *je gisais*, etc. ; p. présent *gisant*›
- gesticuler ‹1›
- ghettoïser ‹1›
- giboyer ‹8›
- gicler ‹1›
- gifler ‹1›
- gigoter ‹1›
- giguer ‹1›
- ginguer ‹1›
- girer ‹1›
- gironner ‹1›
- girouetter ‹1›
- gîter
  ou giter* ‹1›
- givrer ‹1›
- glacer ‹3›
- glairer ‹1›
- glaiser ‹1›
- glander ‹1›
- glandouiller ‹1›
- glaner ‹1›
- glapir ‹2›
- glatir ‹2›
- glavioter ‹1›
- glaviotter ‹1›
- gléner ‹6›
- glisser ‹1›
- globaliser ‹1›
- glorifier ‹7›
- gloser ‹1›
- glouglouter ‹1›
- glousser ‹1›
- gloutonner ‹1›
- gluer ‹1›
- glycériner ‹1›
- glycosyler ‹1›
- gober ‹1›
- goberger (se) ‹3› (aux. être)
- godailler ‹1›
- goder ‹1›
- godiller ‹1›
- godronner ‹1›
- gogoliser (se) ‹1› (aux. être)
- goguenarder ‹1›
- goinfrer (se) ‹1› (aux. être)
- golfer ‹1›
- gominer (se) ‹1› (aux. être)
- gommer ‹1›
- gonder ‹1›
- gondoler ‹1›
- gonfler ‹1›
- googliser ‹1›
- gorger ‹3›
- gosser ‹1›
- gouacher ‹1›
- gouailler ‹1›
- goudronner ‹1›

gouger - happer

gouger ‹3›
goujonner ‹1›
goupiller ‹1›
gourer (se) ‹1›
(aux. être)
gourmander ‹1›
gourmer ‹1›
gournabler ‹1›
goûter
ou gouter* ‹1›
goutter ‹1›
gouverner ‹1›
gracier ‹7›
graduer ‹1›
graffiter ‹1›
grafigner ‹1›
grailler ‹1›
graillonner ‹1›
grainer ‹1›
graisser ‹1›
grammaticaliser ‹1›
grammer ‹1›
grandir ‹2›
graniter ‹1›
granuler ‹1›
graphiter ‹1›
grappiller ‹1›
grappiner ‹1›
grasseyer ‹1›
graticuler ‹1›
gratifier ‹7›
gratiner ‹1›
gratouiller ‹1›
gratteler ‹4›
gratter ‹1›
grattonner ‹1›
grattouiller ‹1›
graveler ‹1›
graver ‹1›
gravillonner ‹1›
gravir ‹2›
graviter ‹1›
gréciser ‹1›

grecquer ‹1›
gréer ‹1›
greffer ‹1›
grêler ‹1›
grelotter
ou greloter* ‹1›
grenailler ‹1›
greneler ‹4›
grener ‹5›
grenouiller ‹1›
gréser ‹6›
grésiller ‹1›
grésillonner ‹1›
grever ‹5›
gribouiller ‹1›
griffer ‹1›
griffonner ‹1›
grigner ‹1›
grignoter ‹1›
grillager ‹3›
griller ‹1›
grimacer ‹3›
grimer ‹1›
grimper ‹1›
grincer ‹3›
gripper ‹1›
grisailler ‹1›
griser ‹1›
grisoller ‹1›
grisonner ‹1›
griveler ‹4›
grognasser ‹1›
grogner ‹1›
grognonner ‹1›
grommeler ‹4›
gronder ‹1›
grossir ‹2›
grossoyer ‹8›
grouiller ‹1›
grouper ‹1›
gruger ‹3›
grumeler (se) ‹4›
(aux. être)

grusiner ‹1›
gruter ‹1›
guéer ‹1›
guérir ‹2›
guerroyer ‹8›
guêtrer ‹1›
guetter ‹1›
gueuler ‹1›
gueuletonner ‹1›
gueuser ‹1›
guider ‹1›
guidonner ‹1›
guigner ‹1›
guillemeter
ou guilleméter* ‹4›
guillocher ‹1›
guillotiner ‹1›
guimper ‹1›
guincher ‹1›
guindailler ‹1›
guinder ‹1›
guiper ‹1›
habiliter ‹1›
habiller ‹1›
habiter ‹1›
habituer ‹1›
hâbler ‹1›
hacher ‹1›
hachurer ‹1›
hacker ‹1›
haïr ‹10›
halener ‹5›
haler ‹1›
hâler ‹1›
haleter ‹5›
halluciner ‹1›
halogéner ‹6›
hameçonner ‹1›
hancher ‹1›
handicaper ‹1›
hannetonner ‹1›
hanter ‹1›
happer ‹1›

Conjuguez sans fautes   **haranguer - impersonnaliser**

haranguer ‹1›
harasser ‹1›
harceler ‹5›
harder ‹1›
harmoniser ‹1›
harnacher ‹1›
harper ‹1›
harponner ‹1›
hasarder ‹1›
hâter ‹1›
haubaner ‹1›
hausser ‹1›
haussmanniser (se) ‹1›
  (aux. être)
haver ‹1›
héberger ‹3›
hébéter ‹6›
hébraïser ‹1›
héler ‹6›
héliporter ‹1›
hélitreuiller ‹1›
helléniser ‹1›
hémodialyser ‹1›
hennir ‹2›
hépariniser ‹1›
herbager ‹3›
herboriser ‹1›
hercher ‹1›
hérisser ‹1›
hérissonner ‹1›
hériter ‹1›
herminer ‹1›
héroïser ‹1›
herscher ‹1›
herser ‹1›
hésiter ‹1›
heurter ‹1›
hiberner ‹1›
hiérarchiser ‹1›
hisser ‹1›
historialiser ‹1›
historiciser ‹1›
historier ‹7›

hiverner ‹1›
hocher ‹1›
holographier ‹7›
homogénéifier ‹7›
homogénéiser ‹1›
homologuer ‹1›
homosexualiser ‹1›
hongrer ‹1›
hongroyer ‹8›
honnir ‹2›
honorer ‹1›
hoqueter ‹4›
hormoner ‹1›
horrifier ‹7›
horripiler ‹1›
hospitaliser ‹1›
houblonner ‹1›
houer ‹1›
houpper ‹1›
hourder ‹1›
houspiller ‹1›
housser ‹1›
houssiner ‹1›
hucher ‹1›
huer ‹1›
huiler ‹1›
hululer ‹1›
humaniser ‹1›
humecter ‹1›
humer ‹1›
humidifier ‹7›
humilier ‹7›
hurler ‹1›
hybrider ‹1›
hydrater ‹1›
hydrofuger ‹3›
hydrogéner ‹6›
hydrolyser ‹1›
hydrophiliser ‹1›
hydroplaner ‹1›
hydroraffiner ‹1›
hygiéniser ‹1›

hyperboliser ‹1›
hypertrophier ‹7›
hypnotiser ‹1›
hypostasier ‹7›
hypothéquer ‹6›
hystériser ‹1›
iconiser ‹1›
idéaliser ‹1›
idéer ‹1›
identifier ‹7›
idéologiser ‹1›
idiotifier ‹7›
idiotiser ‹1›
idolâtrer ‹1›
ignifuger ‹3›
ignorer ‹1›
illuminer ‹1›
illusionner ‹1›
illustrer ‹1›
imager ‹3›
imaginer ‹1›
imbiber ‹1›
imbriquer ‹1›
imiter ‹1›
immatriculer ‹1›
immerger ‹3›
immigrer ‹1›
immiscer (s') ‹3›
  (aux. être)
immobiliser ‹1›
immoler ‹1›
immortaliser ‹1›
immuniser ‹1›
impacter ‹1›
impartir (**déf. 2** usité seult à l'infinitif, indicatif présent et **p. p.**)
impatienter ‹1›
impatroniser ‹1›
impérialiser (s') ‹1›
  (aux. être)
imperméabiliser ‹1›
impersonnaliser ‹1›

impétrer - insuffler

impétrer ‹6›
implanter ‹1›
implémenter ‹1›
impliquer ‹1›
implorer ‹1›
imploser ‹1›
1. importer ‹1› (introduire)
2. importer ‹déf. 1 seult à l'infinitif, au p. présent et à la 3e pers.› (intéresser, être important)
importuner ‹1›
imposer ‹1›
impréciser (s') ‹1› (aux. être)
imprégner ‹6›
impressionner ‹1›
imprimer ‹1›
improuver ‹1›
improviser ‹1›
impulser ‹1›
imputer ‹1›
inachever ‹5›
inactiver ‹1›
inaugurer ‹1›
incaguer ‹1›
incarcérer ‹6›
incarner ‹1›
incendier ‹7›
incidenter ‹1›
incinérer ‹6›
inciser ‹1›
inciter ‹1›
incliner ‹1›
inclure ‹35 sauf p. p. inclus, incluse›
incomber ‹déf. 1 seult à l'infinitif et à la 3e pers.›
incommoder ‹1›
incorporer ‹1›
incrémenter ‹1›
incriminer ‹1›
incruster ‹1›
incuber ‹1›
inculper ‹1›
inculquer ‹1›
incursionner ‹1›
incurver ‹1›
indéfiniser (s') ‹1› (aux. être)
indemniser ‹1›
indéterminer (s') ‹1› (aux. être)
indexer ‹1›
indianiser ‹1›
indicer ‹3›
indifférencier ‹7›
indifférer ‹6›
indigérer ‹6›
indigestionner ‹1›
indigner ‹1›
indiquer ‹1›
indisposer ‹1›
individualiser ‹1›
individuer ‹1›
induire ‹38›
indurer ‹1›
industrialiser ‹1›
inégaliser ‹1›
infantiliser ‹1›
infatuer ‹1›
infecter ‹1›
inféoder ‹1›
inférer ‹6›
infériioriser ‹1›
infester ‹1›
infibuler ‹1›
infiltrer ‹1›
infirmer ‹1›
infléchir ‹2›
infliger ‹3›
influencer ‹3›
influer ‹1›
informatiser ‹1›
informer ‹1›
infuser ‹1›
ingénier (s') ‹7› (aux. être)
ingérer ‹6›
ingurgiter ‹1›
inhaler ‹1›
inhiber ‹1›
inhumer ‹1›
initialiser ‹1›
initier ‹7›
injecter ‹1›
injurier ‹7›
innerver ‹1›
innocenter ‹1›
innover ‹1›
inoculer ‹1›
inonder ‹1›
inquiéter ‹6›
inscrire ‹39›
insculper ‹1›
insécuriser ‹1›
inséminer ‹1›
insensibiliser ‹1›
insérer ‹6›
insinuer ‹1›
insister ‹1›
insoler ‹1›
insolubiliser ‹1›
insonoriser ‹1›
inspecter ‹1›
inspirer ‹1›
installer ‹1›
instantanéiser ‹1›
instaurer ‹1›
instiguer ‹1›
instiller ‹1›
instituer ‹1›
institutionnaliser ‹1›
instruire ‹38›
instrumentaliser ‹1›
instrumenter ‹1›
insuffler ‹1›

Conjuguez sans fautes   **insulariser - joncher**

insulariser ‹1›
insulter ‹1›
insupporter ‹1›
insurger (s') ‹3›
(aux. être)
intailler ‹1›
intégrer ‹6›
intellectualiser ‹1›
intensifier ‹7›
intenter ‹1›
intentionnaliser ‹1›
interagir ‹2›
intercaler ‹1›
intercéder ‹6›
intercepter ‹1›
interchanger ‹3›
interclasser ‹1›
interconnecter ‹1›
interdire ‹37 sauf *vous interdisez*›
intéresser ‹1›
interfacer ‹3›
interféconder (s') ‹1›
(aux. être)
interférer ‹6›
interfolier ‹7›
intérioriser ‹1›
interjecter ‹1›
interjeter ‹4›
interligner ‹1›
interloquer ‹1›
internaliser ‹1›
internationaliser ‹1›
interner ‹1›
interopérer ‹6›
interpeller ‹1 ; 4›
interpénétrer (s') ‹6›
(aux. être)
interpoler ‹1›
interpolliniser ‹1›
interposer ‹1›
interpréter ‹6›
interroger ‹3›

interrompre ‹41›
intersecter ‹1›
intersectionner (s') ‹1›
(aux. être)
intervenir ‹22›
(aux. être)
intervertir ‹2›
interviewer ‹1›
intimer ‹1›
intimider ‹1›
intituler ‹1›
intoxiquer ‹1›
intravertir ‹2›
intriguer ‹1›
intriquer ‹1›
introduire ‹38›
introjeter ‹4›
introniser ‹1›
introspecter ‹1›
intuber ‹1›
intuitionner ‹1›
intuméfier (s') ‹7›
(aux. être)
invaginer (s') ‹1›
(aux. être)
invalider ‹1›
invectiver ‹1›
inventer ‹1›
inventorier ‹7›
inverser ‹1›
invertir ‹2›
investiguer ‹1›
investir ‹2›
inviter ‹1›
involuer ‹1›
invoquer ‹1›
ioder ‹1›
iodler ‹1›
ioniser ‹1›
iriser ‹1›
ironiser ‹1›
irradier ‹7›
irriguer ‹1›

irriter ‹1›
islamiser ‹1›
isoler ‹1›
isomériser ‹1›
issir ‹déf. seult p. p. *issu* et temps composés›
italianiser ‹1›
itérer ‹6›
ixer ‹1›
jabler ‹1›
jaboter ‹1›
jacasser ‹1›
jacter ‹1›
jaillir ‹2›
jalonner ‹1›
jalouser ‹1›
jammer ‹1›
japonaiser ‹1›
japoniser ‹1›
japper ‹1›
jardiner ‹1›
jargonner ‹1›
jarreter ‹4›
jaser ‹1›
jasper ‹1›
jaspiner ‹1›
jauger ‹3›
jaunir ‹2›
javeler ‹4›
javelliser ‹1›
jazzifier ‹7›
jerker ‹1›
jeter ‹4›
jeûner
ou jeuner* ‹1›
jobarder ‹1›
jodler ‹1›
jogger ‹1›
joindre ‹49›
jointer ‹1›
jointoyer ‹8›
joncer ‹3›
joncher ‹1›

jongler - lisser

jongler ‹1›
joualiser ‹1›
jouer ‹1›
jouir ‹2›
journaliser ‹1›
jouter ‹1›
jouxter ‹1›
jubiler ‹1›
jucher ‹1›
judaïser ‹1›
judiciariser ‹1›
juger ‹3›
juguler ‹1›
jumeler ‹4›
juponner ‹1›
jurer ‹1›
justifier ‹7›
juter ‹1›
juxtaposer ‹1›
kaoliniser ‹1›
karchériser ‹1›
kératiniser ‹1›
kidnapper ‹1›
kifer ‹1›
kilométrer ‹6›
klaxonner
 ou clacsonner* ‹1›
knock-outer
 ou knockouter* ‹1›
knouter ‹1›
koter ‹1›
labelliser ‹1›
labialiser ‹1›
labourer ‹1›
lacer ‹3›
lacérer ‹6›
lâcher ‹1›
laïciser ‹1›
lainer ‹1›
laisser ‹1›
laitonner ‹1›
laïusser ‹1›
lambiner ‹1›

lambrisser ‹1›
lamenter ‹1›
lamer ‹1›
laminer ‹1›
lamper ‹1›
lancer ‹3›
lanciner ‹1›
langer ‹3›
langueyer ‹1›
languir ‹2›
lansquiner ‹1›
lanterner ‹1›
lantiponner ‹1›
laper ‹1›
lapider ‹1›
lapidifier ‹7›
lapiner ‹1›
laquer ‹1›
larder ‹1›
lardonner ‹1›
larguer ‹1›
larmoyer ‹8›
laryngectomiser ‹1›
lasser ‹1›
lasurer ‹1›
latiniser ‹1›
latter ‹1›
laver ‹1›
layer ‹8›
lécher ‹1›
léchotter ‹1›
léchouiller ‹1›
légaliser ‹1›
légender ‹1›
légiférer ‹6›
légitimer ‹1›
léguer ‹6›
lemmatiser ‹1›
lénifier ‹7›
léser ‹6›
lésiner ‹1›
lessiver ‹1›
lester ‹1›

lettrer ‹1›
leurrer ‹1›
lever ‹5›
léviger ‹3›
léviter ‹1›
levrauder ‹1›
levretter ‹1›
levurer ‹1›
lexicaliser (se) ‹1›
 (aux. être)
lézarder ‹1›
liaisonner ‹1›
libeller ‹1›
libéraliser ‹1›
libérer ‹6›
licencier ‹7›
licher ‹1›
liciter ‹1›
liéger ‹3 et 6›
lier ‹7›
lifter ‹1›
ligaturer ‹1›
ligner ‹1›
lignifier (se) ‹7›
 (aux. être)
ligoter ‹1›
liguer ‹1›
limander ‹1›
limer ‹1›
limiter ‹1›
limoger ‹3›
limoner ‹1›
limousiner ‹1›
linéamenter ‹1›
linéariser ‹1›
lingoter ‹1›
liposucer ‹3›
liquéfier ‹7›
liquider ‹1›
lire ‹43›
liserer ‹5›
lisérer ‹6›
lisser ‹1›

Conjuguez sans fautes   **lister - marcher**

lister ‹1›
liter ‹1›
lithochromiser ‹1›
lithographier ‹7›
lithotypographier ‹7›
litrer ‹1›
livrer ‹1›
lober ‹1›
lobotomiser ‹1›
localiser ‹1›
locher ‹1›
lockouter ‹1›
lofer ‹1›
loger ‹3›
loguer (se) ‹1›
(aux. être)
longer ‹3›
looker ‹1›
looker ‹1›
loquer (se) ‹1›
(aux. être)
loqueter ‹4›
lorgner ‹1›
losanger ‹3›
lotionner ‹1›
lotir ‹2›
louanger ‹3›
loucher ‹1›
louchir ‹2›
louer ‹1›
louper ‹1›
lourder ‹1›
lourer ‹1›
louveter ‹4›
louvoyer ‹8›
lover ‹1›
lubrifier ‹7›
luger ‹3›
luire ‹**déf. 38**, sauf au **p. p.** *lui,* pas de **p. p.** fém. ; passé simple et imparfait du subjonctif inusités›

luncher ‹1›
lustrer ‹1›
luter ‹1›
lutiner ‹1›
lutter ‹1›
luxer ‹1›
lyncher ‹1›
lyophiliser ‹1›
lyriser ‹1›
lyser ‹1›
macadamiser ‹1›
macérer ‹6›
macher ‹1›
mâcher ‹1›
machicoter ‹1›
machiner ‹1›
mâchonner ‹1›
mâchoter ‹1›
mâchouiller ‹1›
mâchurer ‹1›
macler ‹1›
maçonner ‹1›
maculer ‹1›
madéfier ‹7›
madériser ‹1›
madrigaliser ‹1›
maganer ‹1›
magasiner ‹1›
magner (se) ‹1›
(aux. être)
magnétiser ‹1›
magnétoscoper ‹1›
magnifier ‹7›
magouiller ‹1›
magyariser ‹1›
maigrir ‹2›
mailler ‹1›
maintenir ‹22›
maîtriser
  ou maitriser* ‹1›
majorer ‹1›
malaxer ‹1›
malléabiliser ‹1›

malléer ‹1›
malmener ‹5›
malter ‹1›
maltraiter ‹1›
mamelonner (se) ‹1›
(aux. être)
manager ‹3›
manchonner ‹1›
mandater ‹1›
mander ‹1›
mandriner ‹1›
manéger ‹6›
mangeailler ‹1›
mangeotter ‹1›
manger ‹3›
manier ‹7›
maniérer (se) ‹6›
(aux. être)
manifester ‹1›
manigancer ‹3›
maniller ‹1›
manipuler ‹1›
mannequiner ‹1›
manœuvrer ‹1›
manoquer ‹1›
manquer ‹1›
manualiser ‹1›
manucurer ‹1›
manuéliser ‹1›
manufacturer ‹1›
manutentionner ‹1›
mapper ‹1›
maquer ‹1›
maquereauter ‹1›
maquetter ‹1›
maquignonner ‹1›
maquiller ‹1›
marabouter ‹1›
marauder ‹1›
marbrer ‹1›
marchandailler ‹1›
marchander ‹1›
marcher ‹1›

marcotter - métastaser

marcotter ‹1›
margauder ‹1›
marger ‹3›
marginaliser ‹1›
marginer ‹1›
margoter ‹1›
marier ‹7›
mariner ‹1›
marivauder ‹1›
marketer ‹4›
marmiter ‹1›
marmonner ‹1›
marmoriser ‹1›
marmotter ‹1›
marner ‹1›
maronner ‹1›
maroufler ‹1›
marquer ‹1›
marrer (se) ‹1› (aux. être)
marsouiner ‹1›
marteler ‹5›
martyriser ‹1›
marxiser ‹1›
masculiniser ‹1›
masquer ‹1›
massacrer ‹1›
masser ‹1›
massicoter ‹1›
massifier ‹7›
mastiquer ‹1›
masturber ‹1›
matcher ‹1›
matelasser ‹1›
mater ‹1›
mâter ‹1›
matérialiser ‹1›
materner ‹1›
materniser ‹1›
mathématiser ‹1›
matifier ‹7›
mâtiner ‹1›
matir ‹2›

matraquer ‹1›
matricer ‹3›
matriculer ‹1›
matter ‹1›
maturer ‹1›
maudire ‹2 sauf infinitif et p. p. *maudit, maudite*›
maugréer ‹1›
maximaliser ‹1›
maximiser ‹1›
mazouter ‹1›
mécaniser ‹1›
mécher ‹6›
méconduire (se) ‹38› (aux. être)
méconnaître ou méconnaitre* ‹57›
mécontenter ‹1›
mécroire ‹déf. seult à l'infinitif›
médailler ‹1›
médiatiser ‹1›
médicaliser ‹1›
médire ‹37 sauf *vous médisez*›
méditer ‹1›
méduser ‹1›
méfier (se) ‹7› (aux. être)
mégir ‹2›
mégisser ‹1›
mégoter ‹1›
méjuger ‹3›
mélanger ‹3›
mêler ‹1›
mélodramatiser ‹1›
membrer ‹1›
mémérer ‹6›
mémoriser ‹1›
menacer ‹3›
ménager ‹3›

mendier ‹7›
mendigoter ‹1›
mener ‹5›
menotter ‹1›
mensualiser ‹1›
mentaliser ‹1›
mentionner ‹1›
mentir ‹16›
menuiser ‹1›
méphitiser ‹1›
méprendre (se) ‹58› (aux. être)
mépriser ‹1›
mercantiliser ‹1›
merceriser ‹1›
merder ‹1›
merdouiller ‹1›
merdoyer ‹8›
meringuer ‹1›
mériter ‹1›
mésallier (se) ‹7› (aux. être)
mésentendre ‹41›
mésestimer ‹1›
mésinterpréter ‹6›
messeoir ou messoir* ‹déf. 26 rare, sauf présent *il messied, ils messiéent*; futur *il messiéra, ils messiéront*; conditionnel *il messiérait, ils messiéraient*; p. présent *messéant*›
mesurer ‹1›
mésuser ‹1›
métaboliser ‹1›
métalliser ‹1›
métamériser (se) ‹1› (aux. être)
métamorphiser ‹1›
métamorphoser ‹1›
métaphoriser ‹1›
métaphysiquer ‹1›
métastaser ‹1›

Conjuguez sans fautes — **métempsychoser (se) - moutarder**

- métempsychoser (se) ‹1› **(aux. être)**
- météoriser ‹1›
- métisser ‹1›
- métrer ‹6›
- **mettre** ‹56›
- meubler ‹1›
- meugler ‹1›
- meuler ‹1›
- meurtrir ‹2›
- mévendre ‹41›
- mexicaniser ‹1›
- miauler ‹1›
- michetonner ‹1›
- microcopier ‹7›
- microficher ‹1›
- microfilmer ‹1›
- microfiltrer ‹1›
- micro-injecter ‹1›
- microminiaturiser ‹1›
- microniser ‹1›
- microphotographier ‹7›
- microprogrammer ‹1›
- mignarder ‹1›
- mignoter ‹1›
- migrer ‹1›
- mijoter ‹1›
- militariser ‹1›
- militer ‹1›
- millésimer ‹1›
- miméographier ‹7›
- mimer ‹1›
- minauder ‹1›
- mincir ‹2›
- miner ‹1›
- minéraliser ‹1›
- miniaturiser ‹1›
- minimiser ‹1›
- minorer ‹1›
- minuter ‹1›
- mirer ‹1›
- miroiter ‹1›
- miser ‹1›
- missionner ‹1›
- miter (se) ‹1› **(aux. être)**
- mithridatiser ‹1›
- mitiger ‹3›
- mitonner ‹1›
- mitrailler ‹1›
- mixer ‹1›
- mixtionner ‹1›
- mobiliser ‹1›
- modaliser ‹1›
- modeler ‹5›
- modéliser ‹1›
- modérer ‹6›
- moderniser ‹1›
- modifier ‹7›
- moduler ‹1›
- mofler ‹1›
- moirer ‹1›
- moiser ‹1›
- moisir ‹2›
- moissonner ‹1›
- moitir ‹2›
- molester ‹1›
- moleter ‹4›
- mollarder ‹1›
- molletonner ‹1›
- mollifier ‹7›
- mollir ‹2›
- momifier ‹7›
- monarchiser ‹1›
- mondaniser ‹1›
- monder ‹1›
- mondialiser ‹1›
- monétiser ‹1›
- monnayer ‹8›
- monologuer ‹1›
- monopoliser ‹1›
- monter ‹1› **(aux. avoir, être)**
- montrer ‹1›
- moquer ‹1›
- moquetter ‹1›
- moraliser ‹1›
- morceler ‹4›
- mordancer ‹3›
- mordiller ‹1›
- mordre ‹41›
- morfiler ‹1›
- morfler ‹1›
- morfondre (se) ‹41› **(aux. être)**
- morigéner ‹6›
- morphiner (se) ‹1› **(aux. être)**
- mortaiser ‹1›
- mortifier ‹7›
- motiver ‹1›
- motoriser ‹1›
- motter (se) ‹1› **(aux. être)**
- moucharder ‹1›
- moucher ‹1›
- moucheronner ‹1›
- moucheter ‹4›
- **moudre** ‹47 rare, sauf à l'infinitif au futur *je moudrai, tu moudras*, etc. et au **p. p.** *moulu, moulue*›
- moufeter ou moufter ‹**déf.** 1 rare, sauf à l'infinitif, à l'imparfait et aux temps composés›
- mouillasser ‹1›
- mouiller ‹1›
- mouler ‹1›
- mouliner ‹1›
- moulurer ‹1›
- **mourir** ‹19› **(aux. être)**
- mousquetonner ‹1›
- mousser ‹1›
- moutarder ‹1›

moutonner - obliger

moutonner ‹1›
mouvementer ‹1›
mouvoir ‹27 rare sauf infinitif, présent indicatif, présent *mouvant*, **p. p.** *mû* ou *mu**›
moyenner ‹1›
mucher ‹1›
muer ‹1›
mugir ‹2›
mugueter ‹4›
muloter ‹1›
multiplier ‹7›
municipaliser ‹1›
munir ‹2›
munitionner ‹1›
murer ‹1›
murger (se) ‹3›
(aux. être)
mûrir
ou murir* ‹2›
murmurer ‹1›
musarder ‹1›
muscler ‹1›
museler ‹4›
muser ‹1›
musiquer ‹1›
musser ‹1›
muter ‹1›
mutiler ‹1›
mutiner (se) ‹1›
(aux. être)
mutualiser ‹1›
mysticiser ‹1›
mystifier ‹7›
mythifier ‹7›
nacrer ‹1›
nageoter ‹1›
nager ‹3›
naître
ou naitre* ‹59›
(aux. être)
nanifier ‹7›

naniser ‹1›
nantir ‹2›
napalmiser ‹1›
naphtaliner ‹1›
napper ‹1›
napperonner ‹1›
narcotiser ‹1›
narguer ‹1›
narrativiser ‹1›
narrer ‹1›
nasaliser ‹1›
nasarder ‹1›
nasillarder ‹1›
nasiller ‹1›
nasillonner ‹1›
nationaliser ‹1›
natter ‹1›
naturaliser ‹1›
naufrager ‹3›
navaliser ‹1›
navigabiliser ‹1›
naviguer ‹1›
navrer ‹1›
nazifier ‹7›
néantiser ‹1›
nébuliser ‹1›
nécessiter ‹1›
nécroser ‹1›
négliger ‹3›
négocier ‹7›
neigeoter ‹1›
neiger ‹3›
nerver ‹1›
nervurer ‹1›
nettoyer ‹8›
neutraliser ‹1›
niaiser ‹1›
nicher ‹1›
nickeler ‹4›
nicotiniser ‹1›
nider (se) ‹1›
(aux. être)
nidifier ‹7›

nieller ‹1›
nier ‹7›
nimber ‹1›
nipper ‹1›
niquer ‹1›
nitrater ‹1›
nitrer ‹1›
nitrifier ‹7›
nitrurer ‹1›
niveler ‹4›
nocer ‹3›
noircir ‹2›
noliser ‹1›
nomadiser ‹1›
nombrer ‹1›
nomenclaturer ‹1›
nominaliser ‹1›
nominer ‹1›
nommer ‹1›
nordir ‹2›
normaliser ‹1›
normer ‹1›
notarier ‹7›
noter ‹1›
notifier ‹7›
nouer ‹1›
nourrir ‹2›
novéliser ‹1›
nover ‹1›
noyauter ‹1›
noyer ‹8›
nuancer ‹3›
nucléariser ‹1›
nuire ‹38›
numériser ‹1›
numéroter ‹1›
obéir ‹2›
obérer ‹6›
objecter ‹1›
objectiver ‹1›
objurguer ‹1›
obliger ‹3›

Conjuguez sans fautes — **obliquer - paillassonner**

- obliquer ‹1›
- oblitérer ‹6›
- obnubiler ‹1›
- obombrer ‹1›
- obscurcir ‹2›
- obséder ‹6›
- observer ‹1›
- obstiner (s') ‹1›
- obstruer ‹1›
- obtempérer ‹6›
- obtenir ‹22›
- obturer ‹1›
- obvenir ‹22› (aux. être)
- obvier ‹7›
- occasionner ‹1›
- occidentaliser ‹1›
- occire ‹déf. inusité sauf à l'infinitif et aux temps composés, **p. p.** *occis, occise*›
- occlure ‹35 sauf **p. p.** *occlus, occluse*›
- occulter ‹1›
- occuper ‹1›
- oceller ‹1›
- ocrer ‹1›
- octavier ‹7›
- octroyer ‹8›
- octupler ‹1›
- odorer ‹1›
- odoriser ‹1›
- œdématier (s') ‹7›
- œillader ‹1›
- œilletonner ‹1›
- œuvrer ‹1›
- offenser ‹1›
- officialiser ‹1›
- officier ‹7›
- offrir ‹18›
- offusquer ‹1›
- oindre ‹49›
- oiseler ‹4›
- ombrager ‹3›
- ombrer ‹1›
- omettre ‹56›
- ondoyer ‹8›
- onduler ‹1›
- opacifier ‹7›
- opaliser ‹1›
- opérer ‹6›
- opiacer ‹3›
- opiner ‹1›
- opiniâtrer (s') ‹1› (aux. être)
- opposer ‹1›
- oppresser ‹1›
- opprimer ‹1›
- opter ‹1›
- optimaliser ‹1›
- optimiser ‹1›
- oraliser ‹1›
- oranger ‹3›
- orbiter ‹1›
- orchestrer ‹1›
- ordonnancer ‹3›
- ordonner ‹1›
- organiciser (s') ‹1› (aux. être)
- organiser ‹1›
- organsiner ‹1›
- orientaliser ‹1›
- orienter ‹1›
- originer (s') ‹1› (aux. être)
- oringuer ‹1›
- ornementer ‹1›
- orner ‹1›
- orthographier ‹7›
- osciller ‹1›
- oser ‹1›
- ossifier ‹7›
- ostraciser ‹1›
- ôter ‹1›
- ouater ‹1›
- ouatiner ‹1›
- oublier ‹7›
- ouiller ‹1›
- ouïr ‹déf. surtout infinitif et **p. p.** *ouï*; présent *j'ois, nous oyons*; imparfait *j'oyais*; passé simple *j'ouïs*; futur *j'ouïrai*; subjonctif *que j'oie, que nous oyions; que j'ouïsse*›
- ourdir ‹2›
- ourler ‹1›
- outiller ‹1›
- outrager ‹3›
- outrepasser ‹1›
- outrer ‹1›
- ouvrager ‹3›
- ouvrer ‹1›
- ouvrir ‹18›
- ovaliser ‹1›
- ovariectomiser ‹1›
- ovationner ‹1›
- ovuler ‹1›
- oxyder ‹1›
- oxygéner ‹6›
- ozoniser ‹1›
- pacager ‹3›
- pacifier ‹7›
- pacquer ‹1›
- pacser ‹1›
- pactiser ‹1›
- paddocker (se) ‹1› (aux. être)
- paganiser ‹1›
- pagayer ‹8›
- pageoter (se) ‹1› (aux. être)
- pager (se) ‹3› (aux. être)
- paginer ‹1›
- pagnoter (se) ‹1› (aux. être)
- paillarder ‹1›
- paillassonner ‹1›

pailler - peaufiner

pailler ‹1›
pailleter ‹4›
paisseler ‹4›
paître
 ou paitre* ‹déf. 57
 pas de p. simple ni de
 subjonctif imparfait ; pas
 de p. p.›
palabrer ‹1›
palangrer ‹1›
palanquer ‹1›
palataliser ‹1›
palettiser ‹1›
palinodier ‹7›
pâlir ‹2›
palissader ‹1›
palisser ‹1›
palissonner ‹1›
pallier ‹7›
palmer ‹1›
palper ‹1›
palpiter ‹1›
palucher (se) ‹1›
 (aux. être)
pâmer (se) ‹1›
 (aux. être)
panacher ‹1›
panader (se) ‹1›
 (aux. être)
paner ‹1›
panifier ‹7›
paniquer ‹1›
panneauter ‹1›
panner ‹1›
panoramiquer ‹1›
panosser ‹1›
panser ‹1›
panteler ‹4›
pantographier ‹7›
pantomimer ‹1›
pantoufler ‹1›
papillonner ‹1›
papilloter ‹1›

papoter ‹1›
parachever ‹5›
parachuter ‹1›
parader ‹1›
paraffiner ‹1›
paraître
 ou paraitre* ‹57›
 (aux. avoir, être)
parallèliser ‹1›
paralyser ‹1›
paramétrer ‹6›
parangonner ‹1›
parapher ‹1›
paraphraser ‹1›
parasiter ‹1›
parceller ‹1›
parcelliser ‹1›
parcheminer ‹1›
parcourir ‹11›
pardonner ‹1›
parementer ‹1›
parer ‹1›
paresser ‹1›
parfaire ‹déf. 60 seult
 à l'infinitif et aux temps
 composés›
parfiler ‹1›
parfondre ‹41›
parfumer ‹1›
parier ‹7›
parisianiser ‹1›
parjurer (se) ‹1›
 (aux. être)
parkériser ‹1›
parlementer ‹1›
parler ‹1›
parloter ‹1›
parodier ‹7›
parquer ‹1›
parqueter ‹4›
parrainer ‹1›
parsemer ‹5›
partager ‹3›

participer ‹1›
particulariser ‹1›
1. partir ‹16›
 (aux. être) (s'en aller)
2. partir ‹déf. seult à
 l'infinitif› (aux. avoir)
 (partager)
partitionner ‹1›
partouzer ‹1›
parvenir ‹22›
passementer ‹1›
passepoiler ‹1›
passer ‹1›
 (aux. avoir, être)
passionner ‹1›
passiver ‹1›
pastelliser ‹1›
pasteuriser ‹1›
pasticher ‹1›
pastoriser ‹1›
patauger ‹3›
pateliner ‹1›
patenter ‹1›
paternaliser ‹1›
patienter ‹1›
patiner ‹1›
pâtir ‹2›
pâtisser ‹1›
patoiser ‹1›
patouiller ‹1›
patronner ‹1›
patrouiller ‹1›
pâturer ‹1›
paumer ‹1›
paumoyer ‹8›
paupériser ‹1›
pauser ‹1›
pavaner (se) ‹1›
 (aux. être)
paver ‹1›
pavoiser ‹1›
payer ‹8›
peaufiner ‹1›

Conjuguez sans fautes — **pécher - pignocher (se)**

- pécher ‹6›
- pêcher ‹1›
- pédaler ‹1›
- pédantiser ‹1›
- pédicurer ‹1›
- péguer ‹6›
- peigner ‹1›
- **peindre ‹52›**
- peiner ‹1›
- peinturer ‹1›
- peinturlurer ‹1›
- péjorer ‹1›
- peler ‹5›
- peller ‹1›
- pelleter ‹4›
- peloter ‹1›
- pelotonner ‹1›
- pelucher ‹1›
- pelurer ‹1›
- pénaliser ‹1›
- pencher ‹1›
- pendiller ‹1›
- pendouiller ‹1›
- pendre ‹41›
- penduler ‹1›
- pénétrer ‹6›
- penser ‹1›
- pensionner ‹1›
- pépier ‹7›
- percer ‹3›
- percevoir ‹28›
- percher ‹1›
- percoler ‹1›
- percuter ‹1›
- perdre ‹41›
- perdurer ‹1›
- pérégriner ‹1›
- pérenniser ‹1›
- perfectionner ‹1›
- perforer ‹1›
- performer ‹1›
- perfuser ‹1›

- péricliter ‹1›
- périmer (se) ‹1› (aux. être)
- périphraser ‹1›
- périr ‹2›
- péritoniser ‹1›
- perler ‹1›
- permanenter ‹1›
- perméabiliser ‹1›
- permettre ‹56›
- permuter ‹1›
- pérorer ‹1›
- peroxyder ‹1›
- perpétrer ‹6›
- perpétuer ‹1›
- perquisitionner ‹1›
- perruquer ‹1›
- persécuter ‹1›
- persévérer ‹6›
- persifler ‹1›
- persiller ‹1›
- persister ‹1›
- personnaliser ‹1›
- personnifier ‹7›
- persuader ‹1›
- perturber ‹1›
- pervertir ‹2›
- pervibrer ‹1›
- peser ‹5›
- pester ‹1›
- pétarader ‹1›
- pétarder ‹1›
- péter ‹6›
- pétiller ‹1›
- petit-déjeuner ‹1›
- pétitionner ‹1›
- pétocher ‹1›
- pétouiller ‹1›
- pétrarquiser ‹1›
- pétrifier ‹7›
- pétrir ‹2›
- pétroler ‹1›
- pétuner ‹1›

- peupler ‹1›
- phagocyter ‹1›
- philosophailler ‹1›
- philosopher ‹1›
- phlébotomiser ‹1›
- phonétiser ‹1›
- phonographier ‹7›
- phosphater ‹1›
- phosphorer ‹1›
- photocomposer ‹1›
- photocopier ‹7›
- photographier ‹7›
- photograver ‹1›
- phraser ‹1›
- piaffer ‹1›
- piailler ‹1›
- pianoter ‹1›
- piauler ‹1›
- picoler ‹1›
- picorer ‹1›
- picosser ‹1›
- picoter ‹1›
- picouser ‹1›
- picrater (se) ‹1›
- picter ‹1›
- pictonner ‹1›
- picturaliser ‹1›
- piéger ‹3 et 6›
- piéter ‹6›
- piétiner ‹1›
- pieuter (se) ‹1› (aux. être)
- pifer ‹1 surtout à l'infinitif›
- piffrer (se) ‹1› (aux. être)
- pigeonner ‹1›
- piger ‹3›
- pigmenter ‹1›
- pigner ‹1›
- pignocher ‹1›
- pignocher (se) ‹1› (aux. être)

piler - pontifier

piler ‹1›
piller ‹1›
pilonner ‹1›
piloter ‹1›
pimenter ‹1›
pinailler ‹1›
pincer ‹3›
pinçoter ‹1›
pindariser ‹1›
pinter ‹1›
piocher ‹1›
pioncer ‹3›
pipeauter ‹1›
piper ‹1›
piqueniquer ‹1›
piquer ‹1›
piqueter ‹4›
pirater ‹1›
pirouetter ‹1›
pisser ‹1›
pissoter ‹1›
pister ‹1›
pistonner ‹1›
pitcher ‹1›
pitonner ‹1›
pivoter ‹1›
pixéliser ‹1›
placarder ‹1›
placardiser ‹1›
placer ‹3›
placoter ‹1›
plafonner ‹1›
plagier ‹7›
plaider ‹1›
plaindre ‹52›
plaire ‹54 p. p. inv.
plu›
plaisanter ‹1›
planchéier ‹7›
plancher ‹1›
planer ‹1›
planifier ‹7›
planquer ‹1›

planter ‹1›
plaquer ‹1›
plasmifier ‹7›
plastifier ‹7›
plastiquer ‹1›
plastronner ‹1›
platiner ‹1›
platiniser ‹1›
plâtrer ‹1›
plébisciter ‹1›
pleurer ‹1›
pleurnicher ‹1›
pleuvasser ‹1›
pleuviner ‹1›
pleuvioter ‹1›
pleuvocher ‹1›
pleuvoir ‹23›
pleuvoter ‹1›
plier ‹7›
plisser ‹1›
plomber ‹1›
plonger ‹3›
ploquer ‹1›
ployer ‹8›
plucher ‹1›
plumarder (se) ‹1›
(aux. être)
plumer ‹1›
plumer (se) ‹1›
(aux. être)
pluraliser ‹1›
pluviner ‹1›
pocharder (se) ‹1›
(aux. être)
pocher ‹1›
pocheter ‹4›
pochetronner (se) ‹1›
(aux. être)
podcaster ‹1›
podzoliser ‹1›
poêler ‹1›
poêler (se) ‹1›
(aux. être)

poétiser ‹1›
pogner ‹1›
poignarder ‹1›
poiler (se) ‹1›
(aux. être)
poinçonner ‹1›
poindre ‹**déf. 49** surtout à l'infinitif, aux 3ᵉ pers. du présent et de l'imparfait et au p. présent›
pointer ‹1›
pointiller ‹1›
poireauter ‹1›
poisser ‹1›
poivrer ‹1›
poivroter (se) ‹1›
polariser ‹1›
poldériser ‹1›
polémiquer ‹1›
policer ‹3›
polir ‹2›
polissonner ‹1›
politicailler ‹1›
politiquer ‹1›
politiser ‹1›
polliniser ‹1›
polluer ‹1›
polycopier ‹7›
polymériser ‹1›
pommader ‹1›
pommeler (se) ‹4›
(aux. être)
pommer ‹1›
pomper ‹1›
pomponner ‹1›
poncer ‹3›
ponctionner ‹1›
ponctuer ‹1›
pondérer ‹6›
pondre ‹41›
ponter ‹1›
pontifier ‹7›

Conjuguez sans fautes   populariser - priver

populariser ‹1›
poquer ‹1›
portager ‹3›
porter ‹1›
portraiturer ‹1›
poser ‹1›
positionner ‹1›
positiver ‹1›
posséder ‹6›
postdater ‹1›
poster ‹1›
postériser ‹1›
postfacer ‹3›
postillonner ‹1›
postposer ‹1›
postsonoriser ‹1›
postsynchroniser ‹1›
postuler ‹1›
potasser ‹1›
potentialiser ‹1›
potiner ‹1›
poucer ‹3›
poudrer ‹1›
poudroyer ‹8›
pouffer ‹1›
pouliner ‹1›
pouponner ‹1›
pourchasser ‹1›
pourfendre ‹41›
pourlécher ‹6›
pourrir ‹2›
poursuivre ‹40›
pourvoir ‹25›
pousser ‹1›
poutouner ‹1›
poutser ‹1›
pouvoir ‹33 p. p. inv. *pu*›
praliner ‹1›
pratiquer ‹1›
préacheter ‹5›
préannoncer ‹3›
préaviser ‹1›

précariser ‹1›
précautionner ‹1›
précéder ‹6›
précharger ‹3›
préchauffer ‹1›
prêcher ‹1›
précipiter ‹1›
préciser ‹1›
précompter ‹1›
préconiser ‹1›
précontraindre ‹52›
prédéfinir ‹2›
prédestiner ‹1›
prédéterminer ‹1›
prédiquer ‹1›
prédire ‹37 sauf *vous prédisez*›
prédisposer ‹1›
prédominer ‹1›
préempter ‹1›
préenregistrer ‹1›
préétablir ‹2›
préexister ‹1›
préfabriquer ‹1›
préfacer ‹3›
préférer ‹6›
préfigurer ‹1›
préfixer ‹1›
préformer ‹1›
préfractionner ‹1›
préimprimer ‹1›
préinscrire ‹39›
préjudicier ‹7›
préjuger ‹3›
prélasser (se) ‹1› (aux. être)
prélaver ‹1›
prélever ‹5›
préluder ‹1›
préméditer ‹1›
prémunir ‹2›
prendre ‹58›
prénommer ‹1›

préoccuper ‹1›
préparer ‹1›
prépayer ‹8›
préposer ‹1›
préprogrammer ‹1›
prépublier ‹7›
prérégler ‹6›
présager ‹3›
prescrire ‹39›
présélectionner ‹1›
présenter ‹1›
préserver ‹1›
présidentialiser ‹1›
présider ‹1›
présonoriser ‹1›
pressentir ‹16›
presser ‹1›
pressurer ‹1›
pressuriser ‹1›
prester ‹1›
présumer ‹1›
présupposer ‹1›
présurer ‹1›
prétendre ‹41›
prêter ‹1›
prétériter ‹1›
prétexter ‹1›
prétraiter ‹1›
prévaloir ‹29 sauf subjonctif présent *que je prévale, que tu prévales, qu'ils prévalent*›
prévariquer ‹1›
prévendre ‹41›
prévenir ‹22›
prévisualiser ‹1›
prévoir ‹24›
prier ‹7›
primer ‹1›
priser ‹1›
prismatiser ‹1›
privatiser ‹1›
priver ‹1›

privilégier - raconter

Conjuguez sans fautes

privilégier ‹7›
problématiser ‹1›
procéder ‹6›
proclamer ‹1›
procréer ‹1›
procurer ‹1›
prodiguer ‹1›
produire ‹38›
profaner ‹1›
proférer ‹6›
professer ‹1›
professionnaliser ‹1›
profiler ‹1›
profiter ‹1›
programmer ‹1›
progresser ‹1›
prohiber ‹1›
projeter ‹4›
prolétariser ‹1›
proliférer ‹6›
prolonger ‹1›
promener ‹5›
promettre ‹56›
promotionner ‹1›
promouvoir ‹27 rare, sauf infinitif et **p. p.** *promu, promue*›
promulguer ‹1›
prôner ‹1›
pronominaliser ‹1›
prononcer ‹3›
pronostiquer ‹1›
propager ‹3›
prophétiser ‹1›
proportionner ‹1›
proposer ‹1›
propulser ‹1›
proroger ‹3›
proscrire ‹39›
prosodier ‹7›
prospecter ‹1›
prospérer ‹6›
prosterner ‹1›

prostituer ‹1›
prostrer ‹1›
prostrer (se) ‹1› (aux. être)
protéger ‹6 et 3›
protester ‹1›
prototyper ‹1›
prouter ‹1›
prouver ‹1›
provençaliser ‹1›
provenir ‹22› (aux. être)
proverbialiser ‹1›
provigner ‹1›
provincialiser ‹1›
provisionner ‹1›
provoquer ‹1›
psalmodier ‹7›
psychanalyser ‹1›
psychiatriser ‹1›
psychologiser ‹1›
psychosomatiser ‹1›
psychoter ‹1›
publiciser ‹1›
publier ‹7›
puddler ‹1›
puer ‹1›
puiser ‹1›
pulluler ‹1›
pulper ‹1›
pulser ‹1›
pulvériser ‹1›
punaiser ‹1›
punir ‹2›
purger ‹3›
purifier ‹7›
putréfier ‹7›
putter ‹1›
pyramider ‹1›
pyrograver ‹1›
pyrolyser ‹1›
quadriller ‹1›
quadrupler ‹1›

qualifier ‹7›
quantifier ‹7›
quarderonner ‹1›
quartager ‹3›
québéciser ‹1›
quémander ‹1›
quereller ‹1›
quérir ‹**déf.** seult à l'infinitif›
questionner ‹1›
quêter ‹1›
queuter ‹1›
quiller ‹1›
quintessencier ‹7›
quintupler ‹1›
quittancer ‹3›
quitter ‹1›
rabâcher ‹1›
rabaisser ‹1›
rabaner ‹1›
rabattre ‹41›
rabibocher ‹1›
rabioter ‹1›
rabonnir ‹2›
raboter ‹1›
raboudiner ‹1›
rabougrir (se) ‹2› (aux. être)
rabouter ‹1›
rabrouer ‹1›
raccastiller ‹1›
raccommoder ‹1›
raccompagner ‹1›
raccorder ‹1›
raccourcir ‹2›
raccoutumer ‹1›
raccrocher ‹1›
racheter ‹5›
raciner ‹1›
racketter ‹1›
racler ‹1›
racoler ‹1›
raconter ‹1›

Conjuguez sans fautes   **racornir - raviser (se)**

racornir ‹2›
rader ‹1›
radicaliser ‹1›
radier ‹7›
radiner ‹1›
radiobaliser ‹1›
radiodiffuser ‹1›
radiographier ‹7›
radioguider ‹1›
radiotélégraphier ‹7›
radoter ‹1›
radouber ‹1›
radoucir ‹2›
rafaler ‹1›
raffermir ‹2›
raffiner ‹1›
raffoler ‹1›
raffûter
  ou raffuter* ‹1›
rafistoler ‹1›
rafler ‹1›
rafraîchir
  ou rafraichir* ‹2›
ragaillardir ‹2›
ragencer ‹3›
rager ‹3›
ragoûter
  ou ragouter* ‹1›
ragrafer ‹1›
ragréer ‹1›
raguer ‹1›
raidir ‹2›
railler ‹1›
rainer ‹1›
rainurer ‹1›
raire ‹**déf. 50** inusité au passé simple et subjonctif imparfait›
raisonner ‹1›
rajeunir ‹2›
rajouter ‹1›
rajuster ‹1›
ralentir ‹2›

râler ‹1›
ralinguer ‹1›
raller ‹1›
rallier ‹7›
rallonger ‹3›
rallumer ‹1›
ramager ‹3›
ramancher ‹1›
ramasser ‹1›
ramender ‹1›
ramener ‹5›
ramer ‹1›
rameuter ‹1›
ramifier (se) ‹7›
  (aux. être)
ramollir ‹2›
ramoner ‹1›
ramper ‹1›
rancarder ‹1›
rancir ‹2›
rançonner ‹1›
randomiser ‹1›
randonner ‹1›
ranger ‹3›
ranimer ‹1›
rapailler ‹1›
rapaiser ‹1›
rapapilloter ‹1›
rapatrier ‹7›
rapatronner ‹1›
raper ‹1›
râper ‹1›
rapetasser ‹1›
rapetisser ‹1›
rapiécer ‹3 et 6›
rapiner ‹1›
raplatir ‹2›
raplomber ‹1›
rappareiller ‹1›
rapparier ‹7›
rappeler ‹4›
rapper ‹1›
rappliquer ‹1›

rappointir ‹2›
rappondre ‹41›
rapporter ‹1›
rapprendre ‹58›
rapprêter ‹1›
rapprocher ‹1›
rapproprier ‹7›
rapprovisionner ‹1›
rapter ‹1›
raquer ‹1›
raréfier ‹7›
raser ‹1›
rassasier ‹7›
rassembler ‹1›
rasseoir
  ou rassoir* ‹26›
rasséréner ‹6›
rassir ‹2›
rassurer ‹1›
ratatiner ‹1›
râteler ‹4›
rater ‹1›
ratiboiser ‹1›
ratifier ‹7›
ratiner ‹1›
ratiociner ‹1›
rationaliser ‹1›
rationner ‹1›
ratisser ‹1›
ratonner ‹1›
rattacher ‹1›
rattraper ‹1›
raturer ‹1›
raugmenter ‹1›
rauquer ‹1›
ravager ‹3›
ravaler ‹1›
ravauder ‹1›
ravigoter ‹1›
raviner ‹1›
ravir ‹2›
raviser (se) ‹1›
  (aux. être)

267

ravitailler - reconditionner

Conjuguez sans fautes

ravitailler ‹1›
raviver ‹1›
ravoir ‹**déf.** seult à l'infinitif›
rayer ‹8›
rayonner ‹1›
razzier ‹7›
réabonner ‹1›
réabsorber ‹1›
réaccélérer ‹6›
réaccoutumer ‹1›
réacheminer ‹1›
réacquérir ‹21›
réactiver ‹1›
réactualiser ‹1›
réadapter ‹1›
réadmettre ‹56›
réaffecter ‹1›
réafficher ‹1›
réaffirmer ‹1›
réaffûter
 ou réaffuter* ‹1›
réagir ‹2›
réajuster ‹1›
réaléser ‹6›
réaligner ‹1›
réaliser ‹1›
réalphabétiser ‹1›
réaménager ‹3›
réamorcer ‹3›
réanimer ‹1›
réapparaître
 ou réapparaitre* ‹57›
réappliquer ‹1›
réapprécier (se) ‹7›
 (aux. être)
réapprendre ‹58›
réapproprier (se) ‹7›
réapprovisionner ‹1›
réargenter ‹1›
réarmer ‹1›
réarranger ‹3›

réassigner ‹1›
réassortir ‹2›
réassurer ‹1›
rebaigner ‹1›
rebaisser ‹1›
rebaptiser ‹1›
rebâtir ‹2›
rebattre ‹41›
rebeller (se) ‹1›
 (aux. être)
rebiffer (se) ‹1›
 (aux. être)
rebiquer ‹1›
reboiser ‹1›
rebondir ‹2›
reborder ‹1›
reboucher ‹1›
rebouter ‹1›
reboutonner ‹1›
rebraguetter ‹1›
rebroder ‹1›
rebrousser ‹1›
rebuter ‹1›
recacheter ‹4›
recadrer ‹1›
recalcifier ‹7›
recalculer ‹1›
recaler ‹1›
recalibrer ‹1›
recapitaliser ‹1›
récapituler ‹1›
recarder ‹1›
recarreler ‹4›
recaser ‹1›
recauser ‹1›
recéder ‹6›
receler ‹5›
recenser ‹1›
recentraliser ‹1›
recentrer ‹1›
recéper ‹6›
réceptionner ‹1›
recercler ‹1›

recevoir ‹28›
réchampir ‹2›
rechanger ‹3›
rechanter ‹1›
rechaper ‹1›
réchapper ‹1›
recharger ‹3›
rechasser ‹1›
réchauffer ‹1›
rechauler ‹1›
rechaumer ‹1›
rechausser ‹1›
rechercher ‹1›
rechigner ‹1›
rechristianiser ‹1›
rechuter ‹1›
récidiver ‹1›
réciproquer ‹1›
réciter ‹1›
réclamer ‹1›
reclasser ‹1›
reclore ‹45›
reclouer ‹1›
reclure ‹35›
recogner ‹1›
recoiffer ‹1›
recoincer ‹3›
recoler ‹1›
recoller ‹1›
recoloriser ‹1›
récolter ‹1›
recombiner ‹1›
recommander ‹1›
recommencer ‹3›
récompenser ‹1›
recompiler ‹1›
recomposer ‹1›
recompter ‹1›
reconcentrer ‹1›
réconcilier ‹7›
recondamner ‹1›
reconditionner ‹1›

Conjuguez sans fautes   reconduire - refiler

reconduire ‹38›
reconfigurer ‹1›
réconforter ‹1›
reconnaître
  ou reconnaitre *
  ‹57›
reconnecter ‹1›
reconquérir ‹21›
reconsidérer ‹6›
reconsolider ‹1›
reconstituer ‹1›
reconstruire ‹38›
recontacter ‹1›
recontracter ‹1›
reconvertir ‹2›
recopier ‹7›
recorder ‹1›
recorriger ‹3›
recoucher ‹1›
recoudre ‹48›
recouper ‹1›
recouponner ‹1›
recourber ‹1›
recourir ‹11›
recouvrer ‹1›
recouvrir ‹18›
recracher ‹1›
recréditer ‹1›
recréer ‹1›
récréer (se) ‹7›
recrépir ‹2›
recreuser ‹1›
récrier (se) ‹7›
  (aux. être)
récriminer ‹1›
récrire ‹39›
recristalliser ‹1›
recroiser ‹1›
recroqueviller ‹1›
recruter ‹1›
rectifier ‹7›
recueillir ‹12›
recuire ‹38›

reculer ‹1›
reculotter ‹1›
récupérer ‹6›
récurer ‹1›
récuser ‹1›
recycler ‹1›
redécorer ‹1›
redécouper ‹1›
redécouvrir ‹18›
redéfaire ‹60›
redéfinir ‹2›
redemander ‹1›
redémarrer ‹1›
redéployer ‹8›
redéposer ‹1›
redescendre ‹41›
  (aux. avoir, être)
redessiner ‹1›
redévelopper ‹1›
redevenir ‹22›
  (aux. être)
redevoir ‹28›
rediffuser ‹1›
rédiger ‹3›
redimensionner ‹1›
rédimer ‹1›
redire ‹37›
rediriger ‹3›
rediscuter ‹1›
redistribuer ‹1›
redonner ‹1›
redorer ‹1›
redormir ‹16›
redoubler ‹1›
redouter ‹1›
redresser ‹1›
réduire ‹38›
redynamiser ‹1›
rééchantillonner ‹1›
rééchelonner ‹1›
réécrire ‹39›
réédifier ‹7›
rééditer ‹1›

rééduquer ‹1›
réélire ‹43›
réemballer ‹1›
réembarquer ‹1›
réembaucher ‹1›
réemployer ‹8›
réempoissonner ‹1›
réemprunter ‹1›
réencadrer ‹1›
réendosser ‹1›
réenfourcher ‹1›
réengréner ‹6›
réenregistrer ‹1›
réensemencer ‹3›
réentendre ‹41›
réenvahir ‹2›
réenvisager ‹3›
réenvoler (se) ‹1›
rééquilibrer ‹1›
rééquiper ‹1›
réer ‹1›
réescompter ‹1›
réessayer ‹8›
réétiqueter ‹4›
réétudier ‹7›
réévaluer ‹1›
réexaminer ‹1›
réexpédier ‹7›
réexploiter ‹1›
réexporter ‹1›
réexposer ‹1›
refabriquer ‹1›
refaçonner ‹1›
refacturer ‹1›
refaire ‹60›
refamiliariser ‹1›
refendre ‹41›
référencer ‹3›
référer ‹6›
refermer ‹1›
referrer ‹1›
refiler ‹1›

refinancer - remastiquer

refinancer ‹3›
réfléchir ‹2›
refléter ‹6›
refleurir ‹2›
refluer ‹1›
refonder ‹1›
refondre ‹41›
reforester ‹1›
reforger ‹3›
reformater ‹1›
reformer ‹1›
réformer ‹1›
reformuler ‹1›
refouiller ‹1›
refouler ‹1›
refourguer ‹1›
refourrer ‹1›
réfracter ‹1›
refrapper ‹1›
réfréner ‹6›
réfrigérer ‹6›
refriser ‹1›
refroidir ‹2›
réfugier (se) ‹7›
  (aux. être)
refumer ‹1›
refuser ‹1›
réfuter ‹1›
regagner ‹1›
régaler ‹1›
regarder ‹1›
regarnir ‹2›
régater ‹1›
regazonner ‹1›
regeler ‹5›
régénérer ‹6›
régenter ‹1›
regimber ‹1›
régionaliser ‹1›
régir ‹2›
réglementer
  ou règlementer* ‹1›
régler ‹6›

reglisser ‹1›
régner ‹6›
regonfler ‹1›
regorger ‹3›
regoûter
  ou regouter* ‹1›
regratter ‹1›
regréer ‹1›
regreffer ‹1›
régresser ‹1›
regretter ‹1›
regrimper ‹1›
regrossir ‹2›
regrouper ‹1›
régulariser ‹1›
réguler ‹1›
régurgiter ‹1›
réhabiliter ‹1›
réhabituer ‹1›
rehausser ‹1›
réhydrater ‹1›
réifier ‹7›
réimperméabiliser ‹1›
réimplanter ‹1›
réimporter ‹1›
réimposer ‹1›
réimprimer ‹1›
réincarcérer ‹6›
réincarner (se) ‹1›
  (aux. être)
réincorporer ‹1›
réindexer ‹1›
réinfecter ‹1›
réinformatiser ‹1›
réinitialiser ‹1›
réinjecter ‹1›
réinscrire ‹39›
réinsérer ‹6›
réinstaller ‹1›
réinstaurer ‹1›
réintégrer ‹6›
réinterpréter ‹6›
réintroduire ‹38›

réinventer ‹1›
réinvestir ‹2›
réinviter ‹1›
réitérer ‹6›
rejaillir ‹2›
rejeter ‹4›
rejoindre ‹49›
rejointoyer ‹8›
rejouer ‹1›
réjouir ‹2›
rejuger ‹3›
relâcher ‹1›
relaisser (se) ‹1›
  (aux. être)
relancer ‹3›
rélargir ‹2›
relarguer ‹1›
relater ‹1›
relativiser ‹1›
relaver ‹1›
relaxer ‹1›
relayer ‹8›
reléguer ‹6›
relever ‹5›
relier ‹7›
relire ‹43›
relocaliser ‹1›
reloger ‹3›
relooker ‹1›
relouer ‹1›
reluire ‹38›
reluquer ‹1›
relustrer ‹1›
remâcher ‹1›
remailler ‹1›
remanger ‹3›
remanier ‹7›
remaquiller ‹1›
remarcher ‹1›
remarier ‹7›
remarquer ‹1›
remastériser ‹1›
remastiquer ‹1›

Conjuguez sans fautes — **remballer - repaître**

remballer ‹1›
rembarquer ‹1›
rembarrer ‹1›
remblaver ‹1›
remblayer ‹8›
rembobiner ‹1›
remboîter
 ou remboiter* ‹1›
rembourrer ‹1›
rembourser ‹1›
rembrunir ‹2›
rembucher ‹1›
remédier ‹7›
remêler ‹1›
remembrer ‹1›
remémorer ‹1›
remercier ‹7›
remettre ‹56›
remeubler ‹1›
remilitariser ‹1›
reminéraliser ‹1›
remiser ‹1›
remixer ‹1›
remmailler ‹1›
remmailloter ‹1›
remmancher ‹1›
remmener ‹5›
remobiliser ‹1›
remodeler ‹5›
remonter ‹1›
 (aux. avoir, être)
remontrer ‹1›
remordre ‹41›
remorquer ‹1›
remotiver ‹1›
remouiller ‹1›
rempailler ‹1›
rempaqueter ‹4›
rempiéter ‹6›
rempiler ‹1›
remplacer ‹3›
remplier ‹7›
remplir ‹2›

remployer ‹8›
remplumer ‹1›
rempocher ‹1›
rempoissonner ‹1›
remporter ‹1›
rempoter ‹1›
remprunter ‹1›
remuer ‹1›
rémunérer ‹6›
renâcler ‹1›
renaître
 ou renaitre* ‹**déf. 59**›
 rare aux temps composés
 et **p. p.** *rené, renée*›
renationaliser ‹1›
renaturer ‹1›
renauder ‹1›
rencaisser ‹1›
rencarder ‹1›
renchaîner
 ou renchainer* ‹1›
renchérir ‹2›
rencogner ‹1›
rencontrer ‹1›
rendetter ‹1›
rendormir ‹16›
rendosser ‹1›
rendre ‹41›
rendurcir ‹2›
renégocier ‹7›
reneiger ‹3›
rénetter ‹1›
renfermer ‹1›
renfiler ‹1›
renflammer ‹1›
renfler ‹1›
renflouer ‹1›
renfoncer ‹3›
renforcer ‹3›
renforcir ‹3›
renformir ‹2›
renfouir ‹2›
renfourcher ‹1›

renfourner ‹1›
renfrogner (se) ‹1›
 (aux. être)
rengager ‹3›
rengainer ‹1›
rengorger (se) ‹3›
 (aux. être)
rengraisser ‹1›
rengréger ‹6›
rengrener ‹5›
rengréner ‹6›
renier ‹7›
renifler ‹1›
renommer ‹1›
renoncer ‹3›
renouer ‹1›
renouveler ‹4›
rénover ‹1›
renquiller ‹1›
renseigner ‹1›
rentabiliser ‹1›
rentamer ‹1›
renter ‹1›
rentoiler ‹1›
rentraire ‹50›
rentrayer ‹8›
rentrer ‹1›
 (aux. avoir, être)
renverser ‹1›
renvider ‹1›
renvoyer ‹8 futur *je
 renverrai, tu renverras,*
 etc.›
réoccuper ‹1›
réopérer ‹6›
réorchestrer ‹1›
réordonner ‹1›
réorganiser ‹1›
réorienter ‹1›
réouvrir ‹18›
repairer ‹1›
repaître
 ou repaitre* ‹57›

répandre - ressortir (à)

Conjuguez sans fautes

répandre ‹41›
repapilloter ‹1›
reparaître
ou reparaitre* ‹57›
(aux. avoir, être)
reparcourir ‹11›
réparer ‹1›
reparler ‹1›
repartager ‹3›
1. repartir ‹16›
(aux. être) (partir à nouveau)
2. repartir ‹16›
(aux. avoir) (répliquer)
1. répartir ‹2›
(aux. avoir) (partager)
2. répartir ‹2›
(aux. avoir) (répliquer)
1. repasser ‹1›
(aux. être) (revenir)
2. repasser ‹1›
(aux. avoir) (traverser, défriper)
repaver ‹1›
repayer ‹8›
repêcher ‹1›
repeigner ‹1›
repeindre ‹52›
rependre ‹41›
repenser ‹1›
repentir (se) ‹16›
(aux. être)
repercer ‹3›
répercuter ‹1›
reperdre ‹41›
repérer ‹6›
répertorier ‹7›
répéter ‹6›
répétrir ‹2›
repeupler ‹1›
repincer ‹3›
repiquer ‹1›
replacer ‹3›
replanifier ‹7›

replanter ‹1›
replâtrer ‹1›
repleuvoir ‹23›
replier ‹7›
répliquer ‹1›
replisser ‹1›
replonger ‹3›
reployer ‹8›
repolir ‹2›
répondre ‹41›
reporter ‹1›
reposer ‹1›
repositionner ‹1›
repoudrer ‹1›
repousser ‹1›
repréciser ‹1›
reprendre ‹58›
représenter ‹1›
represser ‹1›
réprimander ‹1›
réprimer ‹1›
repriser ‹1›
reprocher ‹1›
reproduire ‹38›
reprogrammer ‹1›
reprographier ‹7›
réprouver ‹1›
républicaniser ‹1›
republier ‹7›
répudier ‹1›
répugner ‹1›
réputer ‹1›
requalifier ‹7›
requérir ‹21›
requêter ‹1›
requinquer ‹1›
réquisitionner ‹1›
requitter ‹1›
rerouter ‹1›
resaler ‹1›
resalir ‹2›
resaluer ‹1›
rescaper ‹1›

rescinder ‹1›
resemer ‹5›
réséquer ‹6›
réserver ‹1›
résider ‹1›
résigner ‹1›
résilier ‹7›
résiner ‹1›
résister ‹1›
resituer ‹1›
resonger ‹3›
résonner ‹1›
résorber ‹1›
résoudre ‹51 p. p.
résolu dans le sens de «statuer, se déterminer» et *résous, résoute* dans le sens de «dissoudre»›
respectabiliser ‹1›
respecter ‹1›
respirer ‹1›
resplendir ‹2›
responsabiliser ‹1›
resquiller ‹1›
ressaigner ‹1›
ressaisir ‹2›
ressasser ‹1›
ressauter ‹1›
ressayer ‹8›
ressembler ‹1›
ressemeler ‹4›
ressemer ‹5›
ressentir ‹16›
resserrer ‹1›
resservir ‹14›
1. ressortir ‹16›
(aux. être) (sortir à nouveau, se détacher)
2. ressortir ‹16›
(aux. avoir) (mettre dehors)
3. ressortir (à) ‹2›
(aux. avoir) (être du ressort de)

Conjuguez sans fautes   **ressouder - rider**

ressouder ‹1›
ressourcer ‹3›
ressouvenir (se) ‹22› (aux. être)
ressuer ‹1›
ressuivre ‹40›
ressurgir ‹2›
ressusciter ‹1› (aux. avoir, être)
ressuyer ‹8›
restaurer ‹1›
rester ‹1›
restituer ‹1›
restreindre ‹52›
restructurer ‹1›
restyler ‹1›
resucer ‹3›
résulter ‹**déf. 1** seult à l'infinitif, au p. présent et à la 3e pers.›
résumer ‹1›
resurfacer ‹3›
resurgir ‹2›
resynchroniser ‹1›
rétablir ‹2›
retailler ‹1›
rétamer ‹1›
retaper ‹1›
retapisser ‹1›
retarder ‹1›
retâter ‹1›
reteindre ‹52›
retéléphoner ‹1›
retendre ‹41›
retenir ‹22›
retenter ‹1›
retentir ‹2›
retercer ‹3›
réticuler ‹1›
retirer ‹1›
retisser ‹1›
retomber ‹1› (aux. être)

retondre ‹41›
retoquer ‹1›
retordre ‹41›
rétorquer ‹1›
retoucher ‹1›
retourner ‹1› (aux. avoir, être)
retracer ‹3›
rétracter ‹1›
retraduire ‹38›
retraire ‹50›
retraiter ‹1›
retrancher ‹1›
retranscrire ‹39›
retransférer ‹6›
retransmettre ‹56›
retravailler ‹1›
retraverser ‹1›
rétrécir ‹2›
rétreindre ‹52›
retremper ‹1›
rétribuer ‹1›
rétroagir ‹2›
rétrocéder ‹6›
rétroconvertir ‹2›
rétrodiffuser ‹1›
rétrograder ‹1›
rétropédaler ‹1›
retrousser ‹1›
retrouver ‹1›
retuber ‹1›
réunifier ‹7›
réunir ‹2›
réussir ‹2›
réutiliser ‹1›
revacciner ‹1›
revaloir ‹29 rare sauf à l'infinitif, au futur et au conditionnel›
revaloriser ‹1›
revancher (se) ‹1›
revasculariser ‹1›
rêvasser ‹1›

réveiller ‹1›
réveillonner ‹1›
révéler ‹6›
revendiquer ‹1›
revendre ‹41›
revenir ‹22› (aux. être)
rêver ‹1›
réverbérer ‹6›
reverdir ‹2›
révérer ‹6›
revérifier ‹7›
revernir ‹2›
reverser ‹1›
revêtir ‹20›
revider ‹1›
revigorer ‹1›
revirer ‹1›
réviser ‹1›
revisionner ‹1›
revisiter ‹1›
revisser ‹1›
revitaliser ‹1›
revivifier ‹7›
revivre ‹46›
revoir ‹30›
revoler ‹1›
révolter ‹1›
révolutionner ‹1›
révolvériser ‹1›
révoquer ‹1›
revoter ‹1›
revouloir ‹31›
révulser ‹1›
rewriter ‹1›
rhabiller ‹1›
rhumer ‹1›
riboter ‹1›
ribouldinguer ‹1›
ribouler ‹1›
ricaner ‹1›
ricocher ‹1›
rider ‹1›

ridiculiser - sanctifier

ridiculiser ‹1›
rifler ‹1›
rigidifier ‹7›
rigoler ‹1›
rimailler ‹1›
rimer ‹1›
rincer ‹3›
ringarder ‹1›
ringardiser ‹1›
ripailler ‹1›
riper ‹1›
ripoliner ‹1›
riposter ‹1›
rire ‹36›
riser ‹1›
risquer ‹1›
rissoler ‹1›
ristourner ‹1›
ritualiser ‹1›
rivaliser ‹1›
river ‹1›
riveter ‹4›
rober ‹1›
robinsonner ‹1›
robotiser ‹1›
rocher ‹1›
rocouer ‹1›
rocquer ‹1›
rôdailler ‹1›
roder ‹1›
rôder ‹1›
rogner ‹1›
rognonner ‹1›
roidir ‹2›
romancer ‹3›
romaniser ‹1›
romantiser ‹1›
rompre ‹41›
ronchonner ‹1›
ronder ‹1›
rondir ‹2›
ronéoter ‹1›

ronéotyper ‹1›
ronfler ‹1›
ronfloter ‹1›
ronger ‹3›
ronronner ‹1›
roquer ‹1›
roser ‹1›
rosir ‹2›
rosser ‹1›
roter ‹1›
rôtir ‹2›
roucouler ‹1›
rouer ‹1›
rougeoyer ‹8›
rougir ‹2›
rouiller ‹1›
rouir ‹2›
roulader ‹1›
rouler ‹1›
roulotter ‹1›
roupiller ‹1›
rouscailler ‹1›
rouspéter ‹6›
rousseler ‹4›
rousser ‹1›
roussir ‹2›
roustir ‹2›
router ‹1›
rouvrir ‹18›
rubaner ‹1›
rubéfier ‹7›
rubriquer ‹1›
rucher ‹1›
rudoyer ‹8›
ruer ‹1›
ruginer ‹1›
rugir ‹2›
ruiler ‹1›
ruiner ‹1›
ruisseler ‹4›
ruminer ‹1›
ruraliser ‹1›

Conjuguez sans fautes

ruser ‹1›
russifier ‹7›
rustiquer ‹1›
rutiler ‹1›
rythmer ‹1›
sabler ‹1›
sablonner ‹1›
saborder ‹1›
saboter ‹1›
sabouler ‹1›
sabrer ‹1›
saccader ‹1›
saccager ‹3›
saccharifier
  ou saccarifier* ‹7›
sacquer ‹1›
sacraliser ‹1›
sacrer ‹1›
sacrifier ‹7›
safariser ‹1›
safraner ‹1›
saietter ‹1›
saigner ‹1›
1. saillir ‹2› (couvrir la femelle)
2. saillir ‹**déf. 2** rare sauf infinitif et 3ᵉ pers.› (jaillir, s'élancer)
3. saillir ‹13› (dépasser, déborder)
saisir ‹2›
salarier ‹7›
saler ‹1›
salifier ‹7›
saligoter ‹1›
salir ‹2›
saliver ‹1›
salonner ‹1›
saloper ‹1›
saluer ‹1›
sampler ‹1›
sancir ‹2›
sanctifier ‹7›

Conjuguez sans fautes   **sanctionner - signer**

sanctionner ‹1›
sanctuariser ‹1›
sandwicher ‹1›
sanforiser ‹1›
sangler ‹1›
sangloter ‹1›
saper ‹1›
saper (se) ‹1› (aux. être)
saponifier ‹7›
saquer ‹1›
sarabander ‹1›
sarcler ‹1›
sarmenter ‹1›
sasser ‹1›
sataniser ‹1›
satelliser ‹1›
satiner ‹1›
satiriser ‹1›
satisfaire ‹60›
saturer ‹1›
saucer ‹3›
saucissonner ‹1›
saumurer ‹1›
sauner ‹1›
saupoudrer ‹1›
saurer ‹1›
saurir ‹2›
sauter ‹1›
sautiller ‹1›
sauvegarder ‹1›
sauver ‹1›
savoir ‹32›
savonner ‹1›
savourer ‹1›
scalper ‹1›
scandaliser ‹1›
scander ‹1›
scanner ‹1›
scannériser ‹1›
scarifier ‹7›
sceller ‹1›
scénariser ‹1›

schématiser ‹1›
schlinguer ‹1›
schlitter ‹1›
schtroumpfer ‹1›
scier ‹7›
scinder ‹1›
scintiller ‹1›
sclérifier ‹7›
scléroser ‹1›
scolariser ‹1›
scorer ‹1›
scorifier ‹7›
scotcher ‹1›
scotomiser ‹1›
scratcher ‹1›
scribouiller ‹1›
scruter ‹1›
sculpter ‹1›
sécher ‹6›
seconder ‹1›
secouer ‹1›
secourir ‹1›
secréter ‹6›
sécréter ‹6›
sectionner ‹1›
sectoriser ‹1›
séculariser ‹1›
sécuriser ‹1›
sédentariser ‹1›
sédimenter ‹1›
séduire ‹38›
segmenter ‹1›
ségréger ‹3 et 6›
ségréguer ‹6›
séjourner ‹1›
sélecter ‹1›
sélectionner ‹1›
seller ‹1›
sembler ‹1›
semer ‹5›
semoncer ‹3›
sensibiliser ‹1›
sentimentaliser ‹1›

sentir ‹16›
1. seoir ‹26 p. présent *séant*, p. p. *sis*› (être assis)
2. seoir ‹**déf. 26** seult à la 3ᵉ pers. présent, imparfait, futur, conditionnel et p. présent› (convenir)
séparer ‹1›
septupler ‹1›
séquencer ‹3›
séquestrer ‹1›
sérancer ‹3›
serfouir ‹2›
sérialiser ‹1›
sérier ‹7›
sérigraphier ‹7›
seriner ‹1›
seringuer ‹1›
sermonner ‹1›
serpenter ‹1›
serper ‹1›
serrer ‹1›
sertir ‹2›
servir ‹14›
sévir ‹2›
sevrer ‹5›
sextupler ‹1›
sexualiser ‹1›
shampooiner ‹1›
shampouiner ‹1›
shooter ‹1›
shunter ‹1›
sidérer ‹6›
siéger ‹3 et 6›
siester ‹1›
siffler ‹1›
siffloter ‹1›
sigler ‹1›
signaler ‹1›
signaliser ‹1›
signer ‹1›

signifier - squattériser

Conjuguez sans fautes

signifier ‹7›
silhouetter ‹1›
silicater ‹1›
siliconer ‹1›
sillonner ‹1›
similiser ‹1›
simplifier ‹7›
simuler ‹1›
sinapiser ‹1›
singer ‹3›
singulariser ‹1›
siniser ‹1›
sinuer ‹1›
siphonner ‹1›
siroter ‹1›
sismographier ‹7›
situer ‹1›
skier ‹7›
skipper ‹1›
slalomer ‹1›
slamer ‹1›
slaviser ‹1›
slicer ‹3›
smasher ‹1›
smurfer ‹1›
snifer
ou sniffer ‹1›
snober ‹1›
socialiser ‹1›
sociologiser ‹1›
sodomiser ‹1›
soigner ‹1›
solariser ‹1›
solder ‹1›
soléciser ‹1›
solenniser ‹1›
solfier ‹7›
solidariser ‹1›
solidifier ‹7›
soliloquer ‹1›
solliciter ‹1›
solubiliser ‹1›
solutionner ‹1›

somatiser ‹1›
sombrer ‹1›
sommeiller ‹1›
sommer ‹1›
somnoler ‹1›
sonder ‹1›
songer ‹3›
sonnailler ‹1›
sonner ‹1›
sonoriser ‹1›
sophistiquer ‹1›
sopraniser ‹1›
1. sortir ‹16› (aux. être)
(aller dehors)
2. sortir ‹16› (aux. avoir) (mettre dehors)
3. sortir ‹2› (aux. avoir)
(Droit : obtenir)
soucheter ‹4›
soucier ‹7›
souder ‹1›
soudoyer ‹8›
souffler ‹1›
souffleter ‹4›
souffrir ‹18›
soufrer ‹1›
souhaiter ‹1›
souiller ‹1›
souillonner ‹1›
soulager ‹3›
soûler
ou souler* ‹1›
soulever ‹5›
souligner ‹1›
soumettre ‹56›
soumissionner ‹1›
soupçonner ‹1›
souper ‹1›
soupeser ‹5›
soupirer ‹1›
souquer ‹1›
sourciller ‹1›

sourdre ‹**déf.** seult à l'infinitif et à la 3ᵉ pers. indicatif : présent *il sourd, ils sourdent* ; imparfait *il sourdait, ils sourdaient*›
sourire ‹36›
souscrire ‹39›
sous-employer ‹8›
sous-entendre ‹41›
sous-estimer ‹1›
sous-évaluer ‹1›
sous-exposer ‹1›
sous-louer ‹1›
sous-payer ‹8›
sous-performer ‹1›
sous-pondérer ‹6›
sous-tendre ‹41›
sous-titrer ‹1›
soustraire ‹50›
sous-traiter ‹1›
sous-utiliser ‹1›
sous-virer ‹1›
soutacher ‹1›
soutenir ‹22›
soutirer ‹1›
souvenir ‹22 v. intr. impers. *il me souvient* et v. pr. *se souvenir*›
soviétiser ‹1›
spammer ‹1›
spatialiser ‹1›
spatuler ‹1›
spécialiser ‹1›
spécifier ‹7›
spéculer ‹1›
speeder ‹1›
spiritualiser ‹1›
spolier ‹7›
sponsoriser ‹1›
sporuler ‹1›
sprinter ‹1›
squatter ‹1›
squattériser ‹1›

Conjuguez sans fautes ###### squeezer - surfaire

squeezer ‹1›
stabiliser ‹1›
staffer ‹1›
stagner ‹1›
staliniser ‹1›
standardiser ‹1›
starifier ‹7›
stariser ‹1›
stationner ‹1›
statuer ‹1›
statufier ‹7›
stemmer ‹1›
sténographier ‹7›
sténotyper ‹1›
stéréotyper ‹1›
stérer ‹6›
stériliser ‹1›
stigmatiser ‹1›
stimuler ‹1›
stipendier ‹7›
stipuler ‹1›
stocker ‹1›
stomiser ‹1›
stopper ‹1›
stranguler ‹1›
stratifier ‹7›
stresser ‹1›
striduler ‹1›
strier ‹7›
stripper ‹1›
structurer ‹1›
stupéfaire ‹**déf. 60**
  rare sauf à la 3ᵉ pers.
  du singulier, présent et
  temps composés›
stupéfier ‹7›
stupidifier ‹7›
stuquer ‹1›
styler ‹1›
styliser ‹1›
subalterniser ‹1›
subdéléguer ‹6›
subdiviser ‹1›

subir ‹2›
subjuguer ‹1›
sublimer ‹1›
submerger ‹3›
subodorer ‹1›
subordonner ‹1›
suborner ‹1›
subroger ‹3›
subsidier ‹7›
subsister ‹1›
substanter ‹1›
substantialiser ‹1›
substantiver ‹1›
substituer ‹1›
subsumer ‹1›
subtiliser ‹1›
subvenir ‹22›
subventionner ‹1›
subvertir ‹2›
succéder ‹6›
succomber ‹1›
sucer ‹1›
suçoter ‹1›
sucrer ‹1›
suer ‹1›
suffire ‹**37**›
suffixer ‹1›
suffoquer ‹1›
suggérer ‹6›
suggestionner ‹1›
suicider (se) ‹1›
  (aux. être)
suiffer ‹1›
suinter ‹1›
suivre ‹**40**›
sulfater ‹1›
sulfurer ‹1›
sulfuriser ‹1›
superposer ‹1›
superviser ‹1›
supplanter ‹1›
suppléer ‹1›
supplémenter ‹1›

supplicier ‹7›
supplier ‹7›
supporter ‹1›
supposer ‹1›
supprimer ‹1›
suppurer ‹1›
supputer ‹1›
surabonder ‹1›
suractiver ‹1›
suradministrer ‹1›
surajouter ‹1›
suralimenter ‹1›
suramplifier ‹7›
surarmer ‹1›
surbaisser ‹1›
surbooker ‹1›
surcharger ‹3›
surchauffer ‹1›
surclasser ‹1›
surcompenser ‹1›
surcomprimer ‹1›
surcontrer ‹1›
surcoter ‹1›
surcouper ‹1›
surcuire ‹38›
surdéterminer ‹1›
surdimensionner ‹1›
surélever ‹5›
surenchérir ‹2›
surentrainer
  ou surentraîner* ‹1›
suréquiper ‹1›
surestimer ‹1›
surévaluer ‹1›
surexciter ‹1›
surexhausser ‹1›
surexploiter ‹1›
surexposer ‹1›
surfacer ‹3›
surfacturer ‹1›
surfaire ‹60 rare sauf
  infinitif et présent indicatif›

surfer - tatillonner

surfer ‹1›
surfiler ‹1›
surgeler ‹5›
surgeonner ‹1›
surgir ‹2›
surhausser ‹1›
surimposer ‹1›
suriner ‹1›
surinfecter (se) ‹1›
surinformer ‹1›
surinvestir ‹2›
surir ‹2›
surjaler ‹1›
surjeter ‹4›
surjouer ‹1›
surligner ‹1›
surmédiatiser ‹1›
surmédicaliser ‹1›
surmener ‹5›
surmoduler ‹1›
surmonter ‹1›
surmouler ‹1›
surnager ‹3›
surnommer ‹1›
surnourrir ‹2›
suroxyder ‹1›
surpasser ‹1›
surpayer ‹8›
surpeupler ‹1›
surpiquer ‹1›
surplomber ‹1›
surpondérer ‹6›
surprendre ‹58›
surproduire ‹38›
surprotéger ‹6 et 3›
sursauter ‹1›
sursemer ‹5›
surseoir
  ou sursoir* ‹26›
surstockage ‹1›
surstocker ‹1›
surtaxer ‹1›
surtitrer ‹1›

surtondre ‹41›
survaloriser ‹1›
surveiller ‹1›
survendre ‹41›
survenir ‹22›
  (aux. être)
survirer ‹1›
survivre ‹46›
survoler ‹1›
survolter ‹1›
susciter ‹1›
suscrire ‹39›
suspecter ‹1›
suspendre ‹41›
sustenter ‹1›
susurrer ‹1›
suturer ‹1›
swinguer ‹1›
syllabiser ‹1›
syllogiser ‹1›
symboliser ‹1›
symétriser ‹1›
sympathiser ‹1›
synchroniser ‹1›
syncoper ‹1›
syncristalliser ‹1›
syndicaliser ‹1›
syndiquer ‹1›
synthétiser ‹1›
syntoniser ‹1›
systématiser ‹1›
tabasser ‹1›
tableauter ‹1›
tabler ‹1›
tabletter ‹1›
tabouiser ‹1›
tabuler ‹1›
tacher ‹1›
tâcher ‹1›
tacheter ‹4›
tackler ‹1›
tacler ‹1›
taffer ‹1›

Conjuguez sans fautes

taguer ‹1›
taillader ‹1›
tailler ‹1›
taire ‹54 sauf *il tait* sans
  accent circonflexe, et
  p. p. fém. *tue*›
taler ‹1›
taller ‹1›
talocher ‹1›
talonner ‹1›
talquer ‹1›
tambouriner ‹1›
tamiser ‹1›
tamponner ‹1›
tancer ‹3›
tangenter ‹1›
tanguer ‹1›
taniser ‹1›
tanner ‹1›
tapager ‹3›
taper ‹1›
tapiner ‹1›
tapir (se) ‹2› (aux. être)
tapisser ‹1›
taponner ‹1›
tapoter ‹1›
taquer ‹1›
taquiner ‹1›
tarabiscoter ‹1›
tarabuster ‹1›
tarauder ‹1›
tarder ‹1›
tarer ‹1›
targuer (se) ‹1›
  (aux. être)
tarifer ‹1›
tarir ‹2›
tartiner ‹1›
tartir ‹2›
tasser ‹1›
tataouiner ‹1›
tâter ‹1›
tatillonner ‹1›

Conjuguez sans fautes **tâtonner - tourber**

tâtonner ‹1›
tatouer ‹1›
tauder ‹1›
taveler ‹4›
taxer ‹1›
tayloriser ‹1›
tchatcher ‹1›
techniciser ‹1›
techniser ‹1›
technocratiser ‹1›
teiller ‹1›
teindre ‹52›
teinter ‹1›
télécharger ‹3›
télécommander ‹1›
télécopier ‹7›
télédéclarer ‹1›
télédiffuser ‹1›
télégraphier ‹7›
téléguider ‹1›
télémarker ‹1›
télémétrer ‹6›
télépayer ‹8›
téléphoner ‹1›
téléporter ‹1›
télescoper ‹1›
télésonder ‹1›
télétransmettre ‹56›
télétravailler ‹1›
téléviser ‹1›
télexer ‹1›
témoigner ‹1›
tempérer ‹6›
tempêter ‹1›
temporiser ‹1›
tenailler ‹1›
tendre ‹41›
tenir ‹22›
tenonner ‹1›
ténoriser ‹1›
tensionner ‹1›
tenter ‹1›

tenturer ‹1›
tercer ‹3›
térébrer ‹6›
tergiverser ‹1›
terminer ‹1›
ternir ‹2›
terrasser ‹1›
terreauter ‹1›
terrer ‹1›
terrifier ‹7›
territorialiser ‹1›
terroriser ‹1›
terser ‹1›
tester ‹1›
tétaniser ‹1›
téter ‹6›
texturer ‹1›
théâtraliser ‹1›
thématiser ‹1›
théoriser ‹1›
thermaliser ‹1›
thermocautériser ‹1›
thésauriser ‹1›
tiédir ‹2›
tiercer ‹3›
tiller ‹1›
tilter ‹1›
timbrer ‹1›
tinter ‹1›
tintinnabuler ‹1›
tiquer ‹1›
tirailler ‹1›
tirebouchonner ‹1›
tirer ‹1›
tiser ‹1›
tisonner ‹1›
tisser ‹1›
titiller ‹1›
titrer ‹1›
titriser ‹1›
tituber ‹1›
titulariser ‹1›

toaster ‹1›
toiler ‹1›
toiletter ‹1›
toiser ‹1›
toiturer ‹1›
tolérer ‹6›
tomber ‹1›
 (aux. avoir, être)
tomer ‹1›
tondre ‹41›
tonifier ‹7›
tonitruer ‹1›
tonneler ‹4›
tonner ‹1›
tonsurer ‹1›
tontiner ‹1›
toper ‹1›
topicaliser ‹1›
toquer ‹1›
toquer (se) ‹1›
 (aux. être)
torcher ‹1›
torchonner ‹1›
tordre ‹41›
toréer ‹1›
torgnoler ‹1›
toronner ‹1›
torpiller ‹1›
torréfier ‹7›
torsader ‹1›
tortiller ‹1›
tortillonner ‹1›
tortorer ‹1›
torturer ‹1›
tosser ‹1›
totaliser ‹1›
totémiser ‹1›
toucher ‹1›
touer ‹1›
touiller ‹1›
toupiller ‹1›
toupiner ‹1›
tourber ‹1›

tourbillonner - trotter

Conjuguez sans fautes

tourbillonner ‹1›
tourer ‹1›
tourillonner ‹1›
tourmenter ‹1›
tournailler ‹1›
tournebouler ‹1›
tourner ‹1›
 (aux. avoir, être)
tournicoter ‹1›
tourniller ‹1›
tourniquer ‹1›
tournoyer ‹8›
toussailler ‹1›
tousser ‹1›
toussoter ‹1›
trabouler ‹1›
tracasser ‹1›
tracer ‹3›
trachéotomiser ‹1›
tracter ‹1›
traduire ‹38›
traficoter ‹1›
trafiquer ‹1›
trahir ‹2›
traînailler
 ou trainailler* ‹1›
traînasser
 ou trainasser* ‹1›
traîner
 ou trainer* ‹1›
traire ‹50›
traiter ‹1›
tramer ‹1›
tranchefiler ‹1›
trancher ‹1›
tranquilliser ‹1›
transbahuter ‹1›
transborder ‹1›
transcender ‹1›
transcoder ‹1›
transcrire ‹39›
transférer ‹6›
transfigurer ‹1›

transfiler ‹1›
transformer ‹1›
transfuser ‹1›
transgresser ‹1›
transhumer ‹1›
transiger ‹3›
transir ‹déf. 2 seult
 indicatif présent, temps
 composés et infinitif›
transistoriser ‹1›
transiter ‹1›
translater ‹1›
translittérer ‹6›
transmettre ‹56›
transmigrer ‹1›
transmuer ‹1›
transmuter ‹1›
transparaître
 ou transparaitre* ‹57›
transpercer ‹3›
transpirer ‹1›
transplanter ‹1›
transporter ‹1›
transposer ‹1›
transsubstantier ‹7›
transsuder ‹1›
transvaser ‹1›
transverbérer ‹6›
transvider ‹1›
traquer ‹1›
traumatiser ‹1›
travailler ‹1›
travailloter ‹1›
traverser ‹1›
travestir ‹2›
trébucher ‹1›
tréfiler ‹1›
treillager ‹3›
treillisser ‹1›
trémater ‹1›
trembler ‹1›
trembloter ‹1›

trémousser (se) ‹1›
 (aux. être)
tremper ‹1›
trémuler ‹1›
trépaner ‹1›
trépasser ‹1›
trépider ‹1›
trépigner ‹1›
tressaillir ‹13›
tressauter ‹1›
tresser ‹1›
treuiller ‹1›
trévirer ‹1›
trianguler ‹1›
triballer ‹1›
tricher ‹1›
tricoter ‹1›
trier ‹7›
trifouiller ‹1›
triller ‹1›
trimarder ‹1›
trimbaler ‹1›
trimballer ‹1›
trimer ‹1›
tringler ‹1›
trinquer ‹1›
triompher ‹1›
tripatouiller ‹1›
tripler ‹1›
tripoter ‹1›
trisser ‹1›
triturer ‹1›
trivialiser ‹1›
tromper ‹1›
trompeter
 ou trompéter* ‹4›
troncher ‹1›
tronçonner ‹1›
trôner ‹1›
tronquer ‹1›
tropicaliser ‹1›
troquer ‹1›
trotter ‹1›

Conjuguez sans fautes   **trottiner - vidanger**

trottiner ‹1›
troubler ‹1›
trouer ‹1›
trouiller ‹1›
trousser ‹1›
trouver ‹1›
truander ‹1›
trucider ‹1›
trueller ‹1›
truffer ‹1›
truquer ‹1›
trusquiner ‹1›
truster ‹1›
tuber ‹1›
tuberculiner ‹1›
tuberculiser ‹1›
tuer ‹1›
tuiler ‹1›
tuméfier ‹7›
turbiner ‹1›
turlupiner ‹1›
tuteurer ‹1›
tutoyer ‹8›
tuyauter ‹1›
twister ‹1›
tympaniser ‹1›
typer ‹1›
typifier ‹7›
typographier ‹7›
tyranniser ‹1›
ulcérer ‹6›
unifier ‹7›
uniformiser ‹1›
unir ‹2›
universaliser ‹1›
urbaniser ‹1›
urger ‹3›
uriner ‹1›
user ‹1›
usiner ‹1›
usurper ‹1›
utiliser ‹1›

vacciner ‹1›
vaciller ‹1›
vacuoliser ‹1›
vadrouiller ‹1›
vagabonder ‹1›
vagir ‹2›
vaguer ‹1›
vaincre ‹42›
valdinguer ‹1›
valeter ‹4›
valider ‹1›
valoir ‹29›
valoriser ‹1›
valser ‹1›
vamper ‹1›
vampiriser ‹1›
vandaliser ‹1›
vanner ‹1›
vanter ‹1›
vapocraquer ‹1›
vaporiser ‹1›
vaquer ‹1›
varapper ‹1›
varier ‹7›
varloper ‹1›
vasculariser (se) ‹1› (aux. être)
vasectomiser ‹1›
vaseliner ‹1›
vaser ‹1›
vasouiller ‹1›
vassaliser ‹1›
vaticiner ‹1›
vautrer (se) ‹1› (aux. être)
vectoriser ‹1›
vedettiser ‹1›
végétaliser ‹1›
végéter ‹6›
véhiculer ‹1›
veiller ‹1›
veiner ‹1›
vêler ‹1›

velouter ‹1›
vendanger ‹3›
vendre ‹41›
vénérer ‹6›
venger ‹3›
venir ‹22› (aux. être)
venter ‹1›
ventiler ‹1›
ventouser ‹1›
verbaliser ‹1›
verdir ‹2›
verdoyer ‹8›
verduniser ‹1›
vergeter ‹4›
verglacer ‹3›
vérifier ‹7›
verjuter ‹1›
vermiculer ‹1›
vermiller ‹1›
vermillonner ‹1›
vermouler (se) ‹1› (aux. être)
vernir ‹2›
vernisser ‹1›
véroler ‹1›
verrouiller ‹1›
verser ‹1›
versifier ‹7›
vert-de-griser (se) ‹1› (aux. être)
verticaliser ‹1›
vesser ‹1›
vétiller ‹1›
vêtir ‹20›
vexer ‹1›
viabiliser ‹1›
viander ‹1›
vibrer ‹1›
vibrionner ‹1›
vicier ‹7›
victimer ‹1›
victimiser ‹1›
vidanger ‹3›

vider - zyeuter

Conjuguez sans fautes

- vider ‹1›
- vidimer ‹1›
- vieillir ‹2›
- vieller ‹1›
- vilipender ‹1›
- villégiaturer ‹1›
- vinaigrer ‹1›
- viner ‹1›
- vinifier ‹7›
- violacer ‹3›
- violenter ‹1›
- violer ‹1›
- violoner ‹1›
- virer ‹1›
- virevolter ‹1›
- viriliser ‹1›
- viroler ‹1›
- virtualiser ‹1›
- viser ‹1›
- visionner ‹1›
- visiter ‹1›
- visser ‹1›
- visualiser ‹1›
- vitaliser ‹1›
- vitaminer ‹1›
- vitrer ‹1›
- vitrifier ‹7›
- vitrioler ‹1›

- vitupérer ‹6›
- vivifier ‹7›
- vivisecter ‹1›
- vivoter ‹1›
- **vivre** ‹46›
- vocaliser ‹1›
- vociférer ‹6›
- voguer ‹1›
- voiler ‹1›
- **voir** ‹30›
- voisiner ‹1›
- voiturer ‹1›
- volatiliser ‹1›
- voler ‹1›
- voleter ‹4›
- voliger ‹3›
- volleyer ‹1›
- volter ‹1›
- voltiger ‹3›
- vomir ‹2›
- voter ‹1›
- vouer ‹1›
- **vouloir** ‹31›
- voussoyer ‹8›
- voûter
  ou vouter* ‹1›
- vouvoyer ‹8›
- voyager ‹3›
- vriller ‹1›

- vrillonner ‹1›
- vrombir ‹2›
- vulcaniser ‹1›
- vulgariser ‹1›
- warranter ‹1›
- yodiser ‹1›
- yodler ‹1›
- youyouter ‹1›
- yoyoter ‹1›
- yoyotter ‹1›
- zapper ‹1›
- zébrer ‹6›
- zézayer ‹8›
- zieuter ‹1›
- zigonner ‹1›
- zigouiller ‹1›
- zigzaguer ‹1›
- zinguer ‹1›
- zinzinuler ‹1›
- zipper ‹1›
- zombifier ‹7›
- zoner ‹1›
- zonzonner ‹1›
- zoomer ‹1›
- zouker ‹1›
- zozoter ‹1›
- zwanzer ‹1›
- zyeuter ‹1›